교육
농

별도의 표시가 없는 한 교육공동체 벗이 생산한 저작물은 크리에이티브 커먼즈
[저작자표시-비영리-변경금지 4.0 국제 라이선스]에 따라 이용하실 수 있습니다.
http://creativecommons.org/licenses/by-nc-nd/4.0

교육농
우리 학교에 논과 밭이 있어요

ⓒ 박형일 외, 2019

2019년 4월 27일 처음 펴냄

글쓴이 | 박형일, 강주희, 방효신, 조경삼, 김진숙, 김인호(두두), 이영이, 최문철(보루),
      권이근, 임덕연, 조진희, 임종길, 이은정, 신소희, 홍순명, 정용주
기획·편집 | 이진주, 김기언
출판자문위원 | 이상대, 박진환
디자인 | 이수정, 박대성
종이 | 화인페이퍼
제작 | 세종 PNP

펴낸이 | 김기언
펴낸곳 | 교육공동체 벗
이사장 | 심수환
사무국 | 최승훈, 이진주, 이경은, 설원민, 김기언, 공현
출판등록 | 제2011-000022호(2011년 1월 14일)
주소 | (03971) 서울시 마포구 성미산로1길 30 2층
전화 | 02-332-0712, 070-8250-0712
전송 | 0505-115-0712
홈페이지 | communebut.com
카페 | cafe.daum.net/communebut

ISBN 978-89-6880-111-2 03370

이 도서의 국립중앙도서관 출판예정도서목록(CIP)은 서지정보유통지원시스템
홈페이지(seoji.nl.go.kr)와 국가자료공동목록시스템(www.nl.go.kr/kolisnet)에서
이용하실 수 있습니다. (CIP제어번호: CIP2019006860)

우리 학교에
논과 밭이 있어요

교육
농

교육공동체벗

차례

책을 펴내며 교육농? 교육농! | 박형일 ······ 6

여는 글
농부로 살아가는 교육에 대해서 ······ 12
텃밭과 부엌에 기반한 교육을 꿈꾸며 | 박형일

1부 우리 학교에 논과 밭이 있어요!

학교 텃밭 개척기 ······ 24
시간과 계절과 자연이 허락한 만큼만 다가서야 하는 땅 | 강주희

성장의 공간, 학교 텃밭 ······ 58
농적인 머리가 팔다리로 내려오기를 | 방효신

쌀 한 톨의 무게 ······ 76
논농사 이야기 | 조경삼

학교에서 키우는 반려 벌! ······ 108
학교 양봉 도전기 | 김진숙

2부 농農을 살다

우리 마을과 인사하실래요? ······ 136
성미산학교 농장학교 이야기 | 김인호(두두)

일하멍 배우멍 ······ 166
볍씨학교 제주학사 이야기 | 이영이

사람과 땅을 일구다 ······ 192
꿈이자라는뜰의 텃밭 교실 이야기 | 최문철(보루)

환상의 나라, 텃밭 랜드 ······ 212
이제는 주차장이 된 우리들의 텃밭을 추억하며 | 권이근

3부 모든 교사는 농부다

교사 농부, 농부 교사 …… **244**
시간과 이해가 필요한 일, 학교 텃밭 | 임덕연

마을교육의 생태적 전환 …… **262**
우리 모두의 텃밭 만들기 | 조진희

보리밭과 정원, 그리고 연못 …… **280**
자연과 닮은 학교 만들기 | 임종길

학교 없는 학교를 찾아서 농촌으로 오다 … **300**
모두의 삶이 예술이 되는 세상을 꿈꾸며 | 이은정

마을과 학교를 잇다 … **312**
장곡 꼬마농부 프로젝트, 그리고 장곡 마을학교 | 신소희

닫는 글 1
부엌과 텃밭을 넘어 학교와 마을로 | 홍순명 … **328**

닫는 글 2
정치적 실천으로서 텃밭 농사 …… **344**
3.11 그리고 교육농 | 정용주

부록

부록 1 학교 농사, 이것이 궁금해요 …… **380**
부록 2 교육농을 시작하는 교사들에게 권하고 싶은 책들 …… **408**

책을 펴내며

교육농? 교육농!

교육의 눈으로 농을 바라보기

'교육농'을 처음 꺼내는 자리마다 그 말을 낯설어하며 교육농이 무엇인지 묻는 분들이 많습니다. 교육이라는 말도 흔히 들어 왔고, 농사 혹은 농업이라는 말도 생소하지는 않은데 교육과 농農을 연결 지은 '교육농'이라는 말은 왜 어렵게 느껴질까요? 교육농이 만든 말(조어)인 까닭도 있겠지만, 무엇보다 우리가 그동안 교육과 농을 쉽게 연결 짓지 못했기 때문이 아닌가 합니다. 교육농이란 '교육의 눈'으로 농을 (새로이) 바라보는 일입니다. 다시 말해, '교육적 관점과 관심으로 농을 바라보기'라고 할 수 있습니다. 우리는 그동안 농을 '산업의 눈'

으로만 바라보아 왔습니다. 또한 우리 교육에서도 농사 혹은 농업은 '일'이지 '교육'이 아니라는 오랜 오해가 있어 왔습니다. 몸을 쓰는 일은 고생이니, 배우거나 가르치지 말아야 한다는 뿌리 깊은 편견도 자리해 왔습니다. 하지만, 인류가 오랫동안 지속해 온 농은 산업 이전에 삶의 방식이자 문화입니다. '땅에 기반해 생명을 기르고 돌보며, 그 생명을 받는 순환적 관계'인 농은 다양한 교육적 가치와 가능성을 품고 있습니다. 그럼에도 농은 촌스럽고 흙투성이라는 오해와 편견 속에 교육 그리고 우리 생활 세계와도 점점 더 멀어져 왔습니다. 이제 그 오해와 편견을 거두어들이고, '교육의 눈으로 농을 새로이 다시 바라보자'라는 것이 교육농이 품은 제안입니다.

농에 대한 교육을 넘어서, 농을 통한 교육

교육농에 대한 이해를 돕고자, 다소 엉뚱하지만 교육음악에 대한 이야기를 해 보려고 합니다.

　　음악은 모든 걸 표현해요
　　환희, 평화, 희망, 조화
　　음악은 인간에게 그 어떤 예술보다도 깊은 영감을 줍니다.

　　우리는 연주만 하는 게 아니에요
　　노래하고 살아가고 음악으로 우릴 표현해요

아이들은 그 과정 속에서 사회관계를 배우고
협동과 단결을 배웁니다.

음악은 인성 형성에 중요한 역할을 해요
음악으로 아이들에게 새로운 세계를 열어 주고
잠재된 예술적 재능을 키워 줘야 합니다.

정서 함양을 도와주고
아이들의 지성을 계발하고
세상의 위험과 유혹으로부터 구해 줄 수 있어요
그게 바로 교육의 핵심이죠
음악을 통해 삶을 배우는 겁니다.

위의 글은 1975년 베네수엘라의 경제학자 호세 안토니오 아브레우로부터 시작된 엘 시스테마를 다룬 다큐멘터리 〈연주하고 싸워라 Tocar y Luchar〉(2006년)의 몇몇 인상적인 대화를 인용한 것입니다. 엘 시스테마는 베네수엘라에 뿌리를 두고 있는 '교육음악' 프로그램입니다. 엘 시스테마는 거리의 청소년들에게 총이 아닌 악기를 들도록 했고, 갱의 일원이 아닌 오케스트라 단원이 되도록 했습니다. 그들은 음악을 통해 자신을 표현하고 악기를 익히며 변화와 성장을 경험할 수 있었습니다. 또한 오케스트라를 통해 하모니를 배우고, 음악뿐만 아니라 실제 삶에서도 협력과 조화를 이루며 살아가는 방법을 터득할 수 있었습니다. 엘 시스테마는 몇몇 유명한 전문 음악인을 낳기도 했습니다. 하지만, 그것은 성취의 일부일 뿐 엘 시스테마의 주된 목표는 아닙니다. 엘 시스테마는 기능과 기술로써 음악을 가르치거나 직업적 기능인, 전문적 음악인을 기르는 것을 목표로 하지 않기 때문입니다. 대신 엘 시스테마는 '음악'이라는 구체적 경험을 통해 '한 인간의 전인적이고, 조화로운 성장'을 돕고 지원하는 것에 가치와 관심을 둡니다. 그렇기 때문에 엘 시스테마는 '음악에 대한 교육'을 하는 것이 아니라 '음악을 통한 교육', 다시 말해 '음악교육'이 아니라 '교육음악'을 한다고 할 수 있습니다.

그런 맥락에서, 엘 시스테마는 교육농과 무척 닮아 있습니다. 교육농 역시 '농에 대한 교육'(농교육)을 넘어선, '농을 통한 교육'(교육농)을 하고자 하기 때문입니다. 앞의 사례처럼 교육농 역시 농사의 기법과 기술을 가르치거나 전문 농업인을 기르는 것을 목적으로 하지 않습니다. 대신 영속해 온 농이 가진 전인적, 인문적, 생태적 가치에 주목하고, 한 사람의 조화로운 성장을 돕고 인문적, 생태적 성찰을 이끌어 내고자 합니다. 농을 통한 교육적 경험을 통해 의존적, 개별적 소비자에서 생산적, 협력적, 생태적 시민으로 함께 성장해 나가길 희망합니다.

2011년부터 우리는 이러한 '교육과 농의 연결'을 함께 질문하고 탐구해 왔습니다. 이 책에 실린 여러 저자들의 이야기는 그러한 질문과 탐구, 실천에 대한 기록입니다. 몸으로 쓰인 이 이야기들을 통해,

다른 생명을 돌보고 기르며 그 생명을 받는(먹는) 농적인 경험이

어떻게 '다른 생명과 내가 연결되어 있다'라는 실감과
생태적 감수성과 예민성으로 체화해 가는지를,
텃밭과 부엌이 긴밀히 연결되어 이루어지는 음식교육의 현장과
텃논, 텃밭을 만들고 가꾸어 가는 과정이 교사와 학부모,
학교와 지역사회를 잇는 다리이자 교류의 장으로 성장하는 모습을,
창조와 창작이 어떻게 흙과 연결되어 자라는지,
그리고 농이 가진 예술적 가치에 대해서,
교육농에 대한 탐구와 질문이 교육에만 머무르지만 않고
'어떻게 살아야 할까?'라는 삶에 대한 질문과 전망으로 내어 흐르는 모습을 만날 수 있습니다.

그 밖에도 이 짧은 글에는 다 소개하지 못한 교육농에 대한 여러 실천과 기록이 담겨 있습니다.

교육농 - 다양성으로 이루어진, 함께 만들어 갈 교육 생태계

교육농은 어떤 개념이나 이론이 아닙니다. 앞서 강조해 드렸듯 교육과 농의 연결에 대한 열린 질문이자 탐구이며, 교육적 상상력입니다.

이 책에 실린 여러 저자들의 교육농에 대한 고민과 실천이, 이 책을 읽는 모든 분들에게 '교육적 상상력'을 선사하길 기대해 봅니다. 그래서, 앞으로 교육과 농의 연결이 더 기발하고 담대해지길, 다양한 실천과 현장이 풍부한 교육 생태계를 함께 이루어 나가길 고대해 봅

니다.

마지막으로, 교육농은 학생들을 위한 것, 학생들을 향한 것 이전에 교사 자신을 위한 것이라는 것을 이야기하고 싶습니다. 교육농은 달리 생각해 보면, '교사 자신을 농사지어 가는 일'이기도 합니다.

농사는 어렵고 힘든 일이라는 오해와 편견은 교육농을 시작하는 데서 가장 큰 걸림돌이자 장벽입니다. 물론 농사는 쉽고 재미있기만 한 일은 아닙니다. 몸을 써야 하는 일이기에 수고로움과 번거로움도 있고, 흙과 다른 생명에 대한 공부, 때에 따라 변화하는 사시사철의 흐름에 대한 이해도 필요합니다. 그럼에도 농부의 관점과 관심으로 세상을 새로이 바라보는 경험, 흙과 생명을 일구는 농사라는 낯설고 이질적인 세계는 무엇보다 교사 자신을 성장하도록 이끌고, 교육적 영감을 불어넣어 줍니다. 교육농의 그 맛과 멋을 올 한 해 꼭 누려 보시길 권합니다. 그럼 논과 밭, 부엌에서 반가이 뵙겠습니다!

2019년 4월
저자들을 대신하여
박형일

여는 글

농부로 살아가는 교육에 대해서

텃밭과 부엌에 기반한 교육을 꿈꾸며

박형일 kdp7910@gmail.com
교육농연구소

그랬으면 좋겠다

아이들이 텃논, 텃밭에서 좀 놀았으면 좋겠다. 텃밭에서 흙장난도 하고, 어제 심은 당근이 싹이 돋았나, 그제 심은 완두콩은 소식이 있나 궁금해하며 몰래 파 보기도 했으면 좋겠다. 새콤달콤 딸기도 따 먹고, 토마토도 한입에 베어 물며 그 싱싱한 향긋함도 누려 봤으면 좋겠다.

철마다 열릴 앵두며, 보리수며, 오디, 산딸기, 까마중 열매도 따 먹어 보고 그 재미를 느껴 봤으면 좋겠다. 오디 따 먹다기 시커메진 친구 손이며 입 주변을 깔깔거리며 놀리고 그랬으면 좋겠다. 그러면서 철이 오고 가는 것도 알고, 철따라 피고 지는 꽃이며 나무며 채소도 알았으면 좋겠다. 에이, 몰라도 좋다. 그냥 그 재미와 신비를 느껴 보고 한 조각 몸속에 남겨 두었으면 좋겠다.

텃밭에서 놀다가 곤충도 만나고 징그러워하고 무서워하기도 하면서 그러다 친해지기도 했으면 좋겠다. 외수레를 밀다가 넘어져도 보고, 서툴지만 호미와 삽으로 땅도 파 봤으면 좋겠다. 일하다 굵은 땀방울도 흘려 보고, 동무들과 어울려 '흠뻑' 일도 해 봤으면 좋겠다. 장난치다, 꾀부리다 같이 일하는 친구들한테 핀잔도 듣고 선생님한테 혼도 나 봤으면 좋겠다.

텃밭 옆 텃논에서 내가 매일 먹는 '쌀'이 어떻게 생겼나 구경이라도 좀 해 봤으면 좋겠다. 그러다 벼를 만져도 보고 괜스레 냄새도 맡아 봤으면 좋겠다. 이삭이 맺히면 몇 알 털어 입속에 넣어 보고, 오도독오도독 씹어도 봤으면 좋겠다. 작은 논 속에서 꼬물꼬물 올챙이며 송사리도 만나고, 그놈들 잡으려다 몰래 논에 첨벙 들어가기도, 잡으려다 놓치기도 해 봤으면 좋겠다.

국어 수업, 수학 수업도 가끔은 텃밭에서 했으면 좋겠다. 시도 써 보고 글도 써 보고, 내가 만든 이랑 길이도 재어 보고, 내가 길러 수확한 호박 무게도 재어 보면 좋겠다. 미술 시간에 교실이 아닌 텃논, 텃밭에 나와 벼도 그려 보고, 가지며 토마토도 자세히 들여다보고 빛깔과 생김새도 찬찬히 살펴 그려 봤으면 좋겠다. 과학 시간에 배운 이슬도 텃밭에 있고, 식물도 곤충도 텃밭에 있는데, 그런 것들을 '글'로, '사진'으로만 배우지 말고 '몸'으로 겪고 배웠으면 좋겠다.

학교에 도서실, 컴퓨터실, 영어실이 있듯이 텃밭도 있고, 텃논도 있고, 부엌도 있었으면 좋겠다. 예쁘고 편하게 지어진 부엌, 그 부엌에 둘러 모여 함께 식탁을 차리고 가꾸고 수확한 채소에 얽힌 이야기도 나누고, 그걸 가지고 요리도 해 봤으면 좋겠다.

닭도 키우고 토끼도 키워 봤으면 좋겠다. 밭에서 김을 매서 풀을 수확해 닭도 주고 토끼도 주고, 그것을 쪼아 먹는 닭의 모습이며 오물오물하는 토끼 입을 한참 들여다봤으면 좋겠다. 암탉이 막 낳은 따끈한 알도 느껴 보고, 암탉이 알을 품는 모습이며, 깨어난 병아리들이 어미를 졸졸 따라다니는 모습도 봤으면 좋겠다. 아 참! 닭똥, 토끼똥, 그리고 먹다 남은 음식물로 퇴비간에서 퇴비도 만들어 보면 좋겠다. 그것이 다시 땅으로 돌아가 다시 내 입속으로 들어오는 '순환'도 몸으로 익히면 좋겠다.

 기다려도 봤으면 좋겠다. 오늘 심은 고구마 줄기가 내일 당장 고구마가 되지 않는다는 것을, '시간'이 필요하고 '정성'이 필요하다는 것을, 무엇보다 생명이 자라는 데에는 '기다림'이 필요하다는 것을 배워 봤으면 좋겠다. 벼가 알곡을 맺기까지 얼마나 많은 것들이 함께하는지, 손바닥 안의 작은 씨앗이 어떻게 그리 큰 것이 되는지, 그 안에 해도 담기고 땅도 담기고 시간도 담기고 나도 다른 생명도 담겨 있다는 것을 배워 보면 좋겠다. 그래서, 우주를 저 멀리 밤하늘에 떠 있는 별을 통해서만 만나는 것이 아니라, 내가 기르고 먹는 곡식이며 채소를 통해 만나고, 연결되어 살고 있다는 것을 몸으로 세밀하게 느끼고 실감하면 좋겠다.
 '수업'이라는 이름으로도 좋고 '놀이'라는 이름으로도 좋다. 삶의 일부로 문화로 농을 누리고 향유했으면 좋겠다. 논과 텃밭, 부엌, 농장에서 놀고 배우며 그렇게……

교육에서 농사를? 교육에서 농사를!

몇 해 전에는 이름도 생소했던 '학교 텃밭'이 '학교 농업', 스쿨팜 School-farm', '에듀팜 Edu-farm', '식생활 체험장' 등 다양한 이름으로 이곳저곳에서 펼쳐지고 있다. 지금은 그 관심과 인기가 한풀 꺾인 듯하지만, 더 이상 학교에서 텃밭을 가꾸는 일이 그렇게 낯설고 어색하지 않다. 하지만, 나는 지금 학교 텃밭과는 다른 맥락과 의미에서 보다 많은 학교들이 '농사'를 지어 보면 좋겠다. 학교 텃밭이 또 하나의 '체험 활동', '특색/특별 활동'으로만 다루어지고 있다는 인상이 강하기 때문이다.

삶의 전환을 이야기하고, 지속 가능한 사회를 이야기하는 지금, 농이 교육과정의 주변에 서는 것이 아니라 중심에 서야 한다고 감히 생각한다. 학교에 교실, 도서관, 운동장이 있듯이 이제는 학교에 '텃밭'과 '부엌'이 교육의 공간으로 당연스럽게 자리해야 한다.

우리가 언어를 배우고, 과학과 수학, 음악, 미술, 체육 등을 배우는 것은 우리 삶의 기본적 필요이자 교양이라고 여기기 때문이다. 그렇다면 우리 삶의 기반이자 토대인 농은 왜 배우고 가르치지 않는가? 농은 우리 삶의 일상이자 일부이다. 먹지 않고 사는 이 누가 있으며 자연에 기대지 않고 사는 이가 어디 있겠나? 산업화, 도시화라는 이름으로 저 구석으로 쫓아 버린 농을, 이제 우리의 기억과 경험 속에서 사라져 버린 농을 교육의 이름으로 다시 불러내고 만나야 한다.

'아이들을 농사꾼으로 만들 셈이냐?'고 물어본다면 주저 없이 '그렇다'고 대답하겠다. 아이들은 농부가 되어야 한다. 더 정확히는 아이들이 '학생 농부'가 되어 해 보아야 할 '교육적 경험'이 있다.

텃밭과 부엌, 농장에 기반한 교육

농은 자연과의 관계 속에서 생명을 가꾸고 기르며 그 생명을 받는 '관계'이다. 아이들이 해 보아야 할 '교육적 경험'은 다른 것이 아니라 생명을 만나 기르고 돌보는 경험, 생명을 길러 보고 먹어 보며, 다른 생명과의 관계 속에서 '내가 살아가고 있다는 것'을 몸으로 배우고 익히는 일이다. 땀 흘려 일해 보고, 혼자 그리고 여럿이(친구와 다투기도, 다독이기도 하면서) 자연 속에서, 자연과 사람과의 '관계' 속에서 공부해 보는 경험, 그런 경험을 통해 내가 다른 생명과 연결되어 살고 있다는 것을 '실감'하고 '체화'하는 일. 그래서 자신이 사회적 존재를 넘어서, 생태적 존재임을 자각하는 일이다. 실제 미국과 영국, 캐나다, 이탈리아, 프랑스 등 해외 여러 곳에서는 앞서 꿈꾸듯 말했던 교육이 '현실'로 펼쳐지고 있다.

그중 미국의 'Edible schoolyard'의 사례는 우리에게 큰 영감을 준다. 1995년 학교에 인접한 버려진 공터를 학교 텃밭으로 바꾸는 프로젝트로 시작된 Edible schoolyard는 많은 이들에게 희망을 주는 '농에 기반한 교육'의 대표적 사례이다. Edible schoolyard는 '텃밭'과 '부엌'을 교육의 양 기둥에 두고, '농'과 '음식'을 교육과정의 핵심에 둔다.* 학생들은 교사와 함께 제철 채소와 허브, 꽃, 덩굴 식물, 과일나무 등이 가득한 텃밭에서 농사를 짓고, 작은 규모지만 닭도 기른다. 텃밭과 부엌이 긴밀히 연결되어 있어, 텃밭에서 기른 다양한 작

---

* edibleschoolyard.org과 vimeo.com/esyproject에 가면 더 구체적인 내용을 만날 수 있다.

물을 부엌으로 가져가 음식을 만들고, 음식을 여러 교과와 연계해 학습한다. 또한 텃밭과 부엌, 학교 생활에서 나오는 부산물들을 이용해 퇴비를 만들며 학생들은 퇴비 만들기를 통해 생태계의 핵심 원리인 '순환'을 익히고 배운다. 이들에게는 '텃밭은 훌륭한 스승이며, 인간이 살아가며 배워야 할 기본적 가치를 알려 주는 장소'라는 철학이 있다. 음식이 가지는 보편성과 일상성, 시민성에 주목하고, 농과 음식에 기반한 교육이 학교교육에 중심이자 심장으로 자리해야 한다고 여긴다. 텃밭과 부엌의 공간에는 학생들에 대한 존중과 배려가 깃들어 있으며, 학생들은 이 간접적인 언어를 통해 돌봄과 배려를 배운다. 이 모든 것들은 다양한 교과 학습, 학생들의 생활과도 유기적으로 연결되어 있기 때문에 텃밭과 부엌 교육이 하나의 특색 활동, 체험 활동으로 더해지는 것이 아니라, 학교 교육과정의 핵심으로 잘 스며들어 있다.

'Land for learning'을 내건 썬필드 학교는 그 상상력과 실천이 더 담대하다. 발도르프 계열의 이 학교는 '학교 속에 텃밭과 부엌'이 아니라, '텃밭과 부엌 속에 학교'가 있다. 달리 말하면 농장 속의 학교, '농장 학교'라고 불릴 수 있는 곳이다.* '발도르프교육과 생명역동농법에 기반한 농장, 그리고 지역 사회 교육'이라는 세 영역으로 이루어진 이 농장이자 학교는 우리에게 Edible schoolyard와는 또 다른 교육적 상상력과 영감을 준다. 이들은 텃밭 규모가 아닌 농장 규모의 환경과 경험이 양적 질적으로 보다 높은 수준의 교육적 경험과

---

* sunfieldfarm.org를 참고하면 더 자세한 내용을 볼 수 있다.

성장을 이끈다고 생각한다. 유년기에 맺은 흙과 동식물과의 풍부한 경험과 관계가 아이들의 전인적 성장을 피워 낸다고 믿기 때문에 아이들은 일상적으로 농장 속에서 마음껏 흙을 만지고 일구며 동식물들과도 친밀한 관계를 맺는다. 이러한 경험과 관심은 교실 학습과 연결되며 다양한 교과에 대한 흥미와 학습으로도 이어진다. 무엇보다 인상적인 점은 이들이 지역 사회와의 유기적 관계에 많은 관심과 노력을 쏟고 있다는 사실이다. 농장과 학교는 지역 사회의 일부로 지역 사회에 기여하고 참여하며, 지역 사회 자원을 교육적으로 연계한다. 이 모든 것들은, 이들이 농장과 학교교육이 지역 사회와의 유기적 관계 속에서 함께 진화해 나갈 것이라는 전망과 희망을 품고 있기 때문이다.

'활동'이 아닌 '일상'으로

하지만 이런 해외 사례는 아무리 빛날지언정 우리의 사례는 아니다. 우리에게 어떤 자극과 영감, 희망을 줄 수 있을지 몰라도 하나의 '정답'이 될 수는 없다. 각각의 사례는 그 사회가 가진 고유한 문제의식과 환경, 문화적 배경으로부터 나온 것이기 때문이다. 그러므로 우리는 우리만의 문제의식과 사회적, 문화적 배경으로부터 우리의 '사례'와 '답'을 찾아야 한다. 아니 함께 '길러 가야' 한다.

나는 교육에서 농이 하나의 '특별 활동'으로 다루어지지 않았으면 좋겠다. 교육의 철학으로, '일상'으로, '문화'로, '삶의 방식'으로 여겨졌

교육농연구소의 첫 번째 연구·교육 농장 '갓골에농장'. 2013년.

으면 좋겠다. 그렇기 때문에 학교 텃밭에 대한 지금의 관심과 실천이 '특색 활동'이나 '체험 활동'으로만 그치지 않았으면 한다. 농이 학교에서 학생들이 살아가는 삶의 문화로, 일상으로 스며들었으면 한다. 그렇다면 그 구체적 모습은 무엇이어야 할까? 그건 여전히 잘 모르겠다. 하지만 함께 교육농을 질문하고 탐구하는, 교사 농부들이 길러 내고 있는 다양한 사례와 현장 속에서 나는 충분한 가능성과 텃밭 교육의 미래를 본다.

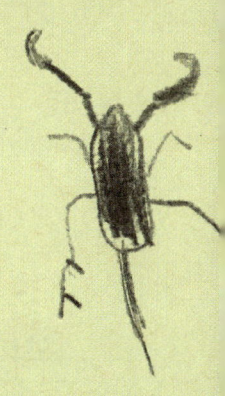

1부
우리 학교에 논과 밭이 있어요!

학교 텃밭 개척기
시간과 계절과 자연이 허락한 만큼만
다가서야 하는 땅

강주희 1998hssh@hanmail.net
서울 초등 교사

나는 4년 전 스스로 소작농이 되었다. 당시 서울시농업기술센터와 지역청이 협업 지원하던 학교 농장 지원 사업은 500만 원의 가용 예산이 소문나 제법 경쟁이 있었다. 그 사업에 우리 학교도 뛰어들기로 한 것이다. 마침 수년간 해 오던 학교 도서관 업무에서 새로운 업무로 바꾸고 싶었던 내가 "그거 제가 해 볼까요" 그랬다, 기꺼이. 교육농협동조합 모임 3년, 농사의 '농' 자만 겨우 감 잡은 수준에 괜히 호기 부렸나 싶었다. 그래도 맨땅에 헤딩 하는 사람이 나 혼자는 아니라는 '근자감'은 교육농이 준 선물이 아니었나 생각한다. 소소한 우여곡절 끝에 학교의 보도블록과 어머니회로부터 기증받은 15년 된 기상대를 걷어 냈다. 돌무더기, 폐자재로 가득한 단단한 땅이 흙빛을 드러냈다.

땅을 뒤집고 거름을 주어야 한다는 건 알고 있었지만 그 노동의 강도를 전혀 알지 못한 첫해에는 교감 선생님의 주도로 아버지회에서 밭을 갈고 두둑을 만들었다. 20여 명의 동료들은 상토를 상자에 담고 나르는 일을 도와주었다. 비가 추적추적 내리는 4월의 오후, 비를 맞으며 50여 개의 상자들을 나르고 흙을 채웠다. 학교에서 야심차게 조성하는 '학교 텃밭'이니 모든 교직원과 아버지회가 동원된 것이다. "응당 학교에서 밭을 만들어 주셔야 심고 가꾸는 정도를 할 수 있지 않겠습니까" 했던 일이었으니 교감 선생님의 지시는 당연했을지도 모른다. 하지만 어쩐지 나는 참 미안했다. 내가 책임질 일을 애먼 사람들이 해 주는 것 같아 몸 둘 바를 몰랐던 그날의 차갑던 오후가 생각난다.

처음 짓는 농사는 녹록지 않았다. 밭을 개간한 이후로는 오롯이 혼자서만 매달리고 혼자서 처리하는 혼자만의 텃밭이 되었다. 사정이 그러하니 여름 밭 정리를 해야 할 2학기 개학 무렵 아무 맥락 없이 아버지들이나 동료 교사들의 손을 빌리기는 모양새가 좋지 않았다. 난감했다. 그렇다고 혼자서는 할 수가 없었다. 하는 수 없이 주무관님들께 부탁을 드렸다. 그랬더니 '이번만'이라는 단서를 달았다. 섭섭했지만 한편으로는 이해도 되어 다음 해부터는 내 살길을 찾아야 하거나 포기하거나 해야 했다. 설상가상으로 다가온 겨울엔 우리 학교에서도 혁신의 바람이 불어 업무지원 팀 구성 이야기로 들썩였다. 네이스NEIS:교육행정정보시스템나 학교 방송 같은 몇 가지를 제외하고는 교사 개별 업무가 없어진단다. 다들 환영하는 분위기다. 어랏? 그럼 텃밭 업무는? 3년을 지원받기로 되어 있는 텃밭 지원 사업은 주요 업무로 논의되지 않는 분위기.

"그러면 텃밭은 어떻게 할까요?"

교무 회의에서 질문을 던진 나는 원래의 휴게 공간(커다란 나무 아래 깔린 깔끔한 보도블록과 돌 테이블)으로 되돌리자는 다수의 답을 듣게 되었다.

"잘됐구만. 속 시원하게 그만두면 되지, 뭘 더 신경 써."

"그러게 왜 보도블럭을 뒤집어서 없애. 내가 그랬잖아. 저거 필요하다고 깠다가 결국 또 돈 들여서 복개할 거라고."

이렇게 될 줄 알았다는 수근거림이 쏟아졌다.

"그냥 제가 할게요. 어차피 앞으로 2년은 지원을 받긴 해야 하잖아요."

그렇게 아무도 원하지 않는 땅, 지주가 없는 땅을 내 마음대로 부쳐 먹는 재미를 4년 동안 즐기고 있다. 첫해 농사일을 학교 업무로 덜컥 쥐었을 때 고구마 줄기를 사다 주신 그 교장 선생님이 좀 신경 쓰이는 지주(?)였다고나 할까. 그 이후로는 농사일에 신경 쓰는 교직원이 아무도 없어 그야말로 '내 땅'이 되었다.

"승진 안 해?"

"아이 참, 젊은 사람이 왜 이러고 있어?"

위로와 걱정의 이런 말도 어느 사이 요런 응원의 말로 바뀌었다.

"강 선생 나중에 퇴임하면 농사짓고 살면 되겠네."

"귀농해서 농사지으며 살면 노후 걱정 없겠어."

'어휴, 그런 말 마세요. 농사일이 그리 쉽나요. 손바닥만 한 텃밭도 이렇게 매달려 있는데 귀농이라뇨. 먹고살려고 하는 일이 아니라 천 마다해이에요. 이러다가 밥 굶어요. 하하.'

"교사가 가르치는 일만 해야 하는 거 아니니? 이게 뭐니?"

이렇게 나를 위로하며 먼저 격분해 주던 선배 교사도 이제는 이런 말씀을 하신다.

"주희 씨, 애쓴다. 암튼 대단해. 여기서 일군 것이 있으니 초빙으로 남아서 계속 해."

이제 농사가 내 이미지와 맞아떨어지나 보다. '어쩌자고 이런 일을 학교에 다 끌어오나? 우리 가르치게(만) 해 달라'를 외치던 내가 농사를 지으며 중년에 접어들었다. 어떤 일을 하고 싶어 하는 사람에게 그 일을 하게 하면 그것은 잡무일까, 아닐까? 농사는 가르치면서도 할 수 있는 일이다. 아니, 농사는 가르치는 일과 자연스럽게 연결된다. 하다 보면 융합이 일어난다. 그것이 실사구시의 기술이건 대의명분의 철학이건 가르침이 일어난다. 뒤에 좀 더 덧붙일 이야기이지만 개인적으로 '지속 가능 발전 교육' 실천 교사 연구회 활동을 병행하다 보니 어떻게 어마어마한 시너지가 일어나는지는 하루를 꼬박 늘어놓아도 모자란다.

첫 봄, 감자

첫 1년간 키운 작물은 서울시농업기술센터에서 지원받은 두어 종류의 상추와 방울토마토, 고추, 교장 선생님이 손수 사다 주신 5천 원어치의 고구마 줄기와 과학자료실에서 얻은 옥수수 정도였다. 농업기술센터에서 일괄해 모종과 그 밖의 필요한 물품을 지급받게 된 터라 주는 대로 심어야 했다. 우리 학교에서 찾아낸 땅은 네 평 남짓한데 노지 텃밭형 학교에 지급되는 상토와 퇴비, 모종의 양이 어마어마해서 관내에서 함께 선정된 상자 텃밭형 학교와 반반 협상을 해서 해결을 봤다. 텃밭 상자 50여 개와 퇴비, 거름을 절반씩 바꾸었는데 당시 교장 선생님께서 좀 타박을 주셨다. (우리는 상자만 받는데 저들은 퇴비며 거름이며 여러 가지를 받으니 밑지는 거래라던 그 말씀이 당시는 섭섭했는데, 이제야 나도 아깝다는 생각이 든다.)

3월 시작과 동시에 밭과 동아리는 만들었는데 모종이며 지원 물품은 아무것도 없는 상태에서 우연한 정보로 강원도에 신청, 배송받은 감자를 첫 작물로 심었다. 밭은 아직 완성 전(보도블록만 들어낸 상태)이어서 삽 끝이 겨우 들어갔다. 그래도 학생들은 땅파기를 신나 했다. 날이 휘고 삭아서 보기에도 참 안되어 보이는 삽 네 자루와 괭이 한 자루를 쥐는 것만으로도 즐거워했다. 주먹만 한 돌들을 캐내면서 "내 것이 더 크다", "여기에 더 큰 것이 있다", "또 있다!"를 연발하며 연신 땀을 흘렸다. 그때 두어 시간 만에 캐낸 돌들이 제법 많아 서너 소쿠리는 되었을 거다. 그 첫 감자는 실패했다. 야심차게 손질해서 심었던 씨감자는 구슬만 하게 맺혀서 학생들이 실망했다. 나무 그늘 아래여서 볕도 밑거름도 겨우 허락된, 돌만 캐낸 단단한 흙에서 품어 내느라 고생했을 감자에게 더 미안했다.

"그 비실거리는 감자 파내고 고구마나 심는 게 어때?"

교장 선생님이 주무관 한 분과 함께 오셔서는 장에서 직접 사 오신 황토고구마 줄기를 내밀며 '고구마는 거름이 없어도 된다, 강 선생 힘드니 주무관이 직접 하라'고 하셨다.

"어째요? 감자는 애들이 다들 기대하고 있어요. 저 주시면 감자 파내고 애들하고 심을게요."

그때 나는 교장 선생님의 도움이 반갑지만은 않았던 것 같다. 다행히 주무관님도 학생들이 수확하고 심어야 한다는 말에 안심하신 듯했다. 결국 교장 선생님은 학생들이 심고 기르는 바람에 고구마 몇 알조차 미안해하며 받으셨다. 텃밭은 교실이나 교무 회의에서는 맛보지 못한 아슬아슬 줄타기(사회적이고 정치적인)의 기분을 느끼는 곳이다.

팝니다

막 나온 첫 열매나 잎들은 깨끗하다. 5월이 시작되는 그즈음에는 모든 것이 싱그럽고 새롭다. 많은 양은 아니어도 아주 먹음직스럽지는 않아도 예쁘고 깔끔한 수확물들이 가득하다. 처음 두어 번은 함께 심고 물을 준 우리 반 학생들과 나눈다. 그리고 세 번째 수확물부터는 학교 안에서 판매를 한다. 건강한 먹을거리, 가까운 먹을거리를 이야기하며 뜨거운 지구와 농사짓기를 연결시킨다. 그 순간 초록을 짓고 지키는 우리들은 지구의 용사들이 된다.

지구의 용사들은 학교 이곳저곳에 포스터를 만들어 붙이고 거의 두 달 동안 매주 상추를 팔았다. 약간의 노래와 춤을 곁들여서. 판매 첫해(농사 2년 차)는 5만 원 남짓이던 수익금이 판매 3년 차인 2018년에는 10만 원을 넘어섰다. (그렇게 학교 안 '지구를 지키는 가게 2016'을 시작해 그해에는 동물자유연대에, 이듬해 '어린이를 돕는 가게 2017'에서는 월드비전에 수익금을 기부했다. '지구를 사랑하는 가게 2018'에서는 세계자연기금WWF: World Wide Fund for Nature과 굿네이버스 두 곳에 기부했다. 동물과 사람을 위한 단체 각 한 곳씩.) 나와 함께 농사짓던 학생들이 켜켜이 쌓인 것도 있지만 3년간 오뉴월마다 파는 상추가 제법 소문이 나 거의 매주 완판, 없어서 못 팔 지경이었다.

1학년 학생들과의 농사는 쉽지 않다. 더욱이 한글 자음 모음을 이제 막 배우는 첫 학기에 가게 이름도 지어야 하고 포스터도 만들어야 하며 우리 가게를 그럴듯하게 소개도 해야 한다. 좀 더 좋은 방법을 찾기 위해 고민하도록 하려면 같은 이야기를 수백 번은 반복해야

학생들은 노래를 하고 춤을 추며 사람들의 관심을 끌고 상추를 팔았다.

- 1학년 학생들은 일을 하다가 놀이를 한다. 놀이인지 일인지…….

하고 잎만 따라면 뿌리째 뽑아 놓거나 이리저리 밟아 놓는다. 힘이 모자라 예닐곱 명이 힘을 모아도 상토 한 봉지를 옮기기가 어려워 낑낑대다 '에이~ 힘들다'며 그 자리서 놀이가 시작되어 버린다.

"오늘 수익금은 1만 5천 원이에요!! 참 고생 많았어요. 여러분들이 자랑스러워요~" 하면 이런 볼멘소리와 아우성이 가득하다.
"우리 나눠 줘요~ 네?"
"우리 과자 사 먹어요."
"아이~ 왜 맨날 우리가 고생하고 돈은 선생님이 다 가져가나!"

사회적 기업이고 나발이고 우리의 고귀한 뜻과 지속 가능한 발전을 위한 목표는 ×나 줘 버리라는 분위기다. 하! 그런데 왜 나는 학생들과 계속 농사를 짓는 걸까?

잡초들, 간밤에 내린 빗물에 튄 흙먼지, 알 수 없는 풀벌레들로 6월의 작물들은 너저분하다. 작물들의 탐스럽고 짙은 초록빛이 되레 그들을 더욱 돋보이게 한다. 본격적으로 방제를 해야 할 시기다. 상추에 길을 내며 그림을 남기는 놈들 때문에 거름이 되는 상추들이 많다. 방제 시기가 조금만 늦어도 순식간이다. 방제 약도 비가 오면 씻겨 내려가니 이삼 일 맑은 날을 골라 학생들과 한 번, 나 혼자 한 번 최소 일주일에 두 번은 방제해야 한다. 1학년 학생들과의 텃밭은 전장이 따로 없다. 텃밭을 앞에 두고 있는 과학실에서 수업하는 동료 교사들에게 참 미안하고 부끄러울 때가 한두 번이 아니다. 쓰러지는 작물들을 지키고 보호하는 아군과 아랑곳하지 않고 밟고 꺾는 적군이 뒤엉켜 있다. 그곳에서 나는 거의 백기 투항하기 직전의 전쟁을 승리로 이끄는 장군이다.

거의 매일같이 밭에서 쭈그리고 앉아 있는 나는 정기적으로 허리가 탈이 난다. 움직일 수 없을 정도로 아주 심하게 아프지만 않으면 엉거주춤한 자세로 풀을 뽑거나 거름을 준다. 아이고 허리야~! "선생님 어디 아프세요?" 점심시간에 놀던 작년 우리 반 학생이 지나가다 묻는다. 가끔 텃밭으로 가면 '우리 선생님' 혹은 '우리 선생님이었던' 내가 밭일을 하고 있어 놀다가도 일부러 들르는 녀석들이 제법 있다. "선생님~ 뭐 도와드릴 일 있어요?" 돌봄 가는 길에 들렀다는 한 녀석은 돌봄 교실에 가기 싫은지 꼭 나를 찾는다. 사탕 한 알 쥐여 주고 가는 경우가 대부분인데, 밭에서 만나는 날에는 일을 돕고 싶단다. 오후 내내 묶여 있어야 할 돌봄 교실에 곧장 올라가기 싫은 탓도 있으리라. 지나가다 물 주는 일을 돕거나(한여름엔 물 안 주냐고 먼저 묻는다. 그럼 모르는 척 물을 뿌려 대며 옷도 적셔 준다) 함께 약을 치거나 상추나 방울토마토를 딴다. '그곳'에 가면 선생님이 있다. 그곳은 교실이 아니라 '밭'이다. 그것이 우리 반 학생들에겐 친근감과 안정감을 주는 듯하다. 교실 속보다 더 많은 이야기가 시작되고 더 깊은 이야기가 펼쳐지니.

햇볕, 해가 내리쬐는 기운

내가 농사짓는 학교의 텃밭은 애초에 백목련과 능수벚나무 두 그루가 그늘을 만들어 주던 쉼터였다. 1983년 개교와 함께했을 테니 30년은 넘은 녀석들이다. 주로 운동장 활동을 위해 신발주머니를 두

●
1학년 학생들과의 농사는 쉽지 않다. 더욱이 한글 자음 모음을 배우기 시작하는 첫 학기에 가게 이름도 지어야 하고 포스터도 만들어야 하며 우리 가게를 그럴듯하게 소개도 해야 한다. 좀 더 좋은 방법을 찾기 위해 고민하도록 하려면 같은 이야기를 수백 번은 반복해야 한다. 그래도 이 학생들과 키운 상추는 제법 소문이 나 거의 매주 완판, 없어서 못 팔 지경이었다.

는 곳으로 활용되는 곳이었지만 나무 그늘이 생각나는 여름 낮에는 참 괜찮은 곳이기도 했다. 그런 곳을 텃밭으로 만들어 놓으니 한여름에도 온통 나무 그늘이 진다. 한낮에 볕이 드는 곳은 텃밭의 1/5 정도이고 나머지는 종일 그늘이다. 나뭇가지 사이로 살짝 뚫고 들어오는 햇볕이 군데군데 있기는 하지만 작물들에게는 턱없이 부족하다. 처음 두 해는 어쩔 수 없는 그늘을 운명처럼 품었다. 그늘 밑 상추들이 부들부들 연할 때 한 번 수확하여 정리하면 일주일을 기다려야 다시 그만큼 잎이 달리는 것이 제 속도인 줄만 알았고 무성했던 고구마 줄기들 아래에 엄지손가락만 한 고구마만 가득 달린 것도 거름이 부족한 것으로만 알았다. 웃거름을 일주일에 한 번씩 주어도 실하지 않은 작물들. 2년째 되던 겨울, 구청에서 전지 작업을 해 주어 뻗어 나온 가지들을 몽땅 쳐 냈고 이듬해 여름 절반 넘게 밝고 환한 밭을 보며 눈이 부셨다. 농사 좀 더 잘되려나?

매년 서울시농업기술센터에서 지원받는 물품들이 내가 가진 밭 크기에 비해 너무 많았다. 학생들과 나누고 교내 선생님들과 나누어도 버려지는 양이 어마어마했다. 그래서 작물을 심는 간격을 무시하고 빼곡히 심었다. 심지 못하고 버리느니 빽빽하게 심었다가 제풀에 사그라들면 그때 뽑아 버리면 되지 싶어 모조리 심었다. A4 한 장의 넓이 안에 상추는 6포기, 방울토마토나 고추는 2그루 정도 심었다. 그렇게 심으면 이도 저도 안 된다고 지나가는 어르신들(학교 급식 도우미 할머님들이나 교통안전 할아버지들)마다 허허 웃으시면서 한마디씩 하신다. 딱 봐도 애들만 가르쳐 봤을 법한 도시 아줌마 선생님이 해 놓은 꼴이 안쓰럽기도 하고 귀엽(?)기도 했나 보다. 그래. 원래 절반은 버릴 것이었으니 절반만 건지면 되지. 하지만 어마어마한 볕이 드는 밭에서 자라는 작물들의 속도란! 심어 놓은 모두가 흐드러지게 자신을 내주었다. 첫 수확을 한 후부터 3일에 한 번씩 계속해서 나오는 생산물들에 정신을 차릴 수가 없었다. 처음에는 교실에서 나누어 먹고 봉지 봉지 담아 집으로 들려 보내고 교무실 식구들과 나누면서 지냈다. 그렇지만 혼자서 여기저기 인심 쓰는 일이 어색했다. 다음 해부터는 판매를 시작했다. (이때부터 슬쩍슬쩍 사라지던 상추나 고추들도 줄어들고 그래서 망가지는 작물들도 없어졌다.) 그 모든 은혜는 볕이었다. 거름보다도 볕. 오오, 태양이시여! 님을 섬기던 옛 조상들의 마음을 어렴풋이 알겠더라.

  7월에 접어들면 장마를 이기고 난 상추에도 꽃대가 올라오기 시작한다. 막판 상추도 알뜰하게 팔고 나면 토마토가 슬슬 맺히기 시작한다.

  땅이 단단해서 잘 스며들지 않아 시간 반을 주어야 하는 물. 나무 그늘 아래에 서서 호스를 잡고 있노라니 다른 학교서 막 이동해 오신 주무관님이 이전 학교에는 스프링클러가 설치되어 있었다며 안타까워하셨다. 이젠 나름 노하우가 생겨서 텃밭 바깥 돌 벤치 귀퉁이에 분사기 호스를 거꾸로 세워 끼워 두고 분수처럼 쏟아지는 풍경을 구경한다. 이따금 호스가 수압에 비틀어져서 온몸이 젖는 일이 생기면 짜증이 확 솟기도 하지만.

여름, 수박

2017년 여름에는 난생처음 수박 모종을 4개 심었다. 내 꿈은 학교에 작은 원두막 하나가 있는 것이다. 뜨거운 볕을 피할 수 있는, 흙냄새와 작물의 냄새가 코끝을 간질이고 수확한 작물을 널따랗게 깔아 놓기도 하는 원두막. 그리고 어쩐지 그 주변엔 응당 참외나 수박, 옥수수가 있어야 할 것 같다. 원두막은 없지만 수박이 있는 밭을 만들고 싶었다. 작은 모종을 한 개에 천 원씩 주고 샀다. 정성스럽게 심고 잎이 달릴 때마다 개수를 세어 가며 언제 수박이 달릴까 들여다보고 또 들여다보았다. 맨 처음 새끼손톱만 한 알이 맺히고 그게 엄지손톱만 해지면서 줄무늬가 보였을 때의 감격을 잊을 수가 없다. 첫 수박 알은 너무나 소중해 아무에게도 알리지 않았다. 한 알을 제대로 키우기 위해서는 서너 알만 남겨 놓고 다른 알들은 모두 따 내라고 했겠다! 그렇게 며칠 기다리는데 줄기만 사방으로 온통 뻗고 잎만 무성해진다. 엄마 줄기, 아들 줄기를 구분해서 순지르기를 해 주라고 했는데 어느 것이 어느 것인지 당최 알 수 없을 지경에 이르렀다. 뿌리부터 요건 엄마, 요건 아들…… 그럼 얘는 손자가? 잎도 50장 정도만 있으면 된다지? 하나, 둘, 셋, 넷…… 이게 뭐야, 아직 50장도 안 되네? 곁에 있는 고추와 방울토마토들은 나도 잘 자라고 있어요, 나도 한 번만 봐 주세요 하는 듯 무럭무럭 잘 자라 주었다. 아침이고 저녁이고 맨날 수박만 들여다보았으니 제법 섭섭했을 게다.

6월에 접어들면서 여기저기 손톱만 한 수박들이 맺히기 시작했다. 그러는 사이 나의 첫 수박은 시커멓게 녹아 버렸고 두 번째로 발견한 알이 주먹만 하게 굵어졌다. 그 수박을 상추 수확하러 나간 우리 반 학생들에게도 보여 주고 도와주러 나오신 어머니들께도 자랑했다. 검은색의 진한 줄무늬가 또렷해질 무렵부터는 방학 전에 커다란 수박

• 텃밭은 학생들에게 놀이터이기도 하고, 관찰 장소이기도 하며, 친근감과 안정감을 주는 신비로운 곳이기도 하다.

을 모두 함께 나누어 먹는 꿈도 꾸었다.

땅에 닿은 면이 상하지 않게 짚이라도 깔아 주어야 한다는 말에 신문지를 대어 주었다가 비닐을 대어 주었다가 하면서 전해 가을 수확 후 참새들에게 보시하고 남은 수북한 볏짚을 버린 게 뒤늦게 아까워 속상했고, 맺히자마자 까맣게 녹아 버리는 수박 알들이 혹 눅눅하고 어두운 자리 탓인가 싶어(텃밭은 내 키만 한 토마토와 옥수수, 회양목이 둘레를 두르고 있어 통풍이 잘 되지 않았다) 이리저리 볕을 볼 수 있게 올려 주다가도 너무 뜨거워서 녹아 버리는 것이 아니냐는 말에 그늘로 숨겨도 보았지만 여전히 맺히다가 사그러지는 수박 알들을 보며 발을 동동 구르기도 했다. 학생들은 나보다도 더 매일같이 들여다보며 수박 상태를 중계해 주었다. 아침에 봤더니 오늘은 더 커진 것 같아요, 하는 학생들의 말은 내게 위안이었다.

애증의 수박. 그나마 위로가 되었던 것은 미처 발견하지 못한 사이 또 다른 줄기에서 한 알이 야구공만 해졌고 앞서 출발한 녀석을 곧 따라잡을 만큼 하루가 다르게 굵어지고 있다는 사실이었다. 그즈음부터 아! 내가 너무 들여다봤나, 모르는 사이 저렇게 숨어서 자라고 있는 것을 보니 내가 모른 척하면 또 달리는 게 아닌가 싶어 밭에 물 주러 나갔다가도 일부러 수박 쪽은 보지 않고 애써 지나치느라 힘들었다. 그야말로 우왕좌왕 왕초보 수박 농사였다. 지름이 한 뼘만 하던 수박들이 7월에 접어들면서 두 손 가득 감싸도 모자랄 정도로 자라더니 그 이상은 굵어지지를 않았다. 방학 전 커다란 수박을 학생들과 함께 쪼개며 환호하려던 꿈은 이루지 못했다. 뒤늦게 웃거름을 듬뿍 주었지만 별 소용이 없었다. 방학이 시작되었다. 학생들은 방학 때라도 수박을 먹게 되면 불러 달란다.

그 여름 나의 절대 희망과 꿈이 되어 버린 수박. 그 녀석을 이유로 식구들에게 여름 여행도 가지 말자 했다(어이없어하는 식구들의 성화에 다녀오기는 했다). 방학에도 이틀에 한 번은 학교에 나갔고 팔다리 여기저기 모기에 물린 시뻘건 자국을 훈장처럼 새기며 물과 거름을 열심히 주었다. 순지르기나 수박 알을 솎아 주는 건 한동안 포기하다가 수박 덩굴들이 너무 뻗어 나가 토마토며 고춧대를 휘감는 바람에 좀 잘라 주기만 했다. 그리고 8월. 나는 가족 여행을 갔다. 수박은 여전히 탱탱볼보다도 작았다. 언젠가는 더 굵어지겠지, 그래 내가 잠깐 자리를 비우는 것도 도움이 될 거야 위안하며 여행을 갔다(실은 수박에 대한 나의 열망과 좌절에 대한 스트레스에서 벗어나고 싶었다). 그리고 보니 수박은 언제 따는 걸까? 여행의 중간 즈음, 6학년 부장 선생님의 메시지.

"밭에 나가 봤다가 수박 꼭지가 떨어져 있어 그냥 두면 썩을 것 같아 교무실 냉장고 안에 넣어 두었어요. 남은 한 덩이도 꼭지가 말라 가는데 따서 넣어 둘게요."

"감사해요! 제가 여행 중이라 돌아가면 다 곯지 않을까요? 부장님께서 나누어 드시고 수박 사진만 남겨 주세요."

"어떻게 그래요. 냉장고에 넣어 놓았으니까 괜찮을 거예요. 다녀오셔서 직접 자르셔야지요! 그리고 한 덩이가 또 크고 있어요!"

아차! 언제 수확하는지를 몰랐다. 수박을 쪼갤 '그날이 오면'을 노래하며 행복해하는 나를 보는 학생들도 그날을 기대하고 꿈꾸었는데, 그'때'가 언제일지를 수박이 아닌 내가 결정하는 것이라는 걸 몰랐다. 결국 여행을 마치자마자 달려가 교무실에서 수박 절단식을 갖고 그날 근무 중인 선생님들과 나누어 먹었다. 하나는 그럴듯하게 익어 수박 맛이 났지만 다른 하나는 너무 익어 절반(이래 봤자 어린 아기 모자 크기)은 텃밭에 돌려주었다. 그리고 내가 모르는 사이 굵어지던 또 다른 한 통! 개학 날 학생들과 나가 보니 볼링공만큼 굵어진 수박이 그사이 깨져서 수박 향 짙은 국물이 뚝뚝 흐르고 있었다. 결국은 성공하지 못한 나의 한여름의 꿈. 그래도 모종 네 개를 심어 세 통은 열렸으니 절반은 성공한 셈이라고 애써 위안한다.

가을, 배추

가을은 농사의 2부가 시작되는 계절이다. 그래도 봄보단 나은 것이, 심는 작물 가짓수도 얼마 되지 않고 비교적 손이 덜 간다. 하지만 여름 방학 내내 돌보지 못한 텃밭의 여름 작물들을 뽑아내고 밭을 가는 일이 만만치 않다. 한껏 자란 토마토와 지주들을 뽑고 정리하는 일만도 혼자서는 서너 시간이 걸린다. 둘째 해까지 6학년 동아리 학생들과 밭 뒤집기를 해 보니 반복되는 일, 하염없는 삽질에 흥미와 열의가 쉽게 떨어졌다. 녀석들아, '일'이라는 건 그런 거야. 타박을 줘 봐도 삽질을 내 일로 생각하는 녀석은 많지 않았다. 다행히도 첫해만 빼고는 중학생이 된 졸업생(나에게 그만한 지원군들이 따로 없다. 3년을 꼬박 밭일을 해 준 녀석들이 정말 정말 고맙다!)들이 봄 밭, 가을 밭을 함께 뒤엎어 주었다.

배추 농사 4년 차. 9월 넘어 느지막이 배송된 배추 모종을 빼곡히 심었던 첫 배추 농사가 기억에 남는다. 절반이 뿌리 내리기에 실패하여 다시 심기를 반복한 것 이외에는 별다른 어려움이 없었다. 물도 3일에 한 번 주면 되겠구나. 내 의지와 상관없이 잘 자라는 듯 보였다. 나름 흐뭇했지만 지나는 어르신들에게 배추를 이제 심어 어쩌느냐는 걱정을 한껏 들었다. 너무 늦어서 속이 찰 겨를이 없어 겉절이만 해 먹고 말아야 할 것이란다. 에이, 설마. 그러면서도 은근 신경이 쓰여 매주 웃거름과 난각칼슘을 꽉꽉 주기로 마음먹었다. 그렇게 열흘이 지났다. 배춧잎이 제법 커지는가 싶더니 고만 정체기에 들어섰다. 그게 배추의 생장인 줄만 알았다. 어르신들 말씀처럼 너무 늦어서 이만큼에 멈추는 건가 보다 했다. 가을 농사를 시작한 후로는 훨씬 한가해져서 물도 설렁설렁(일주일에 한두 번) 주었는데, 오랜만에 볕 좋은 가을 하늘과 목욕하는 참새들을 만끽하며 한 시간을 공을 들여 물을 준 날이 있었다. 다음 날 아침의 경이로움을 나는 생생히 기억한다. 아침마다 꼭 텃밭에 들러 교실로 올라갔는데, 그날 믿을 수 없게 커진 배춧잎을 처음 본 것이다. 보고도 믿을 수 없는 광경. 하룻밤 사이 배추가 1~2cm는 더 굵어지고 겉잎이 종잇장만 해졌다. 물, 물이었다. 다른 것은 여느 때와 같았지만 전날 여유를 부려 물을 흥건히 준 일 말고는 다른 이유를 찾을 수 없었다. 그날 이후로 나는 이틀에 한 번씩 물을 주기 시작했다. 배추는 하루가 다르게 굵어져 여물었다. 11월 중순, 그해 두 번째 눈이 제법 날리던 날 거짓말 좀 보태 내 몸통만 한 배추만 이십여 통을 수확했다! 그 기억에 나는 지금도 배추에 아주 부지런히 물을 준다. 3년 내내 열심히 물을 주고 있는 나를 만나는 어느 분들은 물을 너무 많이 주면 '물배추'가 된다고 하신다. 엊그제도 그 소릴 들었다. 하지만 이상하다. 매년 우리 밭에서 수확한 배추는 아삭하고 고소하고 달큰하기까지 해서 맛본 누구라도 열광(?)하니! 혹시 30년 넘은 나무 두 그루가 적당히 물을 나눠 가져가 주어서 그런가.

가을, 잎

나무 밑 텃밭은 여름엔 그늘 덕분에 농사짓기 수월하지만 뜨거운 에너지가 아쉽다. 가을이 되어서야 잎을 모두 떨구고 햇살이 가득해진다. 그때부터 텃밭은 환해지기 시작한다. 배추도 초록빛이 진해진다. 주변의 초록은 사라지지만 땅은 초록이 한창이다. 그러나 나무가 잎을 떨구는 것이 신이 나는 일만은 아니었다. 바람 한 점에도 우수수 떨어지는 잎이 배춧잎 사이에 끼여 썩거나 곰팡이가 피는 문제가 생기는 것이다. 아, 잎만 떨어지면 되는 줄 알았더니! 얘들아~ 나뭇잎 줍자! 학생들과 틈만 나면 텃밭으로 나가 배춧잎 사이사이에 낀 잎을 꺼냈다. 배춧잎 솜털에 찔려 놀라는 학생을 달래고 배춧잎 깊숙이 박힌 잎을 꺼낸다고 잎을 소신껏 젖혀 분질러 놓는 녀석에게도 괜찮다 하면서. 매일 배추 속으로 날려 들어간 잎을 빼냈다. 묶지 않아도 결구가 된다는데 결국 나뭇잎 때문에 끈으로 묶어 준다. 올해도 130여 통의 배추를 묶었다.

가을 잎은 무수히 많이 떨어진다. 나무는 고작 두 그루인데 마지막

●
가을이 되어서 나무들이 잎을 모두 떨구면 햇살이 가득해진다. 그때부터 텃밭은 환해지기 시작한다. 그러나 나무가 잎을 떨구는 것이 신이 나는 일만은 아니었다. 우수수 떨어지는 잎이 배춧잎 사이에 끼여 썩거나 곰팡이가 피는 문제가 생기는 것이다. 학생들과 틈만 나면 텃밭으로 나가 배춧잎 사이사이에 낀 잎을 꺼내야 했다.

한 장까지 잎을 다 떨군 나무 아래 텃밭을 밟으면 폭신폭신하다. 텃밭을 겹겹이 가득 덮은 나뭇잎들을 밟으면 구름 위를 걷는 기분이 이럴까 싶게 기분이 좋다. 학생들도 신기해한다. 이 많은 나뭇잎을 어쩌누. 교장 선생님께서 나뭇잎을 다 걷어 내야 하는 거 아니냐고 하시길래 그냥 두면 모두 썩어 밑거름이 될 거라고 답을 하고도 내심 저 많은 낙엽들이 정말 다 썩을까 의심도 했다. 과연 낙엽 '이불'이라더니 그 무성한 나뭇잎들은 꽃을 보기 위해 남겨 둔 배추 몇 포기와 교실에서 관리가 힘들다며 텃밭에 버린 화초가 1, 2월 겨울에도 푸른 잎을 달게 해 주었다. 그러더니 겨울비와 햇살에 모두 사그라들어 3월에는 거짓말처럼 흔적을 찾아볼 수 없게 되었다. 그래서 매 가을 학교 온 마당에서 쓸어 모아 버리려는 잎들을 일부러 뿌려 주었다. 남은 낙엽은 봄 작물을 심은 후에 멀칭에 사용하기도 했다.

내 땅의 원주민은 지렁이와 벌과 나비, 온갖 풀벌레들이다. 비닐 멀칭이 땅을 망가뜨리고 폐비닐 처리도 힘들다는 말은 교육농 모임에서 들은 풍월이지만 멀칭을 할 만큼 크지도 풀이 많이 자라지도 않는 밭이기도 하다. 처음부터 유기농을 꿈꾸지는 않았지만 주어진 대로 허락된 대로만 시작하고 싶었다. 그런 소망은 그런대로 잘 지속되어 적당히 벌레와 공존하는 무/저농약(?) 밭으로 지켜지고 있다. 텃밭 어느 귀퉁이를 파도 지렁이가 꿈틀거린다. 여기저기 지렁이 똥 무덤이 보인다. 배추를 심고 난 가을 밭은 지렁이 똥 찾기가 참 수월하다. 학생들하고 똥 무더기마다 이쑤시개를 꽂아 보았더니 열여섯 똥 무더기가 발견되어 애들 말로 '우리 밭은 똥 밭'이라는 것을 실감했다.

"이상하네? 똥 밭인데 똥 냄새가 하나도 안 나네? 지렁이 똥은 냄새가 안 나나 봐."

돈 주고 산 지렁이 똥거름을 맨손으로 만져도 봤으면서 학생들은 새삼 똥 타령에 즐거워한다.

겨울과 봄, 쌀과 밀

학교 농장을 시작하던 그해 학교 차원에서 도농 교류로 전교생이 참여했던 텃논 상자가 200여 개 있었다. 모두들 처음이었지만 가을 무렵 출렁이는 황금빛 물결을 꿈꾸었다. 뜨거운 여름 방학, 8월 중순에는 근사한 황금빛 벼 상자들이 학교 스탠드를 가득 채웠고 모두들 '와~ 벼가 (빨리) 익어 가는구나!' 설레했다. 6개월 차 농부였던 나 역시 도시의 황금빛 물결에 감탄만 했다. 그리고 개학 후 그건 잘 여문 벼 이삭의 황금빛이 아니라 여름철 물때를 놓쳐 이미 말라 버려 볏난 처럼 된 것이리는 걸 알게 되었더. 이유는 간단했다. 수시로 들여다보며 물때를 놓치지 않고 물을 댈 농부가 없었던 것이다. 크게 실망한 교감 선생님은 학생들에게 실망감을 안겨 주어서 미안하다며 텃논 상자를 모두 처리(?)해 버렸다.

그리고 그해 겨울 나는 밀을 좀 심었다. 한 선배가 얻어다 준 우리밀 씨앗을 한참 갖고 있다가 11월 하순에 배추를 수확한 후 심었는데, 한겨울 한파에 올라오는 싹이 어찌나 신기하던지. 얼어붙은 땅, 눈이 적어 마른 땅을 뚫고 삐죽이 올라오는 초록 싹이라니! 게다가 밟아 주기까지 해야 한다는 건 믿을 수가 없었다. 반 학생들을 이끌고

•
11월 하순에 배추를 수확한 후 밀을 심었는데 한겨울 한파에 올라오는 싹이 어찌나 신기하던지. 반 학생들을 이끌고 밀 싹을 구경하다가 한 줄로 서서 쭉 밟고 오라고 하니 까치발을 하거나 뜀박질로 밟고 온다. 봄바람에 한 방향으로 흔들리는 밀의 물결과 소리가 주는 청량감을 잊을 수 없다.

밀 싹을 구경하다가 한 줄로 서서 쓱 밟고 오라고 하니 여름 작물을 그렇게 밟아 대던 개구쟁이 녀석들도 까치발을 하거나 뜀박질로 밟고 온다. 밀은 아주 신기한 작물이다. 작물들을 아직 심지 못해 황량한 들판에서 초록을 만끽할 수 있는 밀. 봄바람에 한 방향으로 흔들리는 밀의 물결과 소리가 주는 청량감을 잊을 수 없다. 잘만 하면 1년 4계절 내내 초록을 볼 수 있겠구나. 밀을 수확할 즈음 밀가루를 만들어서 빵을 만들어 먹자고 하는 학생들의 바람은 이루지 못했다. 그저 수확한 밀을 한 다발씩 집으로 가져갔다. 프라이팬을 달궈 까맣게 볶아서 까 먹어 보라고 했다.

그즈음 내친김에 학교 뒤꼍에서 흙째 얼어붙은 텃논 상자 12개를 주워 반 학생들과 텃논도 도전해 봤다. 여름 물 주기 실패의 경험이 있었기에 여름 내내 3일에 한 번은 학교에 출근할 각오를 하고. 한여름, 물을 한가득 열심히 채워도 이틀만 지나면 물이 훅 줄어 있었다. 나는 고작 12상자의 텃논이니 별일 아니었지만 200개는 물 내기만으로도 고단했을 것 같다. 개학 무렵 벼꽃이 피고 이삭이 패 '쌀나무'에 쌀이 주렁주렁 여문 모습을 학생들과 함께 즐겼다.

"우리 이 쌀로 밥해 먹을 거예요?"
"급식실에서 이 쌀 가져가요?"

벼가 익어 갈수록 학생들의 질문이 많아졌다. 이 쌀로 뭐를 할까? 뭐든 해 보자! 답을 해 놓고도 고민이었다. 적은 양을 도정해 줄 정미소도 찾아야 하고 워낙 소량이라 배송비며 도정 값도 문제였다. 배보다 배꼽이 너무 클 것 같았다. 게다가 학생들과 이삭을 털고 볍씨를 모아 껍질을 까는 것을 함께 경험하고 싶었기에 수확한 쌀을 어디론가 보내서 짠! 흰쌀로 변신해서 오는 것은 어쩐지 불필요한 과정이라고 생각했다. '이게 우리가 수확한 쌀이야!'라고 해도 그런가 보다 할 테다. 6학년 동아리 녀석들에게 낫질을 가르쳐 벼를 베고 볍씨를 좀 털어서 껍질을 까 몇 알씩 씹어 보는 것으로 마무리 지었다. 이런저런 고민에 수확 시기를 좀 놓친 탓인지 볍씨 껍데기가 너무 말라 있어 손톱으로 껍질을 벗기는 일은 어렵지 않았다. 남은 벼는 텃밭 옆에 있는 돌 테이블에 정성껏 널어놓고 오가는 참새들에게 보시하였다. 볏짚 두 단 정도의 양이었는데, 이틀인가 사흘 만에 낟알이 모두 털렸던 것으로 기억한다. 아주 깨끗하고 말끔하게 쌀알만 쪼아 먹고 껍질만 남긴 흔적이 참 신기했다.

"참새들은 손도 없는데 어떻게 입으로만 껍질을 까지?"
"껍질이 알껍데기처럼 두 조각으로만 벗겨져 있어요! 신기하다."
"얘들이 배고팠나 봐. 하루 만에 다 먹어 버렸네!"
"참새가 먹을 때까지 우리 숨어서 지켜봐요!"

학생들도 참새가 되었던, 들썩들썩 재미난 추억이었다. 그 추억을 좀 더 이어 갈 수 있도록 짚 인형이나 만들어 볼걸, 못내 아쉽다.

고사 농부 4년

내 주변에는 주말농장을 하는 분들이 많다. 주말에 농사일을 즐긴 이야기를 자랑 삼아 해 주시기도 한다. 밭에서 나온 작물의 신선함과 안전함을 극찬하고 가까운 지인들과 나누고 선물하는 기쁨을 예찬한다. 그런데 학교에서 농사짓는 분들은 없다. 왜 주말농장은 하는데 학교 농사는 짓지 않을까. 농사를 짓지 않는 것을 넘어 진저리 친다. 선뜻 하겠다 나서지도 않고 나처럼 나선 이들도 안쓰럽게 생각한다. 업무 관련성 때문에 피하지 못하거나 교장/교감 선생님의 명령으로 맡게 되면 너무도 억울해하고 슬퍼한다. 왜 학교 농사는 기피 업무일까. 학교 농사에는 주말농장이 주는 고급스러움은 없다. 학생들과 함께 소리치고 잔소리하며 땀 흘리는 노동의 현장이다. 많은 학생들은 농사를 좋아한다. 벌레와 햇빛, 자외선이 귀찮거나 두려운 학생들도 분명 있다. 찜질방에서 땀을 흘릴지언정 태양 아래서 몸을 움직여 흘리는 땀은 좋아하지 않는 녀석들도 있다. 모든 학생들이, 모든 교사가 농사짓기를 좋아하고 업무로서의 농사짓기나 텃밭 수업을 즐길 필요는 없다. 텃밭 수업이 학교와 교실 내의 모든 문제들, 이를테면 생명 존중, 인성, 먹을거리 교육, 협력적 사고 등을 마법처럼 해결한다고 생각하지 않는다. 내가 만나는 학생들이 1년 텃밭살이를 통해 농사의 어떤 의미를 찾게 될 것이라 생각하지도 않는다. 내가 하고 싶어서, 또 하다 보니 재미있어서 집중력을 발휘하는 것처럼 저마다 하고 싶은 일을 찾아 집중하고 이어 나가면 된다. 이건 학교나 학생들이나 마찬가지가 아닐까. 내가 하고 싶은 일이 그 공동체에 도움이 된다면 그것이야말로 최고의 경지일 테고.

    마을과 함께하는 교육, 지속 가능한 교육, 다양성과 서로를 존중하는 교육이라는 구호들이 텃밭에서는 자연스러운 일이 된다. 텃밭의 크기를 재고 재배량과 수확량을 계산하여 가늠하고 정성스럽게 꾸미며 벌레와 잡초를 억제하고 버려질 돌멩이와 나뭇가지로 그림을 그리고 놀며 뜨거운 한낮 대청마루에 누워 바람의 단맛을 느끼고 시인이 되는 일, 이것이 보다 자연스러워진다. 교실의 1/3 남짓한 좁은 땅이지만 혼자 짓기에는 너무 큰 게 아닌가 두려움 반, 긴장 반으로 시작한 농사일이지만 이제는 "퇴임 후에도 강 선생은 걱정 없겠어~" 하는 농에 "요 정도는 지어 먹고살 수 있겠어요" 한다. 이골이 붙었다. 그래도 농부와는 다르다. 흉년을 걱정하며 먹고사는 문제를 해결해야 하는 입장이 아니다. 그저 학생들과 흙을 만지고 흙 주변으로 찾아드는 새와 벌레를 이야기하고 흙이 품는 생명을 예찬하면 된다. 얼마나 고상한 일인지! 하지만 학교 텃밭에서도 심고 수확하는 그 사이, 그 중간의 움직임을 놓아 버리면 그저 소비와 체험 이벤트만 남는다. 여린 줄기와 몇 장의 잎이 뿌리를 내리고 물을 마시고 꼿꼿이 허리를 곤추세우는 일이 기쁨이고 과한 퇴비로 시들시들 말라 가는 것을 보며 이유를 찾고 어떻게든 되살릴 방법을 찾아 섭섭하고 안타까운 마음을 위로하는 일이 켜켜이 쌓일 때 수확의 기쁨은 비로소 소비와 소유의 경지를 넘을 수 있다.

학교에서 방학 중 근무 반대 투쟁을 앞장서서 하던 내가 텃밭을 시작하고는 주말과 방학 때 자발적으로 출근한다. 교사의 월급을 보전받기 위해 방학과 주말에도 근무를 해야 한다는 말도 안 되는 헛소리에는 여전히 두드러기가 오른다. 하지만 육아에 방학이 없듯이 식물들에게도 방학과 주말이 없다. 함께한다는 것은 불편해지는 일이다.

학생들은 늘 바빠 텃밭을 통해 즉각적으로 변화가 오지는 않는다. 그러나 학원 가야 한다며 서로 피하던 일도 셋만 모이면 대세가 된다. 뛰어나가 땡볕 아래 운동장에서 놀지언정 텃밭에 들어오는 것을 피

●

학생들은 늘 바빠 텃밭을 통해 즉각적으로 변화가 오지는 않는다. 그러나 학원 가야 한다며 서로 피하던 일도 셋만 모이면 대세가 된다. 뛰어나가 땡볕 아래 운동장에서 놀지언정 텃밭에 들어오는 것을 피하던 녀석들이 관심 있는 친구 하나만 나와 함께 있어도 기웃거린다.

하던 녀석들이 관심 있는 친구 하나만 나와 함께 있어도 기웃거린다. 스물다섯 학생들 중에 서넛만이 꾸준히 텃밭을 들여다보고 보듬어 준다. 서넛은 토마토 한두 알 겨우 따고 냅다 텃밭 바깥으로 나간다. 서넛은 물을 튀기며 장난치고 서넛은 따지는 않고 내 열매가 몇 알인지 세기만 하다가 누가 내 것 땄냐고 따지기만 한다. 또 다른 서넛은 텃밭에서 벌레를 괴롭히며 놀고 또 서넛은 벌레를 괴롭히지 말라며 곁을 지키면서 텃밭을 공유한다. 그거면 된다.

나는 본디 농사에 관심이 있었던 교사가 아니었다. 지속 가능 발전 교육ESD: Education for Sustainable Development 활동에 대한 관심은 두고 있었지만 내가 학교 텃밭을 가꾸게 된 것은 큰 우연이자 행운이었다. 미세 먼지나 폭염과 같은 기상 이변이나 북극곰의 멸종 위기와 같은 두려움이나 불안을 화두로 시작할 수 있었던 지속 가능성을 이제 텃밭에서 시작할 수 있다. 교실에서 종이 위에 그리고 쓰고 늘어놓던 지속 가능성이 흙을 만지고 밟으면서 실재가 되고 작물을 가꾸고 수확물 처리를 고민하면서 내 문제, 아이들의 문제, 우리의 문제가 될 수 있었다. 씨앗과 물, 볕과 날씨의 변화, 토양의 건강, 생물 다양성뿐만 아니라 먹을거리의 생산과 분배, 노동의 생산성과 효율성, 그로부터 얻은 수입과 배분의 불평등 문제까지 텃밭 안에서 이야기된다. 그 작은 공간 안에 어마어마한 주제들이 얽혀 있고 정신을 차릴 수 없을 만큼 많은 이야기가 쏟아져 나온다. 그저 잘 심고 가꿔서 맛있게 거둬 먹기만 하는 공간에서 나의 삶과 공동체의 미래와 지구의 안위까지 살피는 지구 정상 회의의 무대가 된다.

학교 텃밭은 어떤 의미여야 할까

사실 내가 농사를 시작한 무렵은 도시 농업, 학교 농장 사업의 끝물(?)이었다. 이제 어디를 가건 도시 농업은 새로운 키워드가 아니다. 학교 텃밭이나 학교 농장 역시 그렇다. '텃밭'과 교사 농부가 주는 신선함은 좀 사그라들었다. 크건 작건 농사를 짓는 인구가 늘어나기도 하였고 그만큼 많은 사람들에게 더 이상 흥미로운 일은 아니라는 뜻이기도 하겠다. 조금만 신경 써서 둘러보면 유기농과 무농약 농산물을 직거래로 접할 수 있는 장터가 축제처럼 열리고 학생들은 하루 체험으로 작물이 담긴 화분이나 수확물들을 한가득 들고 온다. 그 사이에서 학교 텃밭은 어떤 의미여야 할까. 무엇을 해야 할까.

기껏 농사를 열심히 짓고도 상추며 방울토마토며 고추 할 것 없이 내가 짊어지고 가도 그 많은 수확량을 다 활용하지 못한다. 하다못해 쪽파 몇 뿌리도 못 써먹었다. 오늘은 숙직 기사님께서 영 심심하고 할 일이 없어 하셨다며 밭의 무를 솎아 다듬어서 쥐여 주셨다. 이건 어째. 나는 집에 오자마자 노트북을 잡고 씨름하고 있으니.

도시의 직장인이라 그렇다고 핑계 대 본다. 아무래도 작물을 키우는 일이랑 농작물을 써먹는 일은 많이 다르다. 에너지가 이어지지 않는다. 그래서 농사는 짓지만 써먹지를 못해서 결국 생각한다는 것이 '판매'였다. 이것도 학교라 가능한 일이었지만 어쨌거나 지구를 살린답시며 농사짓고 벌레를 친구 삼고 먹을거리를 팔아 마련한 돈을 누군가에게 기부하는 1년살이를 하다 보니 땅이 그 안, 중심에 있더라. 교육농 모임에서 고민했듯 농사짓기와 작물들이 부엌으로 연결되는 경이로움을 나름 느껴 보고 싶었고, 영화 〈리틀 포레스트〉를 보면서 '아, 나도 요리를 좀 배워야 하는 걸까' 싶었다. 심심하리만치 한적한 농촌의 시간, 외롭고 힘에 부치는 지난한 농사짓기가 되려 매력적으로 보인다(휘몰아치는 4교시 혹은 5교시를 끝내고 쨍~한 소리가 들릴 듯한 오후의 텃밭에 나가는 이유이기도 하다). 시간과 계절에 따라 솟아나는 작물들이 단아한 먹을거리로 완성되는 영화 속에서는 통제 불가능한 기후 변화나 재해, 시큼한 땀내와 개운치 않은 거름 내가 다 보이지는 않지만 내게 그 영화가 매력적인 이유는 땅, 땅이었다. 생명이 솟는 땅. 적어도 노력한 만큼은 내주는 땅. 시간과 계절과 자연이 허락한 만큼만 다가서야 하는 땅. 그런 땅을 경험하는 것이 학교 텃밭의 가치가 아닐까.

연대와 공감

우연히, 계획하지 않은 때에 영화 〈1987〉을 보게 되었다. 그간 많은 스포일러들을 통해 내용을 알게 되었지만 그 시절 뜨거웠으나 고통스러웠던 선배들의 이야기들을 마주할 자신이 없었기에 영화를 보고 싶지는 않았다. 그런데 이상하게도 영화는 생각보다 덜 아팠다. 그 시절 대학 새내기들부터 넥타이 부대, 버스 기사들까지 서로에게 의지하고 서로의 이야기를 공유하는 공감과 연대가 애틋하고 부러웠다. 폭압과 무력에도 수그러들지 않는 분노와 연대의 힘. 그걸 지금의 아이들이 가질 수는 없을까. 나 먼저 나 혼자 스펙을 쌓아도 비교당하고 좌절하게 되는 지금의 경제 상황이나 그로 인한 사회적 문화 심리가 연대의 에너지를 무너뜨린다고는 하지만 나는 좀 다르게 생각해보고 싶다.

좀 억지스럽지만 공감과 연대가 농사일로 가능하지 않을까. 밟고 밟히기만 하는 흙과 땅도 살아 있다. 그 주변에서 나고 자라는 온갖 식물들도 제 역할을 한다. 귀찮거나 두렵기만 했던 곤충들의 소중함도 느끼게 된다. 이런 것이 없으면 농사일은 흙투성이의 후줄근한 옷을 입고 시큼한 땀내를 풍기며 해야 하는 고된 작업일 뿐이다. 4차 산업 혁명 시대를 쫓는 우리들에게 농사는 그저 내가 아닌 누군가가 해야 할 일일 뿐이다. 교사 역시 가르치는 사람이니 그런 일(땡볕에서 시간을 소비하고 책이 아닌 들풀들을 매고 농사짓는 일) 따위를 하는 사람이 될 수는 없다.

시원한 에어컨 아래 향긋한 방향제 속에서 손가락 몇 개로 아이디어를 만들어 내고 창조하는 것이 우리가 추구해야 하는 유토피아일까. 뜨거워지는 지구에서 살아남는 것이 우리의 숙명이라면 더더욱 그런 것은 아닐 것이다. 언제부턴가 낯설어진 거름 내와 흙냄새를 기꺼이 반기고 꼬물거리는 벌레들의 숙명을 겸허히 받아들이며 자연과 연대하는 것. 인간의 행위와 흔적으로 말없이 사그라드는 미물들의 고통과 슬픔이 보이기 시작한다면 그 연대의 힘은 우리 이웃에게도 이어질 것이다. 가장 낮은 곳, 약한 자들과 공감하는 능력이야말로 교육의 목표가 아닐까. 그 점에서 농사짓는 일은 교사의 가르침을 배가시키는 최상의 도구이다! 농렐루야!

성장의 공간, 학교 텃밭
농적인 머리가 팔다리로 내려오기를

방효신 scullyer@sen.go.kr
서울 초등 교사

도시에서 나고 자란 내게 농촌은 서울을 벗어난 지역의, 체험 학습을 갈 때나 보는 너른 들판이다. 봄이면 녹색 물결이 치고, 가을이면 노란색이 번지고, 겨울 초입의 논에는 커다란 마시멜로(원형 볏짚)가 드문드문 놓여 있는 곳. 주변에 벼농사를 짓는 이도 없으니 논에 들어가 본 적도, 밭에서 호미를 든 적도 없다. 게다가 TV 프로그램에서 본 시골은 비료 포대가 나뒹굴고, 소똥 냄새에 코를 막는 곳, 쪼글쪼글 검은 얼굴의 노인의 모습 등이 전부이다. 방송국에서 편집한 장면이겠지만 현실을 일부 반영한 모습일 터. 앞으로 농촌에 살 일이 내게 있겠나. 20대 때 친구랑 서울 밖을 여행 다니면서 본 농촌도 낮에는 사람 없고, 음식점에는 파리가 가득하고, 터미널에는 선풍기도 더위에 지친 듯 탈탈거리며 돌아가는 풍경이었다.

그랬는데…… "'교육농'이 경험해 볼 만하다"는 선배의 추천에 별 고민 없이 신청한 연수. 한숨 자고 나니 충남 홍동면 갓골에 도착해 있었다. 교육농 연수가 열리는 곳이다. 마을 입구의 커다란 건물은 어린이집이다. 그 옆에는 밝맑도서관, 도서관 건너편에는 무인책방. 소박하지만 카페도 있다. 무엇보다 어디를 가든지 향긋한 냄새가 났다. 여기 농촌 맞아?

말 걸고 싶은 사람들

연수이지만 여행처럼 온 곳이어서 이렇게 느끼는 걸까. 나를 대하는 사람들 얼굴에 웃음이 가득하다. 덩달아 마음이 놓인다. 이곳은 사람보다 풀이 많다. 낮은 풀들, 탁 트인 시야, 편안해 보이는 사람들이 있다. 비로소 서울에서 얼마나 긴장하고 살았는지 느꼈다. 강의를 하는 분께 누군가가 물었다.

"직업이 뭐예요?"

"농부입니다."

농부에게 농사를 배우는 짧고 낯선 경험은, '나는 원래 식물을 잘 죽여서', '화분도 안 기르는데', '텃밭은 퇴직 후에 여가 생활로', '애를 기르는 집이라면 교육상 해 볼 수도 있지' 같은 20, 30대들이 가진 각종 핑계를 날려 보냈다. 물론 연수생 중에 30대 중반인 내가 가장 젊다. 농사 연수를 간다니까 주변 서울 사람들은 '거길 왜?'라는 반응을 보였다. 나는 물론 농부로 직업을 바꿀 것도 아니다. 할머니가 되어서는 뭘 하고 있을지 알 수 없다. 그렇지만 지금 내가 하고 싶은 것은 교육과 농사의 만남이란 걸 직감적으로 알 수 있었다. 사람과 말과 역사의 뿌리에는 '농사'가 있다. 그 근본을 겪는 시간은 내게 중요했다.

10년 넘게 좌충우돌했던 학급 운영 방법이 내 몸에 맞지 않는다면, 다른 옷을 입어 볼 차례다. 그 다른 옷이 2017년 내게는 학교 텃밭이었다. 농업에 대한 교사 일반의 첫인상은 '좋긴 한데 내가 하긴 귀찮다'인 듯하다. 교과서만 가르쳐도 빠듯하다는 수업 진도 타령, 농사지어서 먹고살 일은 없다는 인식, 물 주러 일찍 출근하긴 버겁다 등의 '귀차니즘', 경험과 지식이 없으면 시작도 하기 어렵다는 핑계 등 학교에서 농사를 안 지을 이유는 너무나 많다. 1970년대 태어난 사람들도 '너는 힘든 농사 하지 말고 공부 열심히 해서 좋은 직장 구해라'라는 인생 조언을 부모로부터 듣거나 1980년대 태어난 사람들은 대학 총학생회의 운동성이 사그라들면서 '농촌 활동(농활)'을 경험하지 못한 채 교사가 되었다.

일단 나부터 시작해 보자! 서울 한복판 종로구(학교가 종로구에 있다). 여기에서 텃밭을 시작해 보자!

업무로 시작하는 학교 텃밭

교사들은 수업 외에 학교 운영과 관련 있는 행정 업무를 한두 개 이상 한다. 교육농 연수를 마치고 나니, 학생 자치나 도서 행사 말고도 하고 싶은 업무가 생겼다. '교재원과 암석원.' 이 업무는 보통 명예퇴임이나 정년을 앞둔 50대 후반의 교사들이 맡는다. 어릴 적 농사 경험이 있고, 컴퓨터 프로그램을 다루지 않아도 처리 가능한 업무이기 때문이다. 농사 경험이 없어도 교재원을 업무로 맡으면 학교 내 텃밭은 모두 내 관할이겠다 싶어서 자원했다.

"해 본 경험은 있고?"

"아, 전공이 실업교육과여서……."

교육대학교는 초등 교과 전 과목을 교육과정으로 배우지만, 심화

과정으로 학기당 2학점에 해당하는 과목을 선택하는데 이를 종합대학 기준으로 '전공'이라 표현한다. 실업교육과 심화 과정 중 선택 과목으로 3학년 1학기에 밭농사를 4시간 했다. 그중에 실습은 2시간이었다. 흙과 비료 좀 만져 본 게 전부이지만, 뭐든 시작해야 일을 배울 수 있지 않은가! 일단 전공임을 내세우고 4학년 담임과 텃밭 업무를 병행하기 시작했다.

쉬는 시간마다 돌을 고르고 흙을 팠다

밭은 맡았으니, 동료를 구해 볼까 싶어 교내 메신저를 돌렸다. 교장 선생님과 행정실 직원을 포함하여 8명 정도 답장을 보내왔다. 자리를 마련하고, 같이 할 주제를 칠판에 썼다.

1. 소개 및 기대치, 경험 나누기
2. 36m^2 학교 텃밭 소개, 자재, 보급 시기
3. 공간 분할, 도시 농업 강사 배당
   - 땅, 화분(크기), 상자 텃밭, 고무 통, 비닐하우스

20대부터 60대까지 참여한 사람들 모두 하고 싶은 말이 많았다. 50대인 최 선생님은 작년에 처음 농사를 지어 봤는데, 순지르기가 뭔지 모르겠으니 직접 해 보고 싶다 하셨다. 수세미나 여주를 심을 테니 지주대가 될 만한 그물이 필요하다, 국기 게양대 근처에 바나나 나무도 심을 수 있지 않겠냐고 제안하셨다. 교육과정 부장이면서 6학년

●
3월 둘째 주부터 겨우내 얼어 있던 밭을 엎었다. 학생들과 점심시간과 쉬는 시간마다 돌을 고르고 흙을 팠다.

7개 반의 실과 수업을 담당할 40대 박 선생님은 봄맞이용 꽃씨를 심어 가꿀 테니 밭갈이를 할 때 작은 돌을 모아 주면 좋겠고, 고추나 방울토마토 작물을 수업과 연계하여 심을 것이라 하였다. 3, 4학년 영어를 전담하는 김 선생님은 작두콩을 심고, 비닐하우스 안에는 딸기 모종을 심고 싶다고 했다. 50대 후반 김 선생님은 농사 경험은 없지만 꼭 해 보고 싶었다며 1학년 학생들을 데리고 이랑 한 개만 1년 동안 가꾸려는데 청상추나 가지, 옥수수 조금 하고 감자 농사부터 당장 시작하겠다고 목소리를 높이셨다. 앞으로 심고 싶은 모종, 구성하려는 텃밭의 모양새, 국어와 음악 수업에서 감자 수확과 관련하여 어떻게 접근할지 이야기하다 보니 퇴근 시간이 지나 있었다. 그간의 어떤 수업 협의회보다 재밌었다. 3월은 교실 안에도 쌀쌀한 기운이 남아 있는 때인데, 그날따라 양 볼이 상기될 정도로 소재가 무궁무진하고 열기가 대단했다.

3월 둘째 주부터 겨우내 얼어 있던 밭을 엎었다. 학생들과 쉬는 시간과 점심시간마다 돌을 고르고, 흙을 팠다. 그러다가 작년에 심었던 도라지를 발견하고서는 깔깔대고 웃기도 했다. 집에 가져간 학생은 엄마가 도라지 무침을 해 주었다고 한다. 흩어뿌림, 줄뿌림, 점뿌림 등으로 파종 방법을 적어 놓고 씨앗에 따라 무엇이 적절할지 의견을 나누었다. 밭갈이한 밭에 우리 반이 첫 파종을 했다. 봄밀이었다.

나는 수업 시간에 진지하게 말했다.

"쌀은 밥이 되고, 밀은 국수 되고."

학생들이 맞장구를 친다.

"쌀가루는 떡이 되고, 밀가루는 빵이 되고."

지난해 11월에 강원도에 미리 신청해 둔 씨감자를 서울 강서 농협 지점에서 받아서 지원한 선생님들과 나누었다. 교실에서 목장갑을 끼고 신문지 위에서 감자를 잘랐다. 감자 눈을 살려서 잘라야 한다고만 설명했더니 카레를 만들 것처럼 자른 학생들도 있었다. 헉! 굳어진 내 얼굴을 보더니 눈치를 살피는 학생들 얼굴이 귀여워 웃음이 났다. 실은 나부터 어떻게 자르는 게 맞는지 모르고 있었다. 땅에 구멍을 파서 감자 자른 것을 심고, 그 위를 흙으로 덮었다. '무엇을 심는다'는 행위가 나와 학생들에게는 낯선 경험이었다. 모래 빼기 놀이를 하느라고 흙 위에 나뭇가지를 꽂아 본 적은 있어도, 작은 식물을 땅에 넣고 안 보이게 흙으로 덮는 행위는 난생처음이었다. 몇몇은 상추를 심은 경험담을 읊으며, 그땐 상추 잎이 많아지면 그걸 따서 먹으면 됐는데 감자는 처음이라 했다. 감자를 심은 후 학생들도 나도 싹이 언제 나나 매일 보러 갔다.

모종, 많은데 다양하지가 않다

'학교 농장 운영 지원 사업'에 신청해서 선정된 학교에는 서울시농업기술센터에서 4월 3일에 모종 4종(적상추, 청상추, 적오크상추, 청오크상추) 162구씩, 씨앗 3종(적치마상추, 열무, 얼갈이배추) 30~90g가량을 보내 주었다. 스쿨가드닝 책과 삽 2개, 모종삽, 물뿌리개, 퇴비 등도 함께 오는데 직접 해 보니 거름이나 농기구를 먼저 받고, 날을 정해 한꺼번에 도착하는 모종은 종류가 다양했으면 좋겠다. 작물을 심기 전에 밭에 뿌린 퇴비가 숙성되어야 한다는데, 비가 온 직후나 날이 풀릴 때를 대비해 작업을 하려면 기본 재료가 학교에 먼저 도착해야 한다. 학교에는 삽 외에 적절한 농기구가 없다. 쇠스랑, 쇠갈퀴, 삽괭이, 호미 같은 도구가 필요하다. 농업기술센터에서 주는 농기구는 학교 주무관이 밭갈이를 다 해 줄 것이라는 가정하에 지급되는 재료이다. 게다가 모종은 해충 피해를 잘 입지 않고 손이 덜 가는 듯한 상추 종류가 많고, 방울토마토 역시 빨간색 하나뿐이라 주어진 모종으로 재미를 느끼기에는 역부족이다. 여러 작물을 섞어 지어서 더 잘 자라는 작물을 보고 싶었지만, 머리로 아는 것만큼 몸이 따라 주지 않았다. 종로5가에는 모종상이 여럿 있으니, 출근길에 들러 모종을 사 올 수 있다. 물론 인터넷으로 구매해도 된다. 하지만 '있는 거나 잘하자', '첫해인데 다 괜찮아' 하고 미루었다. 상추는 심고 또 심어도 남아서, 집에 화분이나 텃밭 상자가 있는 학생들에게 가져가라고 했다. 체력과 요령이 있을 것 같은 고학년 위주로 관련 수업 차시를 골라서 학교 내 온라인 메시지도 보냈다.

학년별 텃밭 관련 교육과정		
4학년 1학기	과학	벼의 한살이
	사회	농촌과 촌락
5학년 1학기	과학	식물의 구조
6학년 1학기	과학	생태계
	실과	생활 속 식물 가꾸기

• 학생들은 샐러드를 풀 먹듯 하였으나, 자신이 키우고 만든 요리라며 대부분 끝까지 다 먹었다.

풀도 맛있어요!

5월 초에는 아삭이고추, 방울토마토 모종이 72구, 로즈메리, 애플민트, 파인애플 세이지 모종이 20개씩 왔다. 지주를 세우기가 가장 힘들었다. 허브 종류는 심을 데가 없어서 학생들이 각자 집에 가져가도록 했다. 4월에 심은 상추가 자라서 수확을 시작했다. 학생들 편으로 집에 보내기도 하고, 교실에서는 발사믹 식초와 올리브유를 뿌려 샐러드를 해 먹었다. 학교 우유를 끓여 레몬즙과 소금을 넣고 리코타 치즈를 만들어 얹었더니, 몇 년 전에 유행했던 '리코타 치즈 샐러드'가 되었다. 샐러드 양이 많았는지 남긴 학생들도 있었지만 '내가 만든 건데!' 하며 접시를 비우는 포크질이 고마웠다.

옆 반 감자까지 캐는 등 사고도 치고 재미도 보고!

6월 장마가 오기 전 더워질 때, 감자를 캤다. 여름 햇살에 등에 땀이 흐른다. 신나게 캐다 보니 옆 반 감자도 캐 버렸다. 이런! 이랑 구분을 제대로 안 한 내 탓이다. 캔 감자가 수북했다. 캐는 즐거움을 뺏은 미안함에 학생들과 4학년 3반으로 가서 사과했다. 양해를 구하고 사과문도 그 교실에 붙였다. 감자를 열심히 가꾸던 김 선생님이 많이 섭섭해하셔서 더 미안했다. 그 이랑에서 캔 감자를 돌려주었지만, 마음 한편에 찜찜함이 남았다. 농사를 지으며, 평소 겪어 보지 못한 감정들이 올라온다. 교과서 중심의 수업은 의자에 앉아 글을 읽고 장면을 상상하거나 생각의 꼬리를 붙잡고 예전 기억과 경험을 떠올리려고 해야 한다. 그러나 매일 학교 텃밭을 오가며 초록색을 보고 흙을 만지고, 그 경험으로 국어며 수학을 공부하니 수업이 살아 있는 느낌이었다. 오감으로 자연을 느끼고, 대화의 소재가 감자며 방울토마토가 될 때, 교사와 학생이 함께한 시간은 겪은 사람끼리 공유되는 '밝음'이었다. 어젯밤에 부모 몰래 한 컴퓨터 게임 이야기나 학원 문제집 진도 투정이 아니라, 얼굴을 마주하며 텃밭과 음식 이야기를 나눈다는 점이 좋았다. 텃밭 얘기를 할 때, 우리는 항상 밝게 웃었다. 햇살 아래 사람의 얼굴이 어찌나 환한지! 우리 반 감자로는 휴게소에서 사 먹어 본 버터구이를 해 먹었다. "너무 맛있다!" "선생님, 진짜 고속도로 휴게소에서 이런 거 팔아요?" "집에 가서 만들어 먹게 조리법을 다시 써 주세요. 설탕이랑 소금이랑 또?" "남은 감자 저 주면 안 돼요?" "저도요!" 일주일 내내 집에 가서 또 해 먹었다는 후기와 소금을 너무 넣었는지 짜더라 등 가스 불을 켜서 음식을 처음 해 본 이야기가 교실을 메웠다. 학부모의 반가운 문자에 더운 여름에 불을 써도 짜증이 안 난다는 것을 알게 되었다. "아이에게도 저에게도 특별한 추억을 만들어 주셔서 감사했습니다~ 고생 많으셨습니다!^^" "아이늘에게, 또 엄마들에게 행복한 추억을 가득가득 채워 주셔서 감사합니다." "3학년 말 아이들에게 어려움을 겪고, 4학년 개학식 날 두려워하며 집을 나서던 ○○의 뒷모습이 아직도 눈에 선합니다. 그러던 ○○이가 단 며칠만에 예전의 모습을 되찾더니, 정말 행복하게 지내고 있습니다. 이 모든 게 선생님 덕분이에요." 칭찬받는 게 부끄러우면서도 좋기도 했다.

  7월에는 지난 3월에 심은 밀을 수확해 밀껌을 씹었다. 밀알을 껍질째 입에 넣고 씹다 보면 껌처럼 점성이 생긴다. 수학과 연계하여 밀 한 줄기에 몇 개의 밀알이 맺혔는지 헤아리고, 천 개나 만 개가 얼마

- 감자가 아주 잘되었다. 신이 나서 캐다 보니 옆 반 감자까지 캐는 사고가 생겼다. 그동안 애써 감자를 가꿔 왔던 옆 반 선생님과 학생들에게 무척 미안했다.

나 많은지 수 감각을 익히기도 했다. 급식으로 나오는 쌀밥을 한 숟갈 입에 넣었을 때, 몇 개의 꽃이 피고 진 결과인지도 느꼈다. 그리고 방학을 맞았다. 개학하자마자 배추 모종과 무씨가 도착했다. 적상추, 청오크상추 모종이나 갓, 시금치 씨앗과 씨쪽파도 왔는데 모종은 얼른 심었지만 씨앗은 관리를 제대로 못해 크질 못했다. 초기에 물을 열심히 안 준 탓일까? 수업용으로 쓸 배추흰나비는 과학관에서 가져올 필요가 없었다. 텃밭에 널려 있었다. 학생들은 관찰용으로 투명 플라스틱에 가두어 두고 키우는 것이 아닌, 그야말로 생생하게 텃밭에서 애벌레가 나비로 거듭나는 과정을 매일 볼 수 있었다. 물론 배추를 위해 대개의 애벌레들은 나무젓가락에 잡혀야 했지만 말이다.

10월은 배추가 실하게 커 가고, 가장 느슨하게 텃밭을 운영한 때이다. 5월에 빨간 고무 통 8개를 들여다가 텃밭 한쪽에서 벼를 길렀는데, 제대로 보살피지 않아 쭉정이가 되어 가던 때이기도 하다.

11월, 새파란 배추를 속이 차도록 묶었다. 묶기 전에 좀 여린 잎으로 배추전을 해 먹었다. 경상도 지역의 음식으로 약간의 소금 간만 하고 묽은 밀가루 반죽만 묻혀서 부쳐 먹는 것이다. 맛이 단순해서 입맛에 안 맞는 경우도 있을까 봐 염려되었지만, 바삭함 때문인지 학생들은 몇 장이고 부쳐 먹었다.

처음 김장을 해 보았다

12월, 드디어 김장! 얼었다 녹았다를 반복해서 작아진 배추를 쑥 뽑았다. 배추를 수확하는 기분이 최고라는 학생들이 여럿이었다. 날이 추워서 텃밭에 오래 있기는 어려웠다. 밑둥을 칼로 잘라 쉽게 손에 쥐었다. 김장 재료인 쪽파가 망했다. 양념을 사다 김장을 하는데 겉절이인 셈이다. 김장을 한 날은 음악 발표회가 있었다. 학생들이 바이올린 연주 순서를 기다리는 틈에 교실에 얼른 올라와서 스테인리스 통에 배춧잎을 잘라 넣고 소금을 마구 쳤다. 뭔가 미진한 느낌이었지만 배추를 뒤적이다가 다시 강당으로 내려갔다. 실은 집에서 김장할 때도 거들기만 할 뿐 처음부터 해 본 적이 없었다. 발표회를 마치고 점심 급식을 먹은 뒤, 책상 4개를 붙여서 상을 만들고 김장 비닐을 깔았다. 색종이에 풀을 얇게 바르듯이, 배춧잎에 양념을 골고루 묻히라고 일렀다. 학생들은 하얀 옷에 고춧가루가 묻어도 즐거워했고 양념이 미끌거려서 재밌어했다. 계속 웃어 댔다. 전날 준비시켰던 데친 두부나 삶은 고구마와 같이 먹으라는데도 한사코 집에 가져가려 했다. "제가 만든 거, 엄마, 아빠에게 맛 보여 드리고 싶어요", "익혀 먹는 거 아니에요?", "한 입만 먹어 보고, 나머지는 싸 갈래요". 어머니 한 분은 "아들 셋 기르면서, 처음으로 아들이 만든 김치를 먹었다"고 문자를 보내왔다.

〈블레이드 러너〉와 농업의 미래

SF 영화 중에 〈블레이드 러너 2049 Blade Runner 2049〉라는 작품이 있다. 복제 인간에 대한 통제와 해방을 다루었는데, 주인공의 기억 속에 있던 목각 인형을 감식하는 과정에서 인상적인 대사가 오고 간다.

"이 인형이 언제 만들어진 거죠?"

"나무 인형을 갖고 있다니, 부자인가 보네요. 제가 뭘 해 드릴까요?"

2049년에는 생태계가 붕괴되어 풀도 야생 동물도 없다. 나무의 흔적을 갖고 있는 사람은 부자로 대접받는다. 태양열 발전과 애벌레 농장에서 얻은 에너지로 유지되는 미래는 빈곤층이나 최상류층만 생태계를 접할 수 있다. 그들이 접하는 자연은 질적으로 다르다. 그런데, 지금도 조금씩 그런 모습이 보이는 듯하다. 마트에는 유전자 조작 식품, 황폐화된 밭에 화학 비료를 가득 뿌려 다량으로 재배한 채소 등이 있다. 광우병 논란도 끊이지 않고 잊을 만하면 조류독감이 유행하고 곧 대량 살상으로 이어진다. 백화점이나 고급 식료품점에는 친환경, 책임 농부, 직거래 등의 딱지가 붙어 있고 제철 과일과 수산물 등의 싱싱하고 비싼 식자재가 색깔도 예쁘게 진열되어 있다. 돈의 유무가 건강과 감정, 능력까지 사들이는 현실을 그대로 보여 주고 있다. 외면하고 싶다. 계란과 우유만큼은 좋은 거 먹어야 한다지만 직업상 아이들을 매일 접하는 나는 학생들과 학부모에게 무엇을 어디까지 말하고 보여 줄 수 있는지 고민하게 된다. 왕양명은 《전습록傳習錄》에서 '알고도 행하지 않으면 모르는 것'이라고 했다. 농업의 선순환, 땅의 재생, 작물의 건강함, 가꾸고 먹는 사람의 감성과 지력 등을 생각하면, 학교교육에 텃밭의 존재는 절실하다.

아빠의 텃밭

텃밭은 '터+ㅅ+밭'이다. 내가 사는 곳(터) 근처의(ㅅ) 흙(밭)이면 모두 텃밭인 셈이다. 어릴 때 살던 자양동 아파트는 옥상을 쓸 수 있었다. 열쇠를 어떻게 얻었는지 아빠는 그 옥상에 스티로폼 박스를 30개쯤 갖다 놓고 텃밭을 일구었다. 상추, 쪽파, 부추 등 주로 엽채류였고, 주말마다 옥상에서 혼자 상추에 물 주던 아빠가 생각난다. 동생은 세발자전거를 타고 텃밭 주변을 맴돌았던 것 같은데, 나는 아빠와 사이가 좋지 않아서 텃밭에 대해 대화를 이어 나가지 못했다. 그때 "아빠, 뭐 심었어요?", "물은 얼마나 줘야 해요?"라는 질문이라도 좀 했으면, 지금 학교에서 텃밭 일구기가 좀 나았을까? 그도 아니면, 그때 아빠와의 관계가 좀 좋았을까? 아빠는 텃밭에서 거둔 상추로 밥을 먹는 딸을 보면서 무슨 생각을 했을지 궁금하다. 딸기를 담았던 스티로폼 상자에 흙과 비료를 넣고, 부추 씨를 심으면서 직장 생활의 스트레스를 날려 보냈을지도 모른다.

학교 텃밭에서 혼자서 호미질을 하며, 아빠가 돌아가신 지 18년이나 지나서야, 당신의 물 주던 뒷모습을 떠올렸다. 내가 흙을 엎고, 밭갈이한 땅에 모종을 심으면서야, 기억 속에 덮어 두었던 아빠의 마음가짐을 상상한다.

지금은 버티는 시기예요

올해는 이렇게 더운 적이 있었나 싶은 여름이었다. 홍동 마을에서 할 교사 대상 직무 연수를 내가 기획하게 되었다. 실은 계획서만 쓰는 수준이었고 실무는 홍동 사람들이 기꺼이 맡아 주었다. 연수 내용 논의 차, 교육농연구소 박형일 선생님에게 전화를 걸었다.

"더운데, 어찌 지내십니까?"

"농촌은 지금, 버티는 시기예요. 보통 새벽 4시쯤 일하고, 낮에는 쉬어요."

아, 나는 '학교 텃밭 작물이 타 죽네' 하며 날씨 탓만 했다. 학교에 일찍 가서 작물에 물을 주고 살필 것을 전혀 생각도 안 하고 있었다. 도시 인간의 사고방식이 아니라, 텃밭에 사는 작물의 생태와 자연의 시간을 따라가며 살펴봐야 하는구나. 홍동에 다섯 번을 다녀오고도 농農적인 머리가 팔다리로는 내려오지 않았다. 가슴까지는 내려왔으려나? 우리 반 학생들은 이미 가슴부터 준비된 것 같다 나보다 먼저 행동하는 경우가 더 많으니 말이다.

학교 텃밭이야말로, 시간과 공간을 돌이키고 충분히 느끼면서 인간답게 성장하는 공간이다. 이제 좀, 성실하게 텃밭을 해 볼 수 있을까? 소박하게, 조금씩, 어제보다는 나은 학교 텃밭을 위하여!

쌀 한 톨의 무게

논농사 이야기

조경삼 simi3123@naver.com
충남 초등 교사

겨울 방학이 코앞으로 다가온 12월, 산마을의 마지막 생태 수업이 열리는 날입니다. 주제는 쌀 음식 만들기. 10월에 수확하고 탈곡한 쌀을 가지고 모둠별로 식혜, 강정, 떡볶이 등을 만듭니다. 이 수업을 위해서는 어른의 손길이 많이 필요합니다. 식혜는 생태지원단 어머니와 식혜 모둠 학생들이 엿기름 작업을 해서 하루 전날 전기밥솥에 안쳤고, 강정은 쌀 뻥튀기를 미리 해 왔으며, 떡볶이는 주사님이 방앗간에 쌀을 가지고 가서 뽑아 왔습니다. 전교생이 나누어 먹을 것은 굵게, 떡볶이 할 것은 가늘게.

학생들은 요리 활동을 좋아합니다. 자기들이 심고 가꾼 쌀을 가지고 하는 요리라서 더 설레는 듯합니다. 저녁에 여는 산마을 학습 발표회 때는 부모님께 대접도 하기 때문에 설렘은 배가 됩니다 생태 선생님들이 들어오십니다. 바로 요리 활동을 시작할 줄 알았는데 모니터 화면에 생태 수업을 발표하기로 한 학생의 프레젠테이션 자료가 뜹니다. 선생님은 올해의 마지막 생태 수업이기 때문에 그동안의 활동을 돌아보고 요리를 시작한다고 하십니다. 여기저기서 불만의 소리가 터져 나오지만 발표가 시작되자 사그라집니다.

3월, '쌀 한 톨의 무게'

우리가 늘 먹는 밥(쌀, 벼)과 우리가 왜 이것에 대해 1년 동안 배우는지 생각해 봅니다. 〈쌀 한 톨의 무게〉 노래를 배경으로 논농사 1년 살이가 펼쳐지는 영상을 봅니다. 영상에 나오는 농사일과 풍경에 눈길이 갑니다. 그동안 생각하지 못했던 쌀과 우리 생활의 연결을 찾아냅니다. 더불어 논은 왜 중요한지, 좀 더 확장하여 논에 사는 생물과 생태계와의 연결까지 생각해 봅니다. 수업은 1년을 함께할 논에 나가 둘러보는 것으로 마무리합니다. 벼 밑둥만 있는 황량한 논이지만 이곳에서 작년 선배들이 했던 것처럼 모를 심고 가꿀 상상을 합니다.

우리 학교 5학년 학생들은 논에 대해 공부하면서 모심기, 써레질, 벼 베기를 하며 논을 체험한다. 우리 논은 약 35평이고, 논 주변에는 앞뒤로 산이 있다. 가까운 곳에 물이 흐르는 하천이 있다. 수로로 논에 물이 들어오고 나간다. 논둑으로는 사람이나 동물들이 밟고 지나다닐 수 있다. 우리 논과 연결되는 이웃 논은 크다. 예상하기에는 생물의 이동을 방해한다. 흐르는 물이 있다면 논 생물들이 더 쉽게 지나갈 것이다. 논둑이 울퉁불퉁하게 튀어나와 생물의 이동을 막는 구조물이라는 것이다.

- 2012년 4월 김○○ 외

4월, 모판 만들기

처음 몇 해 동안은 논 주인 아저씨가 구해 주는 모를 심는 것으로 수업을 하다가 이후에는 볍씨를 고르고 모를 키워 내는 것부터 합니다. 작은 비닐 온실을 만들고 직접 키운 모로 모내기를 했습니다. 이것도 농가에서 쓰고 남은 싹 튼 씻나락을 구해 모판을 만들었는데, 몇 해 전부터는 아예 키질, 염수선, 열탕 소독 등 전 과정을 모두 체험합니다.

1. 키를 이용하여 알맹이와 쭉정이를 고르는 작업을 합니다.
2. 볍씨를 고르기 위해 소금물을 사용합니다. 소금물의 농도는 계란이 수면 위로 500원 만하게 뜨는 정도입니다.
3. 건강한 볍씨를 건져 내어 열탕에 8분, 그리고 냉탕에 10분 정도의 소독으로 마무리합니다.

열탕 소독 선 물의 온도는 65~70°C입니다.

4. 모판에 상토를 담고 물을 흠뻑 줍니다. 그런 다음 볍씨를 골고루 뿌리고 그 위에 다시 상토를 뿌려 덮습니다. 이때 체를 이용하여 상토를 뿌립니다.
5. 비닐하우스로 옮겨 보온 매트로 덮어 줍니다.

※ 일주일쯤 지나면 하얗게 싹이 올라옵니다. 이때 비닐 온실을 만들고 그 속에 모판을 늘어놓은 뒤 비닐을 덮습니다. 밤에는 보온 덮개로 그 위를 덮었다가 낮에는 열었다가를 반복합니다. 물론 물도 매일 충분하게 줍니다.

- ● 알맹이와 쭉정이를 고르는 키질을 하고 있다.
- ●● 염수선. 소금물에 볍씨를 담가 알찬 것을 고르는 작업이다.
- ●●● 상토를 넣은 모판에 물을 뿌리고 볍씨를 뿌린다.
- ●●●● 볍씨를 뿌린 뒤 다시 상토를 고르게 뿌려 덮는다.
- ●●●●● 모판은 보온 덮개로 덮어 둔다.
- ●●●●●● 보온을 위해 비닐 온실을 만들어 모판을 넣어 둔다.

농가에서는 볍씨를 소독할 때 살균제 등의 농약을 쓰기 때문에 남아서 버린 볍씨를 먹은 새들이 죽기도 합니다. 하지만 우리는 열탕 소독만 했기 때문에 남은 볍씨를 남김 없이 새들의 먹이로 나누어 줍니다.

학교에서 모판을 만들었다. 모판, 볍씨, 상토를 준비했다. 나는 모판을 탁탁 쳐서 흙과 돌을 털고 모판에 황토 흙을 솔솔 뿌렸다. 남자애들이 장난쳐도 신경 쓰지 않고 볍씨를 한 구멍에 3개 이상 넣었다. 그런 다음 황토 흙을 꽉꽉 채웠다. 비닐하우스에 조심히 내려놓고 천을 덮었다.

- 2012년 4월 오○○

(※ 이때는 벌집 모양의 모판을 사용했습니다.)

모내기가 가장 먼저인 줄 알았는데 모판 만들기가 먼저였다. 농부들은 이것보다 훨씬 많은 양을 하실 텐데 존경스럽고 감사하다. 시작이 반이라고 한 만큼 오늘의 일이 가장 중요한 것 같다.

- 2016년 4월 조○○

모판을 만들었다. 먼저 볍씨를 고르는데 키질로 고르고 소금물에 띄워 한 번 더 골랐다. 그런 다음 65℃ 물에 8분 동안 볍씨를 넣어 소독한 다음 모판에 흙을 넣고, 물 뿌리고, 씨앗을 뿌린 다음, 흙을 덮어 모판을 만들었다. 오늘 활동으로 키질 하는 법과 모판 만드는 법을 배웠고 추가로 쌀의 생김새를 알았다. 볍씨에서 백미를 골라냈는데 정말 힘들어 쌀 한 톨의 중요성을 알게 되었다.

- 2018년 4월 박○○

● 모판에 하얗게 싹이 올라왔다.
●● 2주 만에 부쩍 모가 자랐다.

5월, 논 만들기

흙덩어리를 부수어 흙을 부드럽게 하고 논바닥을 평평하게 합니다. 모내기 작업을 쉽게 하기 위해서입니다. 이것을 써레질이라 합니다. 벼농사 초기에는 논 주인 아저씨가 트랙터로 해 주셨는데 지금은 논 갈이만 해 주시고 써레질은 학생들의 몫입니다. 마을 일소가 와서 써레질을 도와주기도 했는데 작년부터는 소 주인 할아버지가 편찮으셔서 학생들과 생태 선생님들이 함께하게 되었습니다. 주로 레이크를 사용하여 평평하게 하는데 올해에는 지난겨울에 놀던 눈썰매를 가지고 놀기도 했습니다. 이렇게 놀고 나면 모내기할 때 논에 들어가기 싫다는 학생들은 한 명도 없습니다.

오늘 마지막 시간에 논으로 써레질을 하러 갔다. 논으로 막상 와 보니 논에 들이가기 싫었다. 근데 다른 애들은 잘 들어있다. 나하고 ○○, ○○는 안 들어가고 그냥 서 있었다. 왜냐하면 거머리가 있기 때문이다. 개구리도 있고. 근데 논에 들어간 애들이 웃고 있었다. 재밌나 보다. 그래서 나도 한 발 한 발 조금씩 들어갔다. 푹 들어가는 게 늪 같았다. 그런데 조금 있다 보니 괜찮아졌다. 느낌은 부드럽기도 하고 이상했다. 논에 있는 흙으로 테두리를 싸 주었다. 논일을 마치고 우리는 냇가로 발을 씻으러 갔다.

- 2012년 5월 강○○

소와 함께 써레질을 했다. 임신을 해서 배가 불룩한데 우리를 위해 일하는 소가 불쌍하다는 생각이 들었고, 소를 몰아 주시는 할아버지께 감사했다. 써레질을 하고 나니 논이 부드러워진 느낌이 들었다. 소는 참 힘이 세다. 농사 한번 짓는 데 참 많은 사람들이 고생한다는 생각이 들었다.

- 2016년 5월 김○○

써레질과 가래질 전에 우리 논으로 흘러 들어오는 물줄기를 따라 어느 논에서부터 물이 대어지는지 따라가 보았다. 펌프로 개울에서 물을 퍼 올려와 이 논부터 차곡차곡 아래 논으로 물이 차고 있었다. 써레질 팀과 가래질 팀을 나눠 일을 시작했다. 작년까지는 소가 와서 했는데 올해는 소를 부리시는 할아버지가 편찮으셔서 소 없이 우리끼리 써레질을 하는 것이다. 논둑도 만들었는데 이것을 가래질이라고 한다. 가래질은 혼자 하는 게 아니라 삽에 줄을 매어 셋이서 힘을 모아 한다. 점점 논의 모습을 찾아가는 농부의 마음! 시원한 물과 음료수를 마시고 마지막까지 열심히 했다. 왠지 논이 넓어진 거 같은 느낌이 들었다.

- 2017년 5월 신○○

써레질을 하고 사흘 뒤, 산마을 학생들은 점심을 먹자마자 복장을 갖추고 운동장에 모였습니다. 비닐하우스로 가 소중히 키운 모판을 조심히 들고 '농부의 마음' 논으로 이동합니다. 모판에서 모를 빼 논에 여기저기 던져 놓고, 홍성에서 오신 농부 선생님의 모내기 설명을 들었습니다. 모를 세 개에서 다섯 개 정도 잡고 못줄의 빨간 표시 앞쪽에 심는다는 설명을 듣고, 못줄 앞에 일렬로 섭니다. 학생들이 잘

● 모내기 전 논을 가는 써레질을 하고 있다. 동네에 소를 몰아 주시는 분이 계셔서 도움을 받았다.
●● 학생들이 논바닥을 고르게 하고 있다.
●●● 써레질을 하다가 신나게 놀기도 한다.
●●●● 논과 친해지는 놀이이다.

심어서인지 논이 작아서인지 모내기는 30분 만에 끝났습니다. 개울 가에서 새참을 준비하던 어머니들의 손길이 바빠졌습니다. 학생들은 새참이 다 될 때까지 개울물에서 진흙을 닦아 내며 물놀이를 한바탕 벌입니다.

논으로 갔다. 물이 없다. 선생님은 물이 없는 게 좋다고 했다. 모판에서 모를 꺼내고 못줄을 띄운다. 재미있을 것 같다. 모를 손에 잡고 막 심는다. 내 옆에는 남자애들이 있다. 그래서 빨리 심고 뒤로 나갔다. 정○○가 제일 열심히 한다. 점점 뒤로 물러나면서 모를 심었다. 근데 못줄이 끊어져서 다시 한 번 묶고 나서 모를 심었다. 김○○와 강○○이 장난을 쳐서 흙이 몸에 튀었다. 별로 기분이 좋지 않았다. 끝까지 심고 나니 다리와 허리가 아프기 시작했다. 개울에 가서 간식을 나누어 먹고 마지막에는 ○○이랑 ○○이랑 선생님을 빠뜨리려고 했는데 물에 안 빠졌다.
- 2012년 5월 김○○

오늘은 모내기를 했다. 맨 처음 하우스에서 오랜만에 모판을 봤다. 벼의 새싹은 지난번 보았을 때보다 훨씬 성장해 있었다. 우리가 심은 모인지 못 알아보았다. 나중에야 우리가 심은 건지 알게 되었다. 잘 자라 준 모한테 마냥 고마웠다. 모판을 들고 갔다. 쏟아지면 내 영혼이 흘러갈 거 같았다. 흔들흔들할 때마다 균형 잡기가 어려웠다. 논에 도착하였다. 발을 딱 넣었을 때 블랙홀에 빨려 들어가는 거 같았다. 벌써 네 번째인데 아직도 그 느낌이 적응 안 된다. 거머리가 있을 것 같았다. 죽은 벌레가 둥둥 떠다녔다. 묶여 있는 데마다 모를 심으면 된다. 처음에는 즐거웠지

● 모내기를 하는 날, 학교 앞 논으로 모판을 나르고 있다.
●● 논은 작아도 못줄도 잡고 나란히 서서 모내기를 한다.
●●● 모내기는 금방 끝나고 이젠 물놀이다.
●●●● 모내기 후 참 먹는 시간. 모내기에 맛있는 참이 빠질 수 없다.

만 점점 힘들어졌다. 교감 선생님께서 잘한다고 하셨다. 드디어 힘겨웠던 모내기가 마무리되었다. 원래 계곡에서 놀 줄 알았는데 비가 안 와 물이 더러워서 안 한다고 했다. 학교에 와서 호스로 모래를 대충 헹구고 여기서 조금 물놀이를 했다. 남자애들 중 황○○은 걍 일어서서 등목을 했다. 그래 봤자 옷 속에 물 넣는 거지만. 그리고 몇몇 남자애들은 상의 탈의를 했다. 샤워실에서 옷을 갈아입고 나와서 먹는 비빔밥과 아이스크림은 꿀맛이었다. 어서 벼가 잘 자라서 빨리 떡을 먹고 싶다. 그리고 거머리가 없어서 다행이었다. 물론 다른 벌레들은 많았지만.

- 2015년 5월 주○○

6월, 논 생물 조사

모가 뿌리를 내리는 6월, 여러 논 생물들도 자리를 잡습니다. 식물보다는 동물에 관심이 많은 학생들에게 논 생물 조사는 가장 재미있는 생태 수업 주제입니다. 논 생물 조사는 먼저 홍성에 있는 홍동 마을이나 송악에 있는 자운영 마을에 가서 조사 방법을 배운 뒤 우리 논에서 조사하는 방법으로 진행해 왔습니다. 올해에는 자운영 마을에서 생태 선생님이 학생들을 위해 직접 학교로 오셔서 진행해 주셨습니다. 여기서 중요한 것은 학생들이 '사냥꾼'이 아닌 '관찰자'의 자세를 갖게 하는 것입니다. 먼저 벼가 얼마나 자랐는지 자로 재어 보고 모가 몇 개인지 수를 세어 보면서 관찰 일지를 씁니다. 관찰 일지를 다 쓴 친구들이 어느새 뜰채를 들고 논으로 씩씩하게 걸어 들어갑니다.

"선생님 올챙이 잡았어요."

"선생님 이거는 뭐예요?"

여기저기서 학생들이 목소리가 커지기 시작합니다. 하나하나 설명해 주는 생태 선생님도 즐거운지 목소리 톤을 높이십니다. 채집이 어느 정도 되었을 때 논에서 잡은 여러 생물들을 들고 교실로 향합니다. 루페로 생물들을 관찰하고 관찰 일지에 기록합니다. 가장 인기 있는 것은 등딱지에 알을 잔뜩 안고 다니는 수컷 물자라입니다. 학생들도 신기한지 푹 빠져 바라봅니다. 일지에 논 생물을 그리고, 관찰이 끝나면 채집한 생물들을 논에 다시 놓아 주면서 손을 흔들어 작별 인사를 합니다.

버스를 타고 논 생물 탐사를 하러 갔다. 실내에 들어가 의자에 앉아 설명을 들었다. 그리고 본격적으로 논 생물 탐사를 하러 갔다. 논에서 잡는데 풍년새우가 나왔다. 채집통에 담는데 연못 쪽에 있는 몇몇 애들이 물고기 잡았다며 호들갑을 떨었다. ○○이하고 나는 연못 쪽에서 생물을 잡기로 했다. 물방개도 나오고 잠자리 유충도 나오고 다양한 생물들이 나왔다. 그리고 좀 있다가 ○○팀 채집통의 물방개가 물고기를 잡아먹었다. 그리고 선생님이 모이라 해서 모였다. 지금까지 잡은 생물을 나누어서 통에 넣었다. 좀 지나서 아이스크림 먹고 좀 쉬다 활동을 이어서 했다. 종이에 가장 기억에 남는 생물 그림을 그렸다.

- 2017년 6월 박○○

우리 논에서 논 생물 조사를 하였다. 먼저 교실에서 자운영 마을 선생

- 논 생물 조사를 위해 채집 활동을 하고 있다.
- ● 채집한 생물을 루페 등으로 관찰한다.
- ●●● 관찰한 생물을 그림으로 그려서 표현해 본다.
- ●●●● 관찰을 마친 뒤 생물들을 다시 논으로 돌려보낸다.

님께 논 생물 이야기와 주의 사항을 듣고 논으로 갔다. 처음엔 논에 벼만 있는 줄 알았는데 자세히 보니 움직이는 것들이 있었다. 아무것도 없는 것 같은데 체로 그냥 논흙을 퍼서 쟁반에 놓고 맑은 물을 부으면 작은 논 생물들이 보였다. 물자라는 등에 알이 있어서 징그러웠다. 잠자리 애벌레는 겹눈이 귀여웠다. 물땅땅이는 초콜릿 색깔이고, 물땅땅이 애벌레는 점이 있는 것 같고 회색빛이 난다. 올챙이는 뒷다리가 나온 놈을 잡아서 신기했다. 장구애비는 좀 무섭고 징그러웠다. 풍년새우를 못 봐서 풍년이 들 수 있을지 모르겠다. 논에 이렇게 많은 생물이 사는지 처음 알았다.

- 2018년 6월 황○○

7월, 김매기

구름이라도 끼면 좋으련만, 뙤약볕 내리쬐는 여름날 논에서 일을 하기란 쉬운 일이 아닙니다. 하지만 풀에 치여 제대로 자라지 못한 벼들을 보고 그냥 지나칠 수 없어 학생들과 벼 사이에 난 풀을 뽑습니다. 7월의 생태 수업 '김매기'입니다. 제초제를 쓰지 않기 때문에 올해도 어김없이 논에 보라색 꽃들이 만발합니다. '물달개비'라는 놈인데 꽃은 참 예쁘지만 벼에 갈 얼마 안 되는 영양분을 빼앗아 벼를 허약하게 만듭니다. 잎에 팔을 긁혔다, 등이 따갑다, 열사병에 걸릴 거 같다는 학생들을 어르고 달래 풀을 뽑고 쥐어뜯기를 30분, 학생들을 개울로 보냅니다. 마무리는 생태 선생님과 주사님의 몫입니다. 장마가 지나고 맑아진 개울에서 한바탕 물놀이를 즐기고, 간식으로 옥수수

- 풀이 올라오는 때, 논에도 피를 뽑아 주는 김매기를 한다.
- 옆으로 나란히 서서 시작하지만 일을 하다 보면 서로 뒤엉킨다.
- 논일에는 놀이가 따라다닌다. 김매기 후에도 물놀이는 당근.
- 물놀이 후에는 너무너무 맛 좋은 참 먹기.

를 먹은 다음 말끔해진 논을 보며 학교로 돌아옵니다.

논에 있는 풀을 뽑았다. 힘들다. 풀이 너무 많아서 힘들고, 뿌리가 너무 깊숙하게 박혀 힘들다. 논농사 중 가장 힘들다. 옆의 다른 논에는 풀이 없는데 왜 우리 논에만 풀이 자라는 걸까?

- 2016년 7월 김○○

김매기를 하러 논에 갔다. 우리 벼가 다른 벼보다 훨씬 작고 비실거려 속상했다. 잡초가 벼보다 세 배는 많은 것 같았다. 뽑을 때 손톱에 진흙이 들어가서 힘들었고, 열사병에 걸릴 거 같았다. 배운 건 나 혼자 잘하면 되는 게 아니라 같이 잘해야 끝난다는 걸 알았다. 그래도 내가 잘해야 다 같이 잘할 수 있을 것 같다.

- 2018년 7월 박○○

9월, 두 번째 논 생물 조사

여름 방학이 끝나고 아침저녁으로 선선한 바람이 불기 시작하는 9월, 우리가 심은 벼는 방학 동안 얼마나 자랐을지 궁금해져 논을 찾습니다. 벼는 옥수수 꽃처럼 이삭이 나와 있고, 잎과 줄기도 좀 더 자란 것 같습니다. 논물은 말라서 6월에 보던 논 생물들은 어디로 갔는지 찾을 수 없습니다. 9월의 생태 수업은 논 생물 조사 두 번째, 논과 주변의 식물 조사입니다. 방법은 첫 번째 논 생물 조사 수업과 비슷합

● 가을에 접어드는 9월의 논은 벼가 그득하다.
●● 벼가 그득한 논에 나가 관찰을 한다.
●●● 논 식물을 살펴보기 위해 채집을 한다.
●●●● 채집한 식물을 교실로 가져와 관찰을 한다.

니다. 논과 논 주변에 자라는 식물들을 하나씩 채집한 후 그것을 가지고 교실로 들어와 책받침과 도감을 이용하여 어떤 풀인지 알아봅니다. 곤충 때처럼 폭발적인 반응은 없지만 차분한 가운데 논과 논 주변에 사는 식물들을 알아 갑니다.

10월, 추수

가을이 깊어 가는 10월 어느 날, 산마을은 추수를 시작합니다. 학생들에게 "와! 추수하는 날이다. 너희들도 신나지?"라고 물으니 다들 시큰둥합니다. 그러다가 "이거 거둬서 떡도 해 먹고, 식혜에 강정도 해야지?" 하니 눈이 반짝반짝해지고 맛있겠다고 입맛을 다십니다. 논에 가 보니 우렁 각시 조주사님께서 '갓돌이'(벼 베기 좋게 논가에 있는 벼를 먼저 베어 내는 일)를 벌써 해 놓으시고 볏단 묶는 '마끼'(볏단을 둘러서 묶는 볏짚)도 만들어 놓으셨습니다. 1년 동안 힘들게 농사를 지었는데 시르륵사르륵 벼 베는 소리가 너무 좋아 힘든 거 다 잊어버렸다던 작년 학생들 이야기를 해 주며 벼 베는 소리를 들어 보라 합니다. 처음에는 일반 낫을 이용하다가 익숙지 않아 톱질하는 학생들을 본 후 부추 낫으로 바꾸었습니다. 크기가 작아 학생들이 다루기 좋고, 톱니가 있어 더 잘 베어지며 끝이 날카롭지 않아 더 안전합니다.

1~2교시에 논에 가서 벼를 벴다. 맨 처음에는 어렵고 하는 방법을 몰랐는데 선생님과 조주사님이 잘 알려 주셨다. 그래서 잘할 수 있었다.

근데 ○○이는 처음인데 엄청 잘했다. 그래서 ○○이가 하는 걸 보고 배웠다. 그러니까 나도 잘되었다. ○○이한테 배운 대로 하니까 진짜 쉬웠다. 우리는 낫을 돌려 가면서 사용했다. 벼 베는 게 재미있었다. 다 베고 다른 애들에게 낫을 돌렸다. 벼를 다 베니까 벼가 많이 나왔다. 뿌듯했다. 도구를 정리하고 조주사님 트럭 뒤에 타고 마을을 한 바퀴 돌고 학교로 왔다. 트럭에 탈 때 진짜 시원했다. 너무 좋았다. 우리가 수확한 쌀이 몇 kg 나올지 궁금했다. 조주사님은 바로 벼를 털러 가셨다. 빨리 가래떡이 먹고 싶다.

- 2012년 10월 홍○○

    오늘 3~4교시에 벼를 벴다. 원래 버려도 되는 옷에 긴팔 옷, 긴바지를 입어야 하는데 난 깜빡 잊고 반팔 옷을 입었다. 그래서 학교에 뒀던 토시를 차고 벼를 베었다. 처음에 논으로 가서 정쌤한테 낫을 받았다. 텃밭에 있는 거보다는 조금 작았다. 그리고 벼를 베는데 쏙쏙 잘 베지는 게 은근히 재미있었다. 하다 보니 속도가 붙어 우리가 기계처럼 느껴졌다. 얼마 안 남았을 땐 정쌤도 도와주셨다. 그러다 보니 순식간에 다 벴다. 내 예상으로는 한 40~50분쯤 걸릴 줄 알았는데 실제로는 20분 정도 걸린 거 같다. 다 된 걸 보니 뿌듯했다. 벼 베기를 끝내고 솔지 이모가 가져오신 찐 고구마랑 음료수, 매너 있게 김치까지 맛있게 먹고 교실로 돌아가서 글 쓰고 밥을 먹으러 갔다. 처음 해 봤는데도 왠지 언젠가 해 봤던 것처럼 익숙하게 쏙쏙 잘 베어져 더 재밌게 잘했던 것 같다. 그리고 또 기회가 된다면 한 번 더 해 보고 싶다.

- 2015년 10월 주○○

● 황금빛 물결이 넘실거리는 논이다. 이제 벼를 벨 때가 왔다. 조심조심.
●● 베어 둔 볏단을 학교로 나른다. 품 안에 벼뿐만 아니라 마음도 가득하다.

● 호롱기를 이용해 벼를 털고 있다.
●● 더 재래식인 홀태를 이용해 벼를 털어 보기도 한다.
●●● 풍구질. 털어 낸 벼를 풍구를 이용해 검불을 날려 버리는 작업이다.

벼를 베고 나서 탈곡하고 정미하고, 한 해가 끝나 갈 무렵 떡 방앗간에서 가래떡을 해다 학생들에게 나누어 주는 것은 모두 조주사님의 몫이었습니다. 하지만 그 과정도 학생들과 함께 하면 좋겠다 하여 생태 수업 활동으로 바꾸었습니다. 동네에서 기증받은 호롱기와 홀태, 풍구를 이용하여 화석 연료가 들지 않는 벼 타작을 하는 날이 생겨난 것입니다. 산마을 학생들뿐만 아니라 유치원 동생들까지 나와 구경도 하고 체험해 보기도 합니다.

지난번 우리가 벤 벼를 털었다. 힘들었지만 이제 떡이 금방 만들어질 것 같은 기분이 들었다. 낡은 기구들로 하니까 어려웠지만 그래도 잘할 수 있었다. 특히 풍구가 재미있었다. 힘들었는데 동생들도 구경 와서 좋아해서 나도 좋았다. 이제 마지막으로 떡을 만들 일만 남았다. 먹는 사람들이 이런 고생을 알면 좋겠다. 허리도 아프고 손도 아프고 발도 아팠다.

- 2016년 10월 손○○

오늘 우리가 기른 벼를 터는 날이었다. 처음에 주차장에 내려갔는데 신기하게 벼가 이리저리 튀면서 벼가 털렸다. 한 번 하고 또 해 봤더니 재미있었다. 그리고 뾰족한 홀태에다 쏙 벼를 통과시켰는데 쏙 벼가 없어졌다. 이제 벼들을 풍구에 털었는데 그 벼의 필요 없는 것들이 위로 가고 벼가 아래로 앉았다. 다 한 다음 수육을 먹었는데 꿀맛이었다. 다음 생태 수업인 짚풀 공예가 기대된다.

- 2017년 10월 강○○

오늘 탈곡을 했다. 맨 처음에 가서는 먼저 말린 벼를 탈곡기로 쌀만 털어 냈다. 그때 ○○이와 나는 탈곡기의 발판을 눌러서 탈곡기가 돌아가게 했다. 그리고 탈곡이 끝난 뒤에 두 번째 탈곡을 시작했다. 두 번째엔 호롱기로 잘 안 된 것들을 북채로 두드려서 벼를 떼 냈다. 그리고 다 끝난 뒤에 풍구로 볍씨를 골라냈다. 두 번째 탈곡 때 이렇게 달려 있는 것을 고르려고 했는데 다 골라낸 것만 골라내서 너무 아쉬웠고 세 번째 탈곡에는 북채로 두드리면서 스트레스를 풀었다. 그리고 풍구로 볍씨를 골라냈다. 그 후 애들은 다 놀러 가서 나만 남았다. 나는 끝날 때까지 있어서 선생님들에게 칭찬을 받아서 좋았다.

- 2017년 10월 노○○

11월, 짚풀 공예

탈곡을 하며 생겨난 볏짚은 여러모로 쓰임새가 있습니다. 마늘 밭을 덮어 주는 데도 필요하고, 메주를 달아 맬 때 쓰기도 하고, 다시 논에 돌려보내기도 해야 합니다. 11월 생태 수업은 바로 이 볏짚을 이용한 짚풀 공예입니다. 새끼줄 꼬기 활동을 처음에는 어려워하다가 나중에는 전체 줄넘기를 할 정도로 길게 만드는 능력을 보인 산마을 친구들입니다. 하다 보면 묘하게도 몰입되는 단순 노동이죠. 그렇게 꼰 새끼줄로 밖에 나가 한바탕 줄넘기를 하고 들어와서는 구운 계란도 먹고 계란을 넣을 꾸러미를 만듭니다. 오늘 생태 수업의 하이라이트, 바로 도마뱀 만들기입니다. 짚을 이용하여 동물이나 곤충을 만들

- 탈곡하고 나온 짚으로 새끼를 꼬고 있다.
- ● 새끼줄도 굵고 길게 꼬아서 줄넘기를 만들어서 논다.
- ●●● 일상에서 유용하게 쓰였던 달걀 꾸러미도 만들어 본다.
- ●●●● 짚으로 장난감도 만든다. 도마뱀을 만들어 보았다.

어 보는데 학생들의 창의력이 발휘되는 시간입니다. 콤바인으로 탈곡하고 그냥 논에 뿌려졌던 볏짚이 이제 학생들의 재미있는 수업 놀이 재료가 되었습니다.

오늘 짚풀 공예를 했다. 먼저 새끼줄을 꼬았다. 생각보다 어려웠다. 그래서 처음엔 잘 안 됐는데 하다 보니 꽤 잘하게 되었다. 새끼줄을 꼬면서 허리가 틀어져(?) 허리가 아팠다. 남자애들 몇몇은 단체 줄넘기를 할 수 있는 길이로 꼬았다. 나보다 남자애들이 손재주가 좋다. 다음으로 달걀 꾸러미를 만들었다. 생각보다 어려웠다. 그래서 선생님들에게 도움을 요청했다. 선생님들의 도움과 내 힘(?)을 합쳐서 완성했다. 은근 쓸 만했다. 쉬는 시간에는 남은 계란을 먹었다. 너무 맛있어서 이○○이 준 계란을 먹었다. 그 다음엔 도마뱀을 만들었다. 근데 너무 어려웠다. 다 만들고 난 다음에 '루'라는 이름을 지어 줬다.

 - 2017년 11월 박○○

오늘은 생태지원단 분들이 오셔서 짚풀 공예를 했다. 첫 번째로 새끼줄을 꼬았다. 다리도 저리고 손도 후끈후끈했다. 우리 교실이 조금 더워졌다. 그리고 달걀 꾸러미를 만들었다. 새끼줄 꼬는 것보다 쉽고 재미있었다.

빗자루를 만드는데 내가 어려워하는 것 같아서 생태 선생님이 만들어 주셨다. 아기자기하고 귀여웠다. 그리고 내 방식으로도 만들어 보았다. 선생님이 만든 것보다는 못하지만 그래도 쓸 만했다.

중간 놀이가 끝나고 이번엔 도마뱀을 만들었다. 묶는 게 힘들었지만 그래도 재미있었다. 다 완성되니까 뿌듯했다. 그리고 우리가 특별 전시장(?)에 초청이 돼서 내 도마뱀을 내보냈다. 엄마, 아빠, 오빠한테 보여주고 싶었는데……. 그래도 서울 구경 잘하고 왔으면 좋겠다. 짚풀아! 서울 구경 잘하고 와~!

- 2017년 11월 허○○

사진이 나올 때마다 학생들의 웃음소리가 터지고 힘들었던 이야기, 재밌었던 이야기들을 여기저기서 나눕니다. 맛있게 먹었던 참 얘기도 빠지지 않습니다. 힘들긴 했지만 어쩌면 다시 체험하기 힘든 시간들임을 산마을 학생들은 알고 있을까요?

12월, 요리

발표가 끝나고 본격적으로 요리 활동을 준비합니다. 이렇게 시작된 산마을 마지막 생태 수업의 주제는 '나눔'. 모판을 만들고, 모를 키우고, 벼가 자랄 집을 정리하고, 모를 심고 관찰하고, 김을 매고, 벼를 베고, 탈곡하여 정미한 쌀로 음식을 만들고, 그 음식을 주변 사람들과 나누는 것입니다. 오랫동안 '책씻이' 가래떡으로만 활용되던 쌀이 볏짚처럼 새로운 수업 재료가 되어 한해살이를 마무리하게 되었습니다.

학생들은 자기가 만들 쌀 음식을 조사하고, 생태지원단 어머님들과 함께 준비를 하고 마지막 생태 수업에서 함께 요리를 합니다. 학생들이 한 해 동안 흘린 땀방울이 쌀강정으로 식혜로 떡볶이로 변신을 합니다. 가래떡은 늘 그래 왔던 것처럼 전교생이 함께 나누고, 나머지 음식들은 산마을 학생들이 부모님과 함께 먹습니다. 늘 따뜻한 밥을 차려 주시는 부모님께 정성 가득 담긴 쌀 음식을 대접하며 한 해 살아온 이야기를 나눕니다.

오늘은 우리가 한 해 동안 농사지어 수확한 쌀로 쌀 음식을 만들었다. 남자아이들은 생태 선생님과 식혜를 만들었고, 어떤 모둠은 튀밥으로 쌀강정을 만들었다. 우리 모둠은 떡볶이를 만들었는데 먼저 어떤 떡볶이를 만들지 조사를 했다. 기름 떡볶이, 간장 떡볶이, 치즈 떡볶이 등 엄청 많은 종류가 나와 의견을 나누었는데 부모님께 대접할 거니까 어른들 입맛에 맞게 고추장 떡볶이를 만들기로 결정하였다. 떡을 불리고 냄비에는 고추장과 설탕을 풀어 넣고 끓였다. 끓어오르자 떡을 넣고 어묵과 다른 재료도 넣었다. 조금 맵긴 했지만 맛이 있었다. 완성된 쌀 음식들을 미술실에 차려 놓았다. 엄마, 아빠들이 맛있게 드셔서 기분이 좋았다. 매우면 식혜를 마시면 되니까 괜찮았다. 정리하는 건 어려웠지만 우리가 농사지은 걸로 부모님과 전교생이 먹을 수 있어 뿌듯했다.

- 2017년 12월 황○○

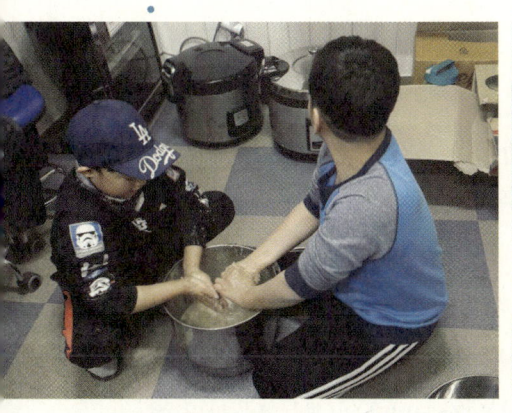

● 한 해 동안 정성껏 지었던 쌀로 식혜를 만든다.
●● 쌀을 튀겨 와 강정도 만든다.
●●● 떡볶이 떡도 만들어 와 떡볶이도 해 먹는다.
●●●● 부모님을 초대해서 대접한다. 떡볶이도 식혜도 무척 즐거워하며 드신다.

참삶을 몸으로 배워 가는 중

거산초등학교의 교육농은 지역 여건을 활용한 활동일 뿐만 아니라 환경, 생태, 체험 중심의 교육, 지역의 참여를 이끌어 내기에 적합한 교육 활동이자 참삶을 가꾸고 글로 표현하기에도 적합한 공부거리로 교육과정 속에 자리 잡게 되었습니다. 농촌 학교에서 농사를 짓는다는 것은 얻기 쉬운 교보재인 주변 환경을 재료 삼아 어떤 방법으로도 하기 힘든 삶을 공부한다는 의미를 갖습니다. 나와는 먼 삶의 이야기를 책 속에서 배우는 것이 아니라 내 주변에서 내가 살고 있는 마을의 어른들에게 직접 몸으로 배운다는 것이지요. 학부모들도 예전에는 간혹 집에서도 할 수 있는, 쓸데없는 일로 여기기도 했지만 지금은 어디에서도 하기 힘든 경험이고 심거나 수확만 하는 일회성 체험이 아님을 아시기에 흐뭇한 눈으로 응원을 보내 주고 있습니다.

그중 한 가지인 산마을의 논농사는 2005년부터 이어지고 있는데 앞에서 살펴본 것처럼 우리에게 가장 흔한 먹을거리이자 생명을 주는 벼를 키워 내는 공부를 하고 있습니다. 파종에서부터 요리까지 어설프게나마 논농사의 한해살이를 체험하며 '쌀 한 톨의 무게'를 생각해 보는 시간입니다. 논 생물 조사 활동을 통해 논의 생태계를 관찰하고 우리가 살고 있는 생태계를 이해해 보았습니다. 김매기를 하며 '나 혼자 잘해야 되는 게 아니라 같이 잘해야 하고, 그래도 내가 잘해야 다 같이 잘할 수 있음'을 느낀 학생처럼 구호가 아닌 삶으로 '내 삶의 주인은 나, 더불어 사는 우리'를 배웠습니다.

벼로 자랄 볍씨를 고르며 인생에서 알찬 것과 쭉정이를 골라내는 법을, 모내기를 하면서 자유도 좋지만 때로는 규칙을 지키는 것도 필요함을, 논 생물을 관찰하면서 세상의 주인은 사람이 아님도 배웠습니다. 김매기를 하면서 불필요한 것들을 뽑아내는 시기의 중요함을, 벼 베기를 하면서 무조건 힘을 주는 것이 아니라 조절하는 힘이 필요함을, 탈곡을 하면서 호롱기의 리듬에 맞춰 볏단을 넣듯 삶의 리듬을 타는 법도 알아 갑니다. 그리고 쌀 요리를 하고 나누는 활동을 통해 소유보다 큰 나눔의 기쁨을 알게 되었습니다. 거산초 학생들은 논농사를 통해 쉽지는 않지만 어떤 방법으로도 배우기 힘든 참삶을 몸으로 배워 가고 있습니다.

학교에서 키우는 반려 벌!
학교 양봉 도전기

김진숙 cooky6314@naver.com
경기 중등 교사

2018년 3월, 꿀벌아 잘 잤니? 반가워~

학교 옥상에 꿀벌이 들어왔다. 학교에 꿀벌이라니! 우리 학교의 누구도 생각지 못한 일이었고, 나 역시도 내가 학교에서 꿀벌을 키울 거란 생각을 해 본 적이 없었다.

꿀벌은 2017년 4월부터 11월까지 봄, 여름, 가을을 우리와 함께 잘 지내고 11월부터 월동에 들어갔다. 양봉은 모든 과정이 처음이라서 월동 준비 역시 모두들 많이 긴장했다. 학기 말은 바쁜 시기라서 일과 중에 월동을 준비할 시간을 내기가 힘들었는데, 다행히 첫눈이 내리기 전에 벌통의 보온 작업을 해 주시어 마음이 놓였다.

겨울 방학 동안 학생들과 함께 죽은 꿀벌을 긁어내느라 벌통을 두세 차례 살펴보았다. 추운 날씨인데도 벌통 바닥을 긁어내는 틈을 타서 한두 마리가 벌통에서 빠져나와 날아다녔다. 한 마리라도 얼어 죽을까 봐 마음을 졸였다. 죽은 꿀벌을 긁어낼 때도 수없이 마음이 내려앉았다. '정말 꿀벌이 겨울을 잘 견뎌 낼 수 있을까?' 하는 의구심과 '혹시 우리가 월동 준비를 잘 못해 준 건 아닐까?' 하는 미안한 마음이 들어 불편했다.

2018년 3월, 춥고 긴 겨울이 지났다. 꿀벌이 얼마나 살아 있을까? 마음이 두근두근하였다. 6통 중 3통의 꿀벌이 살아 있었다. 그러나

•
추운 겨울을 지나고 살아남은 벌통이다. 그러나 오른쪽 벌통도 버티지 못하고 소멸되었다. 2018년 4월.

4월 들어서는 3개 중에서도 세력이 약했던 2개의 벌통은 소실되었고, 세력이 강했던 1개의 벌통만 유지되었다. 큰 실망을 했지만 1통이라도 살려내려고 갖은 애를 썼다. 그런데 시간이 갈수록 이상했다. 꿀벌이 꿀을 모으지도, 집을 짓지도 못하는 것이었다. 원인을 찾아봤더니 겨우내 이상 저온의 강추위로 아까시나무가 냉해를 입은 데다 꽃 피는 시기에 비가 많이 내려 꽃이 제대로 피지 못한 때문이었다. 일교차도 커서 꽃의 꿀 분비량 또한 크게 줄었다. 양봉 동아리 학생들은 꿀벌을 통해서 지구 기후의 급격한 변화를 참담하게 체감하고 있었다.

도시, 벌을 받다

평소에 환경 관련 다큐를 자주 보았다. 2016년 7월 여름밤, EBS의 〈하나뿐인 지구〉 '도시, 벌을 받다'를 시청하였다. '도시 환경을 나쁘게 만든 사람들이 벌을 받는 내용이겠지'라는 생각으로 TV 앞에 자리를 잡고 앉았다. 그런데! 세상에! 진짜 '벌'이었다. 도시에서 꿀벌을 키우는 사람들, 꿀벌의 실종 현상, 꿀벌이 하는 수분 작용의 중요성 등 살면서 한 번도 관심을 가져 본 적이 없었던 이야기들이었다.

새끼손가락 손톱만 한 꿀벌은 우리 주변에 항상 있다. 한두 마리쯤은 죽어도 누구 하나 크게 관심을 가지지 않는다. 오히려 눈에 띄면 침에 쏘일까 봐 무서워서 피하는 곤충이다. 그럼에도 꿀, 밀랍, 봉침, 프로폴리스, 로열 젤리 등 인간의 생활에 유용한 물질들을 얻기 위해 필요로 한다.

나도 양봉을 하기 전까지는 그랬다. 우리 학교 학생들도 마찬가지였을 것이다. 하지만 우리가 생각하는 것 이상으로 꿀벌은 생태계에서 누구보다도 중요한 역할을 하고 있었다. 어쩌면 생태계에는 자연을 파괴하는 인간보다 식물의 수분*을 돕는 꿀벌이 더 필요하지 않을까 싶다.

다큐를 보면서 문득 '학교에서 꿀벌을 키워 볼 수도 있지 않을까?'라는 생각이 들었다. '우리 학교는 혁신학교니까 가능하지 않을까?' 다음 날 교감 선생님과 교무실의 여러 선생님들께 말을 건넸다. 아이고, 모두들 어쩜 그렇게 긍정적이신지! 특히 교감 선생님은 과학 전공이고, 친구인 생물 교사가 낭충봉아부패병**을 연구하면서 꿀벌을 키우고 있다고도 하셨다.

학교 양봉을 본격적으로 진행하기 위해서 인터넷 검색을 통해서 양봉을 하고 있는 학교를 찾았다. 인천의 송도고등학교에서 양봉을 하고 있었고, 소셜 벤처기업 어반비즈서울이라는 관련 단체도 있었다. 마침 어반비즈서울에서 꿀 수확 행사가 있어서 방과 후에 서울로 달려가서 참가하였다. 어반비즈서울의 박진 대표에게 학교에서 양봉을 하려고 하는데 같이하실 수 있는지 여쭤 보니 회의적이었다. 아, 이런! 학교는 학교운영위원회에서 반대하는 분들이 많기 때문에 어렵단다. 실망했으나 그래도 다시 어반비즈서울로 두 번의 메일을 보냈고, 마침내 함께해 보자는 답변을 받았다. 다행히 우리 학교 운영위원

---

* 수술의 꽃밥에서 만들어진 꽃가루가 암술머리에 붙는 것으로, 꽃가루받이라고도 한다.
** 꿀벌 유충에 발생하는 바이러스성 전염병이다. 이 병에 걸린 유충은 번데기가 되지 못하고 말라 죽게 된다.

회는 상당히 긍정적이었다. 이제 학생들과 함께 새로운 경험을 할 수 있게 되었다.

우리 같이 꿀벌 키울래?

2017년 3월, 새 학기 시작과 동시에 양봉 동아리를 구성했다. 나와 함께 1학년 사회 교과를 담당하는 이수승 선생님께서 관심을 가지셔서 동아리 지도 교사로 함께하였다. 1학년은 주로 교과 시간에 홍보하였고, 2학년은 2016년에 나와 함께 공정 무역 동아리 활동을 했던 학생들 중심으로 홍보하였다. 학생들이 필수로 이수해야 하는 창체 동아리로 구성을 하였기 때문에 양봉에 관심이 있는 학생들이 들어올 수도 있으나 다른 동아리에 들어가지 못하고 어쩔 수 없이 들어온 학생들로 구성될 가능성도 있었다. 20명의 학생들이 모였다. 각자 어떤 이유로 들어왔는지 물어보았다. 대부분 벌침에 쏘일까 봐 무섭기는 하지만 양봉에 대한 호기심이 있었다. 물론 달콤한 꿀을 먹을 수도 있다는 기대감이 가장 컸지만. 그래도 양봉을 주제로 하는 창체 동아리가 구성되어서 다행이었다.

2017년 4월 12일 오후 8시 정도, 학교 옥상으로 벌통을 들여왔다. 꿀벌은 낮 동안 활동을 하고 저녁이 되면 모두 벌통으로 들어온다. 그래서 꿀벌이 활동을 시작하기 전인 아침 일찍 또는 꿀벌이 활동을 마친 밤늦게 벌통을 이동한다. 그래서 오후 늦게 벌통을 들여왔다. 5개가 옥상에 나란히 놓였다. 긴장이 되면서도 뿌듯하였다. '이제부터 꿀

• 벌통의 뚜껑을 열어 내검(벌통 살펴보기) 중인 동아리 학생들. 2017년 5월.

벌이 죽지 않고 잘 살 수 있도록 보살펴야 하는데…….' 잘할 수 있을지 걱정이 되었다.

꿀벌의 생태에 대해 알아 가면서 놀랐던 것은 꿀벌도 물을 먹는다는 사실이었다. 항상 물통에 물을 공급해 줘야 하고, 꿀이나 꽃가루가 부족한 무밀기*에는 사양**을 해 줘야 한다. 또한 월동에 들어가기 전에 응애(진드기)*** 제거를 해 주고, 월동을 위해서 보온을 해 주고 겨울 동안 죽은 벌을 치워 주는 등 꿀벌을 기르기 위해서 신경 쓸 일들이 매우 많았다. 그래서 '반려 벌'이라는 생각이 들었다.

더우나 추우나 정성을 들여서 보살펴 주는데 주인을 못 알아보고 침을 쏘는 꿀벌에게 때때로 섭섭하기도 하였다. 꿀벌이 들어오고 얼마 되지 않아서 바람이 굉장히 강하게 불었던 날이 있었다. 벌통 뚜껑이 열렸다는 제보가 들어와서 재빨리 뚜껑을 닫으러 옥상으로 갔다. 그때는 벌통 뚜껑만 빨리 닫으면 된다는 생각에 방충복을 입지 않고 벌통에 나가갔다. 아뿔싸! 머리카락 속으로 꿀벌이 들어왔다. 옥상에서 미친 듯이 긴 머리를 마구 흔들면서 꿀벌을 쫓아내려고 하였으나 이미 쏘였고, 꿀벌은 죽었다. 벌침을 빼야 하는데, 그때는 그것도 제대로 모르고 그냥 지나갔다. 40년을 살면서 꿀벌에 처음 쏘였다.

벌통을 학교에 들여온 이후로 매일 가슴을 졸이면서 출근했다. 학교에서 꿀벌에 쏘인 사람들이 생길까 봐, 항의 전화 또는 방문이 있

---

* 꽃이 피지 않거나 일벌이 꽃꿀 수집 활동을 하기 어려운 시기로 우리나라에서는 여름철 장마기와 늦가을이 대표적이다.
** 벌통에 설탕 액이나 꽃가루를 먹이로 주는 일이다.
*** 꿀벌의 성충이나 애벌레의 몸에 기생하여 체액을 빨아 먹으며 살아가는 곤충이다.

두 번째 분봉한 벌이 나뭇가지에 붙어 있는 모습이다. 2017년 5월.

을까 봐. 드디어 학부모의 항의 전화가 왔다. 아이가 곤충을 싫어하는데 복도나 교실에 벌이 날아들어서 힘들어하니 꿀벌이 내려오지 못하도록 옥상에 그물망을 쳐야 하는 게 아닌가 하는 내용이었다. 옥상에 꿀벌을 가둬 두면 모두 죽는다. 꿀벌을 키우는 이유에 대해서 정중하게 말씀드렸다. 이후로 두 번 정도 더 전화를 받기는 했으나 교감 선생님, 연구부장께서 설명을 잘해 주셔서 다행히 큰 문제는 없었다.

앗! 분봉은 무서워

　2017년 5월, 여왕벌은 잘 있는지, 알은 잘 낳고 있는지, 애벌레는 잘 자라고 있는지, 분봉열*이 발생하지 않는지 등 살펴야 할 것들이 많았다. 특히 구여왕벌이 세력의 일부와 함께 벌통을 떠나 새로운 장소로 옮겨 가는 현상인 분봉**이 걱정이었다. 아직 경험해 보지 못한 것이라서 무엇인지 감이 잘 오지 않았다. 2017년 4월 30일 일요일, 첫 번째 분봉이 일어났다. 학교 숙직 기사님으로부터 전화가 왔다. 학교에 나온 학생들이 나무에 매달린 벌집을 보고 깜짝 놀라서 119에 신고를 했다는 것이었다. 말로만 듣던 분봉이었다. 나는 아이 셋, 남편과 함께 학교로 달려갔는데, 우리가 도착했을 때는 이미 꿀벌 떼가 날아가 버린 후였다.

　2017년 5월 7일 일요일, 두 번째 분봉이 일어났다. 이번에도 숙직 기사님께 연락이 와서 급하게 의왕시 도시양봉학교에서 벌통과 소비판***을 구매하여 학교로 갔다. 나뭇가지에 꿀벌이 집을 짓기 시작해서 떨어지지 않았다. 나뭇가지를 잘라서 벌통에 흔들어서 넣었다. 벌통에 여왕벌이 들어가면 여왕벌의 페로몬을 따라서 꿀벌이 벌통으로 들어간다. 여왕벌이 벌통으로 들어갔는지 확인을 해야 하지만 그때는 여왕벌을 알아볼 정도의 실력이 아니었다. 그래서 일단 나뭇가지에

---
* 분봉이 발생하기 전에 일어나는 증상으로 봄철에 주로 생긴다.
** 분봉을 나가기 전 벌통에는 이미 새 여왕벌의 후보가 자라고 있다.
*** 밀랍으로 만들어 놓은 벌집의 기본 틀로 육각형의 모양이 미리 만들어져 있어 일벌이 벌집을 짓기 쉽게 만들어 준다.

붙어 있는 꿀벌을 벌통에 털어 넣는 일에 집중하였다. 그리고 나무 아래에 벌통을 놔두고 저녁까지 꿀벌이 모두 들어가길 기다린 후, 옥상으로 벌통을 옮겨 놓았다. 다음 날에도 여왕벌의 페로몬 탓인지 여러 마리의 벌이 나뭇가지에 붙어 있었다. 혹시나 학생들이 쏘일까 싶어서 쉬는 시간마다 나가서 훈연기*, 물 등을 이용해서 꿀벌을 쫓았다.

2017년 5월 15일 월요일 쉬는 날, 세 번째 분봉이 일어났다. 마침 학교에 계셨던 교장 선생님께서 벌통에 꿀벌을 넣으셨다. 내가 연락을 받고 갔을 때는 이미 상황이 정리돼 있었다. 나뭇가지 사이에 꿀벌이 들어가 있어서 털어서 넣기가 힘들었단다. 손으로 잡아서 넣느라 교장 선생님의 얼굴과 손 여기저기에 쏘인 자국이 있었다.

2018년 5월, 월동을 하고 난 벌통이 1통밖에 없었기 때문에 2통 정도를 더 사려고 알아보았다. 그러나 아까시 꿀을 따는 시기라서 꿀벌을 판매하지 않았다. 꿀벌을 사기에는 이미 늦은 시기였다. 교직원 회의를 마치고 교무실에 들어왔는데 벌들이 옥상에서 소란스럽게 날아다닌다는 내용의 메신저가 들어와 있었다. 대수롭지 않게 생각하고 확인을 했는데, 이런! 인근 양봉장에서 분봉한 꿀벌 떼가 학교에 들어온 것이었다. 이후 한 번 더 이런 일이 있었다. 덕분에 생각지도 못한 꿀벌 부자가 되었다.

* 연기를 쏘여 일벌의 활동을 일시적으로 위축시키기 위하여 사용하는 도구로 주로 말린 쑥을 쓴다.

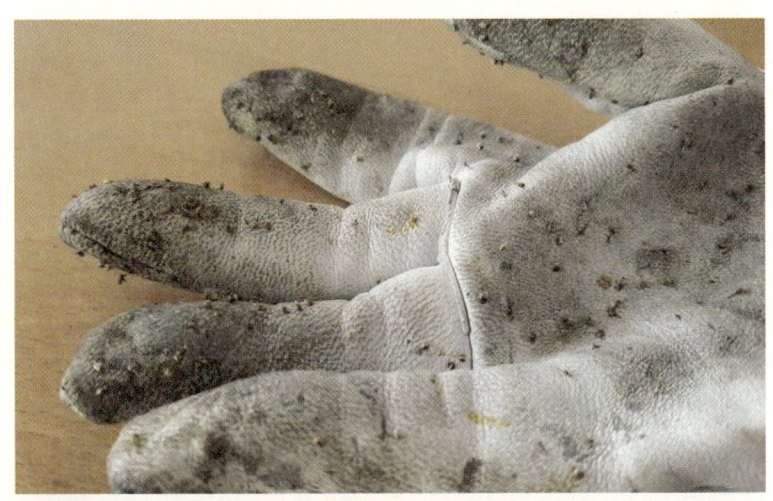

● 분봉한 꿀벌을 벌통에 잡아서 넣느라 수십 개의 벌침이 박혀 버린 교장 선생님의 장갑이다. 2017년 5월.
●● 인근 양봉장에서 분봉하여 학교 옥상 벽에 붙어 있는 꿀벌이다. 2018년 5월.

꿀은 단맛? 쓴맛?

2017년 6월과 9월 채밀*을 두 번 했다. 6월에는 아까시 꿀이었기 때문에 향도 좋았고, 투명한 색이었다. 처음 채밀하던 날, 나도 학생들도 모두 흥분하였다. 학생들이 양봉 동아리에 들어온 가장 큰 목적은 꿀을 먹는 것이었으니!

꿀 소비 판이 나올 때마다 채밀 작업을 하기는 어렵기 때문에 한꺼번에 모아서 하는데 꿀 소비 판 관리를 잘못할 경우 꿀벌부채명나방의 애벌레인 소충이 생겨서 꿀 소비 판을 버리는 경우가 발생한다. 벌통에 기생하면서 벌집의 밀랍을 먹고 성장하는 소충은 양봉가에게는 치명적이다.

꿀을 채밀할 때 밀도**로 밀랍을 벗겨 내면서 퍼지는 아까시 꿀 향기에 아이들이 흥분하였다. 꿀을 발라 먹기 위해서 사 온 식빵을 굽는 고소한 냄새와 함께 달콤한 꿀 냄새가 사방에 진동하였다. 학생들 중에서 호기심이 가득한 아이는 참지 못하고 벗겨 낸 밀랍과 함께 꿀을 먹었다. 씹을수록 딱딱해지는 밀랍은 목으로 넘기기 힘들기 때문에 꿀을 먹고 난 뒤 뱉어 내었다.

9월에 두 번째로 채밀을 할 때는 밤 꿀이었다. 밤 꿀은 향과 맛이 독특하였기 때문에 아카시 꿀에 비해서 학생들이 선호하지 않았지만, 처음 접하는 꿀이었기 때문에 신기해하였다. 시중에서 우리가 흔

---

* 벌방에 저장된 꿀을 수확하는 작업이다.
** 꿀을 채밀할 때 밀랍으로 덮인 꿀의 덮개를 쉽게 벗겨 내도록 구부러진 모양으로 만든 칼이다.

● 아까시 꿀 판의 밀랍을 벗겨 내는 모습이다. 색이 투명한 것을 알 수 있다. 2017년 6월.
●● 밤 꿀 판의 밀랍을 벗겨 내는 모습으로 투명한 아까시 꿀과 달리 탁한 갈색이라는 것을 알 수 있다. 2017년 9월.

히 보는 꿀은 아까시 꿀 또는 잡화 꿀이고, 대부분 농축 꿀, 사양 꿀이다. 꿀벌을 공부하기 전에는 꿀의 종류에 대해서 관심이 없었고, 꿀의 맛에 대해서도 크게 관심이 없었는데, 양봉을 하면서 100% 생꿀*의 깊은 맛을 알게 되면서 시판되는 꿀도 자세하게 살펴보게 되었다.

부곡 Honey 사세요~

2017년 7월, 기말고사가 끝난 직후에 학교에서 채밀한 꿀을 판매하였다. 생산량이 많지 않은 생꿀이었기 때문에 귀한 꿀이었다. 하지만 교내 선생님들과 학생들 대상이었고, 누구나 부담 없이 학교에서 생산된 꿀을 즐겼으면 좋겠다는 생각이 있었기 때문에 가격을 높게 책정하지 않았다. 꿀벌을 통해서 자연에 더욱 가까워지고, 환경 문제에 관심을 가졌으면 하는 바람이 컸으므로 가격을 낮게 책정하는 것은 크게 문제가 되지 않았다.

텃밭 동아리 주렁주렁과 양봉 동아리 꿀단지의 콜라보레이션!! 텃

---

* 생꿀은 열 처리·가공·저온 살균 처리를 거치지 않고 채밀기에서 바로 추출한 꿀로, 벌이 먹고 뱉는 과정을 반복하고 날갯짓으로 수분을 날려 숙성시킨 것이다. 농축 꿀은 이동 양봉과 같이 짧은 시기에 많은 양의 꿀을 따기 위해서 대부분 벌통 안에서 숙성되지 않은 상태의 꿀을 따서 농축기에서 열 처리 단계를 거쳐 수분 함량을 낮춘 것이다. 열 처리 과정에서 생꿀에 있는 비타민, 미네랄 등의 성분이 변하게 되어 꿀 섭취로 인하여 얻는 이점이 사라지게 된다. 사양 꿀은 벌통 주변에 설탕이 섞인 물통을 두고 꿀벌에게 인위적으로 설탕물을 먹여서 만들어 낸 꿀이다. 사양 꿀이라고 해서 나쁜 성분이 있는 것은 아니다. 생꿀의 좋은 성분들을 많이 갖고 있지는 않으나 설탕을 섭취하는 것에 비해서 영양가는 훨씬 높다.

● 꿀을 판매하고 꿀벌과 텃밭의 중요성을 알리기 위해서 진행한 캠페인이다. 2017년 7월.

●● 부곡동 마을 축제의 우리 학교 동아리 부스와 마을 축제에서 판매한 꿀이다. 2017년 9월.

밭 동아리 학생들은 식물의 중요성을 알리면서 씨앗을 나눠 주었고, 양봉 동아리 학생들은 꿀을 판매하면서 꿀벌의 중요성에 대해서 알렸다. 이후 부곡동 주민 축제에도 참가하여 꿀 판매, 밀랍 양초 만들기, 도시 양봉 홍보 등도 하였다. 이와 같은 활동을 통해서 학생들은 자신들이 힘들게 생산한 꿀을 판매할 때 적정한 가격이 어느 정도인지를 고민하면서 자연스럽게 경제를 배우게 되었다. 또한 주민들과 함께 어떤 활동을 어떻게 진행을 할 것인가에 대해서 동아리 학생들끼리 협의를 통해서 주도적으로 결정하는 기회를 가지게 되었다.

학생들은 교내외 행사 준비를 할 때 '잘할 수 있을까? 진행이 잘될까?'라는 걱정 때문에 긴장감이 역력했다. 하지만 행사가 끝난 후 성취감과 만족감으로 빛나는 학생들의 표정을 보았다.

꿀벌에게 꿀을!

7~8월은 꿀벌에게 힘든 시기이다. 무밀기, 즉 꽃꿀이 부족한 시기이다. 봄에 폈던 꽃들이 지고 녹음이 우거지니 꿀벌이 채집할 꽃꿀이 부족하다. 그래서 2017년 6월에 채밀을 해 두었던 꿀을 비닐 봉투에 넣어서 벌통에 넣어 주었다. 2017년에는 꿀벌이 모아 놓은 꿀을 사양해 줬는데, 2018년 6월에는 두 차례 정도 설탕 사양을 해 주었다. 자연적으로 키우고 싶은 마음이 컸기 때문에 설탕 사양을 결정하기까지 많이 힘들었다. 양봉 동아리 학생들과 설탕 사양에 대해서 여러 차례 이야기를 나누었다.

꿀벌이 꽃에서 채취한 꿀을 벌집에 채운 후 날갯짓으로 수분을 날리고 밀랍으로 막아 놓는 모습이다. 2017년 6월.

이수승(교사) : 벌들이 꿀을 모으지 못하니 사양을 해 줘야 하지 않을까요? 집도 못 짓고, 응애를 이겨 내기도 힘들어하고, 애벌레를 제대로 양육하지도 못해서 세력을 키우지도 못하는 것 같아요.

김진숙(교사) : 그래도 벌들이 스스로 이겨 낼 수 있도록 기다려 주는 것도 필요하지 않을까요? 그렇게 설탕 사양을 하다 보면 설탕물에 익숙해져서 스스로 꿀을 잘 모으지 못할 것 같아서 걱정스러워요.

문헌서(학생) : 꿀을 모을 능력이 충분한 꿀벌에게 인위적으로 설탕물을 주는 게 맞는 것일까요?

안재현(학생) : 너무 조급하게 생각하지 말고 좀 더 기다려 봐도 괜찮지 않을까요?

이수승(교사) : 그래도 지금은 꿀벌을 살리는 게 우선이라고 생각해요. 사양한 설탕을 먹고 어느 정도 세력을 회복하게 해야 하지 않을까요? 그래야 그 다음을 생각하죠.

김진숙(교사) : 그게 맞는 걸까요? 어렵네요. 작년 이맘때는 꿀도 많이 모으고, 꿀벌들이 활기찼는데……. 힘차게 윙윙 소리를 내면서 날아다니던 꿀벌들이 그리워요.

문현서(학생) : 그러면 설탕물을 조금 주고 난 뒤에 상태를 보는 것도 나쁘지 않을 것 같아요. 이대로 두었다가는 꿀벌들이 모두 죽을지도 모르겠어요.

안재현(학생) : 그러면 이수승 선생님 말씀대로 그렇게 해 봐요.

2018년 봄에는 지난해와 달리 이상 기후*로 인해서 꿀벌이 꿀을 모으지 못했다. 여왕벌이 알을 낳을 집이 있어야 하는데 일벌이 먹을 꿀이 부족하니 집을 짓지 못했다. 꿀을 먹이지 못하니 애벌레도 제대로 키울 수가 없었다. 벌집도 늘지 않고 벌의 수도 늘지 않았다. 그래서 설탕 사양을 해 주기로 결정하였다. 살아 있는 생명은 살려야 하니까. 설탕 사양을 해 주고 난 뒤에는 조금씩 집을 지었다. 비록 설탕 꿀이지만 채워져 있는 모습을 볼 수 있어서 한결 마음이 놓였다.

2017년에는 10개의 벌통에 계상**이 되어 있으니 내검할 때 힘들어서 투덜거릴 때도 있었다. 벌통이 2층으로 되어 있는 경우 1층에는 알을 낳아서 애벌레를 기르고, 2층에 주로 꿀을 모은다. 그런데 꿀이 많이 모였을 때는 '에고~' 소리가 절로 나올 정도로 벌통이 무거워서 들다가 허리를 다치기도 한다.

---

* 온도가 높아지면 벌의 크기는 더 작아진다. 곤충은 클수록 더 많은 꽃가루를 나르고 더 멀리까지 가서 먹이를 찾을 수 있기 때문에 벌이 기후 변화 때문에 더 작아진다면, 화분 매개자와 식물들 사이의 미묘한 균형이 쉽게 깨질 것이다.(노아 윌슨 리치, 김숭윤 옮김(2018),《벌, 그 생태와 문화의 역사》, 연암서가)

** 벌이 세력을 확장하면 벌통을 한 층 더 올려서 꿀벌이 살 수 있는 공간을 확보한다. 1층은 단상, 2층은 계상, 3층은 삼상이라고 한다.

2018년에는 벌통의 수가 적은 데다 단상이었기 때문에 내검이 금방 끝나서 좋기도 했지만, 꿀벌의 숫자가 많지 않아 윙윙거리는 소리가 약하니 마음 한구석은 허전하였다.

말벌! 말벌! 말벌!

2017년 9월 어느 날 옥상에 올라갔는데, 벌통 앞에 상처를 입은 꿀벌이 꿈틀거리고 있었다. 죽은 꿀벌도 있었다. 이런!! 말벌들의 습격이 있었던 것이다. 말벌은 기온이 상승하는 7월부터 개체 수가 늘어나 8~10월에 가장 활발하게 활동한다. 말벌은 꿀벌의 애벌레를 짓이겨서 자신의 애벌레에게 가져다 먹인다. 그렇지만 정작 자신은 식물성 영양분을 섭취한다. 말벌의 습격이 무섭다고 이야기만 들었지 이렇게 처참할 줄은 몰랐다. 이수승 선생님과 함께 말벌 퇴치에 들어갔다.

우리의 관심은 오로지 말벌 퇴치! 이수승 선생님과 나는 아예 수업이 비는 시간에 옥상에 자리를 잡았다. 날아다니는 말벌을 잠자리채로 잡는 등 가능한 방법을 다 동원하였다. 말벌 잡는 끈끈이와 포획 트랩도 여러 개 옥상과 텃밭에 설치하였다. 엄지손가락 크기의 큰 말벌들이 많았다. 때때로 말벌이 귓가에서 윙~ 하고 지나갈 때는 정말 공포스러웠다. 그렇지만 어쩌랴. 말벌을 잡지 않으면 꿀벌이 피해를 보니.

2학기, 배추밭에도 말벌이 출몰하였다. 배추흰나비 애벌레를 노리는 것이었다. 배추밭에도 포획 트랩을 설치하고 잠자리채로 수시로

바닥의 점들은 말벌의 습격으로 죽거나 상처 입은 꿀벌들이다. 2017년 9월.

말벌을 잡았다. 말벌은 교실 창 바깥에 집을 짓기도 했다. 선생님들은 양봉 동아리한테 떼어 달라고 부탁을 하셨다. '말벌집까지 우리가 제거해야 하나?' 하는 생각이 들기도 했지만 꿀벌이 있기 때문에 말벌도 늘어나는 것이 아닌가 싶기도 하여 출동하여 제거하였다.

꿀벌아, 잘 자!

2017년 10월부터 10통의 벌통 수를 줄이는 작업을 시작하였다. 세력이 약한 벌통은 세력이 강한 벌통과 합쳐 주고, 벌통의 소비 판을 최대한 줄여 주어 겨울을 날 수 있도록 준비하였다. 11월, 급격하게 기온이 떨어졌다. 정말 신기하게 꿀벌의 움직임이 약해지고, 자연스럽게 봉구*를 형성하여 체온을 유지하였다. 학기 말은 상당히 바쁜 시기였기 때문에 작업 시간을 내기가 쉽지 않았다. 첫눈이 오기 전에 빨리 보온을 해 줘야 한다는 생각에 마음이 조급해졌다. 보온 작업 전에 개미산으로 꿀벌 응애를 제거해 주었다. 다행히 첫눈이 오기 전에 보온 작업을 끝냈다. 2017년 11월, 총 6통으로 월동에 들어갔고, 긴장의 연속이었던 1년의 양봉을 마무리했다.

양봉을 처음 시작했을 때 많이 힘들었다. 2년 차인 2018년도 여전히 힘들었다. 학생들이 꿀벌에 쏘일까 봐, 학부모의 항의 전화가 올까 봐, 바쁜 일상을 핑계로 꿀벌을 제대로 돌보지 못하는 것은 아닌가 하는 등의 걱정이 항상 있었다. 학교 텃밭 동아리 활동을 함께 진행하면서 내검할 시간을 확보하는 것도 쉽지 않았다. 그래서 매일 매순간 왜 양봉을 시작했을까 하는 질문을 나에게 했고, 힘들어 보이는데 왜 하냐는 학생들의 질문을 받기도 했다. 시작은 꿀벌에 대한 호기심과 환경 문제에 대한 탐구였다. 지금은 꿀벌을 함께 기르는 학생들에 대한 책임감까지 더해졌다. 내가 힘들다고 여기서 그만둔다면 나와 함께한 학생들의 실망감과 허탈함을 어떻게 마주할 수 있을까?

양봉을 계속할 수밖에 없는 이유 하나 더! 《경이로운 꿀벌의 세계》**라는 책이 있다. 양봉을 하면서 책의 제목을 참 잘 지었다는 생

---

* 변온 동물인 꿀벌이 겨울 동안에 체온 유지를 위해서 벌통 내부에서 공처럼 뭉쳐 있는 모습이다.
** 위르겐 타우츠, 유영미 옮김(2009), 《경이로운 꿀벌의 세계》, 이치사이언스.

첫눈이 내렸을 때, 첫 월동이라서 걱정스러운 마음이 컸다. 2017년 12월.

각이 많이 들었다. 꿀벌과 함께 지내면서 "경이롭다"는 말의 의미가 내 마음에 와닿았다. 꿀벌 무리의 생태, 여왕벌의 탄생 과정, 수벌 및 일벌의 일생, 생태계에서 하는 역할 등을 공부하고 경험하면서 아주 작은 크기의 꿀벌이지만 매우 똑똑하다는 것을 알게 되었다. 생태계의 어느 하나 인간보다 못한 존재는 없다는 생각이 절로 들었다.

우리가 꿀벌에게 얻는 꿀은 일부일 뿐이다. 궁극적으로 꿀벌은 수분을 통하여 생태계를 유지시킨다. 이 결과로 인간과 동물들은 먹거리를 얻는 것이다. 꿀벌의 수분 작용에 대해서 우리 모두 심각하게 고민해야 하지 않을까?* 꿀벌의 생존이 곧 인간의 생존이 되는 날이 오게 될 것이라는 불안감과 두려움이 일었다.

---

* 국제연합식량농업기구(FAO)에 따르면 전 세계 식량의 90%를 차지하는 100대 농작물 생산량의 약 70%가 꿀벌의 수분에 의해 생산된다. 다른 곤충도 암꽃과 수꽃이 따로 피는 식물의 번식을 돕지만, 꿀벌은 꿀 1kg를 얻기 위해 약 4만km를 이동하며 광범위하게 활동하는 만큼, 가장 주된 역할을 한다. 국제환경보호단체인 그린피스(Greenpeace)에 따르면 꿀벌이 식량 재배에 기여하는 경제적 가치는 무려 373조 원이다.(《헤럴드 경제》, 2018년 7월 30일)

탑 하이브Top Hive라는 관찰용 벌통에서 꺼낸 벌집으로, 긴 나무 막대를 넣어 주면 꿀벌이 알아서 벌집을 이와 같은 모양으로 짓는다. 2017년 6월.

미국 플로리다에서 2006년 일하러 나간 꿀벌이 돌아오지 않아 벌집에 남은 여왕벌과 애벌레가 떼로 죽는 군집 붕괴 현상CCD: Colony Collapse Disorder이 발견된 후 세계 곳곳에서 이와 같은 일이 발생하고 있다. 우리나라에서는 2010년 꿀벌의 전염병인 낭충봉아부패병으로 토종벌의 95%가 집단 폐사하였다. 세계적으로 꿀벌의 개체 수가 감소하고 있다.* 2017년 12월 유엔은 매년 5월 20일을 '세계 꿀벌의 날 World Bee Day'로 선포하여 꿀벌의 보호에 나섰다. 유럽연합은 전 세계적으로 해충을 죽이는 목적으로 가장 널리 쓰이는 살충제인 네오니코티노이드neonicotinoid 5종류 중 3종류의 사용을 2018년 말부터 규제하기로 결정하였다.

이러한 환경 문제를 교육과정에 접목할 방법을 고민해 보라는 동료

---

* 전문가들은 지구 온난화, 전염병, 농약, 전자파 등을 원인으로 꼽고 있지만 그중에서도 살충제 성분 농약을 주범으로 꼽는 분위기. 꿀벌 전문가들은 이런 추세라면 약 15년 뒤에는 꿀벌이 지구상에서 전멸해서 어마어마한 사태가 벌어질 수 있다고 경고까지 하고 나섰다.(《한국영농신문》, 2018년 9월 14일)

선생님이 계셨다. 처음에는 그래야 할 것처럼 고민을 했지만 지금은 아니다. 학교에서 꿀벌을 키우는 것 자체가 잠재적 교육과정이 아닐까?

처음 양봉을 학교에 들여올 때 많은 학생들이 반대했다. 불만으로 가득한 학생들의 눈길을 감수해야 했다. 2017년 5월과 6월 어느 날, 농구를 하던 여러 명의 남학생들이 꿀벌에 쏘인 일이 있었다. 이유는 알 수 없으나 유독 농구장에 꿀벌의 출몰이 잦았다. 내가 농구장을 지나가면 남학생들이 눈을 가늘게 뜨고 벌을 학교에서 왜 키우냐며 성난 표정으로 볼멘소리를 했다.

그래서 담임들께 벌침 알레르기가 있는 학생들을 조사하여 알려 달라고, 꿀벌에 쏘인 학생들이 있으면 보내 달라고 부탁을 드렸다. 그리고 개별적으로 꿀벌에 쏘인 학생들을 만나서 상태를 살펴보았다. 쏘였더라도 심한 알레르기가 없으면 며칠이 지나면 괜찮아진다. 하지만 당장은 붓고 아프고 가렵다. 그래서 학생들에게 나중에 꿀을 따면 1병씩 주겠노라 약속을 하였더니 환호성을 지르면서 좋다고 하였다. 꿀벌에 쏘인 학생의 친구들은 본인들도 꿀벌에 쏘이면 꿀을 주는 거냐면서 오히려 꿀벌에 쏘인 학생들을 부러워하였다.

점차 시간이 흐르면서 학생들은 꿀벌을 학교의 구성원으로 받아들였다. 꿀벌이 날아다니면 이제는 "꿀벌이네~~"라고 말하며 손으로 머리 위를 휘저으며 담담한 모습을 보였다. 학생들은 이제 벌에 대한 궁금증이 생기면 내게 달려와 질문을 한다.

말벌 포획 트랩에 잡힌 말벌을 보고 "우리 학교에서 말벌도 키우는 거예요?"라고 물으면 말벌과 꿀벌의 차이점과 중국을 통해 들어온 외래종인 등검은말벌로 인한 국내 생태계의 교란에 대해서 이야기를 나누었다. "학교 나무에 아주 많은 벌들이 떼로 몰려 있어요!"라고 119에 신고했을 때는 동아리 학생을 통하여 분봉에 대한 설명을 우리 학교 학생들이 공유하는 학교 SNS에 올리기도 했다.

때로는 환경 관련 수업 중에 '꿀벌이 사라지면 인간은 어떻게 될까?'라든가 '현재 심각하게 진행되고 있는 기후 변화와 꿀벌과 인간의 관계를 어떻게 연결할 수 있는가?'와 같은 질문을 던지고 학생들과 함께 생각해 보고 이야기를 나누는 시간을 가지기도 했다. 수업이 끝나고 5분 정도의 자투리 시간에 '꿀벌은 한 번 쏘면 죽는데 말벌은 왜 죽지 않는가', '여왕벌은 어떻게 태어나는가', '여왕벌은 벌통에서 정말 여왕처럼 대접을 받고 있는가?', '왜 수벌은 월동 전에 벌집에서 쫓겨나는가?' 등 꿀벌의 생태에 대한 흥미로운 소재를 중심으로 학생들과 함께 이야기를 나누면서 자연스럽게 꿀벌의 중요성에 대해서 학생들이 알 수 있도록 하였다.

처음 학교에서 양봉을 시작하고자 했을 때 대단한 교육적 목적을 가진 것이 아니었고, 지금도 마찬가지이다. 꿀벌의 중요성에 대한 교육이 학교의 교육과정 속 수업의 형태로 이뤄지는 것도 중요하고 필요하겠지만, 내가 학교에서 양봉 활동을 하면서 중요하게 생각하고 있는 것은 학생들이 일상의 삶 속에서 꿀벌과 함께 살아가면서 꿀벌의 생태와 중요성을 가랑비에 옷이 젖듯이 알아가는 것이다. 우리 학교 학생들이 그런 경험을 하고 있어서 다행이다. 이런 경험이 없는 또래의 학생들보다 생태적 감수성을 갖춘 어른으로 자랄 것이라고 조심스레 기대해 본다.

2부

농農을 살다

우리 마을과 인사하실래요?
성미산학교 농장학교 이야기

김인호(두두) hanadox@daum.net
성미산학교

알람이 울린다. 잠시 뒤척이다 기어코 몸을 일으킨다. 겨울이 가까울수록 따뜻한 이불을 벗어나는 일은 여간 어려운 일이 아니다. 두툼하게 옷을 챙겨 입고 털모자를 눌러쓴다. 문을 열고 밖으로 나서니 밤새 서리가 내렸다. 내뿜는 숨마다 하얀 입김이 따라 나온다.

농장에 눌러 사는 고양이들 밥을 챙겨 주고 누렁이와 꼼이에게 향한다. 저 멀리서부터 꼬리를 흔들고 펄쩍 뛰며 나를 반긴다. 밤새 잘 지냈는지 인사를 건네며 머리를 쓰다듬는다. 닭장으로 가 어제 미처 꺼내지 않은 달걀 두 개를 주머니에 넣는다. 오늘 하루 땔 장작들을 들여놓고 아직 덜 마른 무말랭이를 햇볕이 잘 드는 화단에 꺼내어 놓는다. 이렇게 농장의 하루가 시작된다.

강원도 홍천군 물걸리. 온통 산으로 둘러싸인, 작은 내기 굽어 흐르는 이 작은 마을에서 벌써 2년째다. 가장 가까운 슈퍼에 갈라치면 학교 트럭 힘돌이로 10분을 달려야 한다. 홍천 읍내로 나가는 버스는 하루 두 대뿐이다. 서울과는 전혀 다른 이곳에서, 아이들과 함께 물걸리 사람이 되어 산다.

성미산학교는 서울시 마포구에 위치한 대안학교다. "스스로 서서 서로를 살리는" 사람이 되고자, 생태적 삶을 고민하고 실천하며 배움을 얻는다. 농장학교는 중등 생활 중 이수해야 하는 프로젝트다. 학생 스스로 농장 프로젝트를 이수할 해를 결정하고, 이곳 물걸리에 와 한

- 작년 모내기 사진이다. 작년에는 자연농 방식으로 벼농사를 지었다.

해를 보낸다.

　농장학교의 목표 중 하나는 생태적 삶의 경험이다. 이곳에서의 주된 일은 농사다. 농사를 짓고자 하면 자연스레 자연의 흐름에 따른 삶을 살게 된다. 계절마다 해야 할 일들을 미루면 안 된다. 때를 놓치면 작물은 잘 크지 않고, 열매를 맺지 않는다. 부지런해야 한다. 또 농사라는 것이 사람의 힘으로만 되는 것이 아니기에 늘 하늘을 바라보아야 한다. 서울에서는 무심하게 여겼던 일기 예보를 늘 확인한다. 날씨에, 계절에 기민하게 몸을 움직이게 된다.

　농사는 자연의 섭리를 조금씩 깨닫게 한다. 당연하다 여겼던 것들을 다시금 살펴보게 한다. 함께 살아가는 동식물, 주변의 존재들에 대한 관심과 존중이 필요함을 배운다. 이는 자연을 이루는 모든 생명이 별반 다르지 않음을 알게 한다. 스스로를 겸손하게 한다. 땅에 심은 씨앗이 싹을 틔우고, 알에서 깬 병아리가 닭이 되어 가는 과정을 글과 그림으로 아는 것과 눈으로 손으로 확인하는 것은 진혀 다르다.

　두 번째 목표는 자립의 힘을 기르는 것이다. 농장에서는 제 힘으로 밥을 하고 빨래를 해야 한다. 부모님의 보살핌에서 벗어나 스스로 일상을 꾸리는 것은 쉽지 않은 경험이다. 농장에서의 생활은 나를 꾸리는 일들이 다른 이의 손으로, 수고로 이어져 왔음을 깨닫는 순간이다.

　물결리는 서울과 다르다. 맛난 반찬과 간식이 넉넉지 않다. 늘 손에 두었던 스마트폰도 없다. 가족에게 또 친구에게 소식을 전하기 위해서는 편지를 써야 한다. 영화며 게임이며 책이며 여가를 가득 채웠던 것들도 없다. 심심함을 오롯이 내 힘으로 견뎌 내고 그 안에서 재미를 찾아야 한다. 내가 해야 할 일을 스스로 해냄으로써, 익숙지 않던

농장학교가 있는 강원도 홍천군 물걸리는 온통 산으로 둘러싸인 작은 마을이다. 가장 가까운 슈퍼에 갈라치면 학교 트럭 힘돌이로 10분을 달려야 한다. 학교 트럭 힘돌이.

일들이 익숙하게 손에 익으면서 내가 품은 힘을 확인한다. 이 낯선 곳을 익숙한 곳으로 만드는 것이 농장의 중요한 목표다.

세 번째는 관계에 대한 확장이다. 청소년기에 관계는 언제나 중요한 화두다. 세상의 중심에 나를 두고 살다가 조금씩 내 주변에 여러 다양한 존재가 있음을 알아채는 때다. 그동안은 자신이 품은 가치와 의미들로 세상을 만나 왔다. 하지만 다른 이들은 나와 다른 기준으로 세상을 살아감을 조금씩 알게 된다. 그러면서 갈등도 하고 좌절도 한다. 때로는 위안을 받으며 내가 품은 것들을 수정하기도 한다.

성미산학교는 12년제 학교다. 대개의 학생들은 어린 시절부터 함께 시간을 나눈 친구들이 많다. 서로를 잘 안다고 생각하지만, 도리어 또래 집단에서 떨어지지 않을까 전전긍긍하여 서로를 이해하는 깊은 관계를 맺지 못하는 때가 있다. 그저 안전하고 무난한 관계를 갖는 것에 애를 쓴다. 그리고 지친다. 신뢰와 관계는 깨어지면 끝이라는 두려움을 품는다. 회복되고 치유될 수 있음을 알지 못하고 또 경험하기가 어려울 때가 있다. 농장에서는 시시때때로 부딪힌다. 서로의 오해와 불편함을 마냥 품고 살아가기가 어렵다. 그러면 나의 생활이 무너진다. 어떻게서든 나와 상대를 마주해야 하고, 고민해야 한다. 이해할 수 없지만 인정해야 하는 부분이 있음을 알고, 나의 호불호를 떠나 다른 존재를 존중해야 함을 시나브로 느낀다.

 이곳에서 교사와 학생은 물걸리 주민으로 살아간다. 익숙하고 편안한 사람들에게서 떠나 낯설고 어색한 사람들과 일상을 살아간다. 다양한 사람들을 만나고 관계를 맺으며 새로운 이야깃거리를 만들어낸다. 또 이곳의 어른들을 마주하며 좋은 삶의 태도에 대해 생각하고 서로 기대어 살아감을 익힌다.

 이러한 목표를 가지고 아이들과 함께 물걸리에서 살았다. 물걸리에서의 삶은 이제껏 내가 살아온 삶과는 전혀 다른 경험이었다. 서울과는 다른 배움과 관계들을 얻었다. 내가 이곳에서 보고 느낀 것, 그리고 그 안에서 얻은 깨달음을 나누고자 한다.

아이 : 물걸리에서 살아남기

 "들깨는 하우스에 있을 때보다 노지에 있을 때 고소한 냄새가 더

강해."

 마을 어르신이 해 주신 말씀이다. 하우스에 들깨를 키우면, 들깨는 거친 비바람과 다양한 벌레들의 공격에서 자유롭다. 하지만 노지에서는 살아남기 위해 스스로 강해져야 한다. 비바람을 견디기 위해서는 뿌리를 더 단단히 박고, 벌레들로부터 자신을 지키기 위해서는 온 힘을 다해 고소한 향을 뿜어내야 하는 것이다.

 올해 농장에서는 '꾸익이'라는 돼지를 키웠다. 우리는 가장 흔히 먹는 고기인 돼지에 대해 아는 것이 없었다. 잔혹한 공장식 축산의 방식이 아니라 직접 먹이고 살피며 귀한 고기를 얻어 보고자 했다. 꾸익이는 남면에 있는 한 농장에서 분양을 받았다. 사장님은 꾸익이를 건네주시면서 몇 번이고 말씀하셨다.

 "돼지는 약한 동물이에요. 정해진 온도와 일정한 사료가 아니면 금방 죽을 거예요. 더군다나 이 녀석은 농장에서만 크고 자랐으니. 그곳에 가면 일주일도 못 살지 않을까."

 우리는 늦봄에도 녀석이 얼어 죽지 않을까 밤마다 이불을 덮어 주었다. 밥을 얼마나 주어야 할지 고민하고 또 고민했다. 하지만 꾸익이는 우리의 염려가 무색하게 무럭무럭 자랐다.

 데려온 첫날 녀석은 코로 흙을 팠다. 돼지의 습성이다. 태어나 이곳에 오기까지 콘크리트 바닥에서만 살아온 녀석이 부지런히도 흙을 파 댔다. 더운 여름날에는 스스로 진흙탕을 만들어 체온을 유지했다. 제가 먹을 것을 구별하고 잠자리와 대변 볼 자리를 구별하며 삶을 살았다. 녀석은 몸에 새겨 있는 본능을 알아챘고, 제가 품은 힘을 끌어내어 살아남았다.

자신이 품은 힘이 어느 정도인지, 스스로가 얼마나 강인한 존재인지를 모른 채 살아가는 때가 많다. 분명 우리 모두는 들깨처럼, 꾸익이처럼 살아남기 위한 본능을 품고 있을 테고 스스로를 강하게 만들고자 하는 의지를 가지고 있을 것이다.

아이들이 부모님의 품을 떠나는 것은 쉽지 않다. 낯선 곳에서 새로운 일상을 만드는 것 또한 크고 두려운 도전이다. 서울에서는 밥을 먹어야 할 시간이 되면 으레 밥을 차려 주는 이가 있었다. 하지만 이곳에서는 내가 먹을 것을 직접 장을 보고 텃밭에서 길러 내야 한다. 또 스스로 가스레인지에 솥을 올려 밥을 지어야 한다. 서울에서는 내가 입었던 옷을 세탁기에 던져두면 어느새 깨끗하게 세탁이 되고 옷장에 가지런히 정리되어 있었다. 하지만 이곳에서는 속옷과 양말을 손수 빨아야 한다. 일주일에 두 번 다른 이의 옷과 함께 세탁기에 모아 직접 세제를 넣고 버튼을 눌러야 빨래가 된다. 서울에서는 늘 손에 스마트폰이 들려 있었다. 보고 싶은 영화나 책들은 언제나 손에 닿을 곳에 있었다. 게임과 아이돌의 기쁨으로 심심할 틈이 없었다. 하지만 이곳에서는 그것들이 빠져 있는 시간을 보내야 한다. 그간 경험하지 못한 심심함과 무료함을 제 힘으로 채워 내야 한다.

마을 분들이나 여느 어른들은 아이들이 일상을 꾸려 나가는 모습에 놀라워한다. 그 어린 나이에 부모의 품을 떠나 어떻게 사느냐고, 밥하고 빨래하며 집안일을 손수 하는 것이 힘들지 않느냐고 다독이고 격려하신다. 아이들도 문득문득 자신의 모습을 보고 놀란다. 이곳에 처음 왔을 때의 막막함과 두려움이 어느새 보이지 않기 때문이다. 시간이 쌓이면서 시나브로 강해진 자신의 생활력을 대견하게 생각한다. 자신이 잊고 지냈던 '생존 본능'을 느낀다. 아이들은 그만큼 제 몸을 돌보는 힘을 가지고 있다.

농장에서는 다치는 일이 빈번하다. 낯선 농기구를 자주 사용하고 이런저런 일을 하다 보면 자신도 모르게 상처를 입는다. 대개 크게 다치는 일은 많지 않다. 하지만 아이들과 교사는 작은 상처를 갖고 오만 가지 상상을 한다. 상처가 낯설기 때문이다. 자신이 들은 무서운 병들과 상처를 연결 짓고 병원에 가야만 나을 수 있다고 믿는다.

상처에 소독을 하고 약을 바르고 반창고를 붙인다. 시간이 지나면 상처는 아물기 마련이다. 또 상처가 나면 소독을 하고 약을 바르고 반창고를 붙인다. 다시 상처는 아물고 아이들은 이제 병원에 가야 한다는 이야기를 하지 않는다. 작은 상처쯤은 내 스스로 아물게 할 수 있는 힘이 있음을 확인했기 때문이다.

아이들은 의외로 불편함과 부족함에 익숙하지 않다. 자신이 생각한 온전한 상황이 아니면 쉽게 당황하기도 하고 좌절하기도 한다. 상처를 입었을 때 무서운 것들을 상상하듯 말이다. 게임과 아이돌에 대한 아쉬움, 친구와의 서운함, 자신이 원치 않은 활동들, 고되고 지루한 일상 등을 마주할 때면 으레 자신은 농장 생활을 이어 갈 수 없다고 토로한다. 새로운 일을 시작할 때에도 종종 그 일을 하면서 얻을 재미와 의미들을 상상하기보다 일을 시작했을 때 마주할 갈등, 고단함 따위를 먼저 상상한다.

농장은 불편함과 부족함의 연속이다. 언제나 그것들을 품고 하루하루를 살아간다. 하지만 불편함이 있어도, 부족함이 있어도 일상이 만들어짐을 알게 된다. 어찌 보면 삶에는 100%가 없다. 내가 할 수 있는

●
올해 농장에서 키운 돼지, 꾸익이. 꾸익이는 농장에 오기 전 콘크리트 바닥에서만 살았는데도 농장에 온 후 흙을 파 대고 더운 여름날에는 스스로 진흙탕을 만들어 체온을 유지하는 등 몸에 새겨 있는 본능을 알아챘다.

것, 바꿀 수 있는 것과 함께 내가 어찌할 수 없는 것, 시간이 지나야 받아들여지는 것이 있다. 삶에서 모든 것이 갖추어지지 않아도 재미가 만들어질 수 있음을 믿고, 더 나은 것들을 상상할 수 있음을 조금씩 인정해 가며 살아가는 것이다. 우리는 이곳에서 불편함과 부족함을 스스로의 힘으로 채워 가는 여유와 담대함을 익히고자 애쓴다.

부모 : 지켜보기, 홀로 서기

농장에 함께 사는 개, 누렁이의 어미 주원이는 제 새끼를 끔찍하게도 생각했다. 언제나 곁에 새끼들을 두었다. 맛있는 간식을 주면 그것을 삼키지 않고 고스란히 물고 가 새끼들 앞에 떨구어 주었다. 사람 손이 많이 타자 제 새끼를 다른 곳으로 물어다 놓아 우리를 당혹스럽게 하기도 했다. 하지만 새끼들이 제 힘으로 달리고 먹을 것을 구할 수 있을 때가 되자 단호해졌다. 어미의 젖을 먹기 위해 달려오면 지그시 제 새끼의 목을 물었다. 새끼는 깨갱대며 도망을 쳤다. 먹을 것이 생기면 이제 제 입에 넣었다. 다 큰 새끼가 어미의 먹이를 탐을 내면 으르렁대며 녀석을 쫓아냈다.

심리학자 롤로 메이는 '심리적 탯줄'에 대해 이야기한다. 아이는 세상으로 나올 때 두 개의 탯줄을 달고 나온다. 하나는 엄마와 아이가 직접 연결된, 배꼽이 되는 물리적 탯줄이다. 이 줄은 엄마와 아이의 노력이 아닌 누군가에 의해 끊어진다. 한 몸이었던 엄마와 아이는 이제 둘이 된다. 또 하나가 심리적 탯줄이다. 서로에게 의지하는 마음의 줄이다. 심리적 탯줄은 오롯이 엄마와 아이가 끊어야 한다. 이 시기와 계기는 그 누구도 아닌 서로가 만들어야 한다. 하지만 이는 쉽지 않은 일이다. 엄마는 아이가 혹여 세상에 좌절하지 않을까, 삶이 고단하지 않을까 염려한다. 아이는 거친 세상을 직면하고 삶의 순간을 스스로 결정해야 한다. 또 그 책임을 오롯이 받아들여야 한다. 때문에 아이도 엄마도 서로가 연결된 탯줄을 쉽사리 끊지 못한다. 이 탯줄이 끊어져야만 둘은 진정한 독립적 존재가 된다. 그래야 비로소 각자의 삶을 살 수 있다. 진정한 의미로 서로에게 의지가 되어 주는 삶의 동료가 될 수 있다.

농장 생활은 아이들뿐만 아니라 부모에게도 커다란 과제다. 아이들이 낯선 환경 속에서 익숙함을 만들어 내는 과정을 한 발 떨어져 지켜봐야 한다. 하지만 아이들은 끊임없이 서울에 대한 그리움과 아쉬움을 표현한다. 불편함과 부족함을 채우기 위해 부모에게 손을 내민다. 부모는 이를 모르는 체하기 어렵다. 편지나 전화로 부족한 것에 대해, 힘든 것에 대해 들을 때면 이를 해결해 주고 싶어 한다. 서로의 품에서 멀어진 것은 아이뿐만 아니라 부모에게도 처음으로 마주하는 경험이다. 고기반찬이 부족하다 하면 고기를 보내 주고 싶고, 우표가 부족하다면 우표를 보내 주고 싶다. 교사에게 미안해하며 몰래 편지에 초콜릿을 넣어 보내 주기도 한다.

농장은 부모와 아이가 서로 독립된 존재임을 확인하는 시간이 된다. 주원이가 다 자란 새끼들을 보호해야 할 존재가 아닌 한 마리의 개로 대하듯. 부모는 이제 품에서 아이를 내려놓아 독립된 존재로 마주하는 연습을 한다.

● 올해 농장 개가 된 꿈이와 친구들, 쫄랑이와 쫄쫄이.
●● 농장에서 함께 살고 있는 고양이, 두부와 애만이.
●●● 농장 개인 누렁이와 꿈이. 마을 분들께서 분양해 주신 녀석들이다.

교사 : 다시 만난 아이들

교사는 농장에서 아이들을 다시 만난다. 서울에서 만난 아이와 농장에서 만난 아이는 다르다. 학교에서는 그 아이의 일상의 한 부분만, 학교라는 환경에서의 모습만 보지만 농장에서는 새롭고 다양한 모습을 만난다. 사람은 평면적 존재가 아니라 입체적 존재임을 다시금 깨닫는다.

이곳에서는 아이들에게 나의 솔직한 모습을 보이는 때가 많다. 있는 척하고 숨기는 데는 한계가 있다. 허술한 모습도 보이고 짜증도, 귀찮음도 들키곤 한다. 아이들도 분명 교사를, 나를 새로이 만날 것이다.

나른한 오후, 모두가 여기저기 누워 시간을 보내고 있었다. 창밖을 멍하니 쳐다보던 한 아이가 늘어져 있던 몸을 일으켰다. 일어나며 한숨도 조금 쉬었다. 어디를 가느냐 물었더니, "누렁이가 너무 답답할 거 같아서요. 요새 넙다고 산책도 통 안 갔잖아요" 한다.

농사를 지으며, 동물을 키우며 이런 닮음에 대한 이야기를 많이 나눈다. 동물도 식물도 인간도 모두가 닮아 있고, 너와 나와 우리도 서로 닮아 있음을 머리가 아닌 손으로 마음으로 느끼는 때가 많다. 세상의 모든 살아 있는 존재는 모두 스러져 가는 존재다. 같은 곳에서 나서 같은 곳으로 향하는. 찬찬히 둘러보면 나를 둘러싸고 있는 모든 것이 나와 닮았다. 교사도 아이도 누렁이도 모두 닮았다.

다른 이의 다름에 대한 존중은 서로 닮음을 확인하는 데서 온다. 서울에서는 닮음보다는 무엇이 어떻게 다른가에 대해 이야기하는 때가 많았던 것 같다. 일상에서, 순간순간을 함께 경험하며 다양한 존재들을 만나며, 조금은 모호하고 커다란 이야기를 자연스럽게 나눌 수 있는 것이 농장의 가장 귀한 순간이다.

우리 밭은 퇴비도 물도 넉넉지 않다. 비닐 멀칭을 않고 주변에 난 풀로만 땅을 덮어 주니 지열과 수분을 지켜 주기 어렵다. 그래서 우리 작물들은 줄기도 잎도 열매도 작다.

마을에서 고추 모종을 받아다 밭에 심었다. 녀석들은 뿌리를 내리고 제법 잘 자라 주었다. 하지만 유독 작은 고추가 하나 있었다. 한 뼘 정도 자랐을까. 저 녀석이 열매를 맺을 수 있을까 싶었다. 부지런히 물을 주고 퇴비를 넣어 주었지만 더 자라지 않았다. 하지만 우리가 모르는 새 꽃을 피우더니 이내 열매를 맺었다. 그 작은 몸에 열매를 단 모습이 어찌나 대견하던지.

문득, 세상 모든 것이 제 모습을 가지고 태어나 제 속도로 살아감을 새삼 느꼈다. 그 작은 고추는 자신이 해야 할 일을 알고 그것을 충실히 해냈다. 제 모습으로, 제 속도로 성실하고 묵묵하게 일생을 살아가는 모습만으로 다른 이에게 얼마나 큰 감동을 주는지. 누구와 비교해 줄기를 얼마나 뻗었는지, 얼마나 큰 열매를 맺었는지는 그다지 중요하게 보이지 않았다.

"아이들은 각각 저마다의 생김새와 저마다의 속도를 가지고 자란다." 아이들과 만나는 순간마다 되뇌인다. 이 당연한 이치를 잊지 않으려 애쓴다. 하지만 함께 먹고, 자고, 일하는 일상을 살다 보면 이 마음이 금세 흐트러지고 만다. '왜 이게 안 되는 거야? 왜 이 정도의 마음의 품을 내지 못하지?' 아이들에게 더 큰 기대를 품고, 다른 존재와 비교하는 나를 발견한다. 이렇게 아이들을 탓하고 난 뒤, 부끄러움이 밀려온다.

농장학교 아이가 누렁이와 함께 산책을 하는 모습이다. 아이들은 농장학교의 아침을 고양이와 강아지들 밥을 챙겨 주는 것으로 시작하고, 아무리 피곤해도 누렁이와 산책 나가는 것을 빼먹지 않는다.

나는 우유부단하다. 어떤 일을 결정할 때 주관이 뚜렷하지 못하다. 또 좋고 싫음을 숨기지 못해 다른 이를 서운하게 할 때가 종종 있다. 내가 현재 품고 있는 감정을 잘 표현하는 연습이 필요하다. 나는 더 좋은 사람이 되기 위한 과제들을 가지고 있다. 아이들도 마찬가지다. 제 속도에 맞춰, 자신만의 과제를 품고 살아간다. 한 아이는 제게 주어진 일을 성실히 해내지만 다른 이에게 품을 내는 것이 어렵다. 다른 한 아이는 제 일상을 꾸려 나가는 데 많은 노력이 필요하지만 농장의 분위기를 둥글둥글하게 만드는 재주가 있다.

농장에서 만나는 아이들은 학교에서 만났던 모습과 다르다. 교사가 해야 할 일은 아이들이 자신에게 주어진 과제를 피하지 않도록 하는 것이다. 그것에 대해 고민하고 더 나은 자신을 상상할 수 있게 하는 것이다.

머리로 아는 것과 몸으로 아는 것

김장을 위해 밭에 배추를 심었다. 배추는 하루가 다르게 무럭무럭 자랐다. 하지만 어느 날부터인가 잎에 구멍이 나기 시작했다. 달팽이일까, 배추흰나비 애벌레일까. 하지만 아무리 찾아도 녀석들은 보이지 않았다. 마을 어르신께 여쭤보니 아마도 '톡깍이' 짓일 거라 하셨다. 밭을 유심히 보니 수많은 작은 벌레들이 이리저리 튀어다니고 있었다.

벼룩잎벌레, 일명 톡깍이는 매우 작은 벌레다. 손으로 잡을 수 없다. 마을 어르신은 약 하나를 소개해 주셨다. 또 유기농에 쓰는 친환경 제품이라고 말씀하셨다. 우리는 맘이 편치 않았다. 지금껏 자연에 해를 끼치지 않으며 농사를 짓겠다 큰소리쳐 왔다. 하지만 톡깍이는 너무나 위협적이었다. 녀석들은 무시무시한 속도로 배춧잎에 구멍을 냈다. 이러다가는 김장까지 온전히 배추를 지킬 수 없겠다는 생각이 들었다. 한참을 고민한 끝에 약을 물에 풀었다. 한 친구는 한숨처럼 말을 뱉었다.

"우리가 약을 치다니……."

약을 두어 번 치고 나니 톡깍이는 금세 모습을 감추었다.

머리로 아는 것과 몸으로 아는 것은 다르다. 머리로 아는 것은 단순히 정보를 수집하고 지식의 양을 채우는 것이다. 몸으로 안다는 것은 내가 가진 정보와 지식을 삶과 연결하는 것이다. 직접 마주하고 경험하는 것이다. 경험이 담기지 않은 지식은 어설프고 허망할 때가 많다. 마주하는 순간을 선과 악, 둘로 나눈다. 자신이 아는 정보나 지식을 맹신해 새로운 것을 거부한다. 쓸데없는 고집이 생기고 말이 많아지는 때, 대게 머리로만 아는 때가 많다.

봄, 물걸리에 처음 온 아이들은 깜짝 놀란다. 여기저기에서 비닐 멀칭을 하고 화학 비료를 넣어 주며 주기적으로 제초제가 뿌려지기 때문이다. 아이들에게 관행농은 악(惡)이다. 학교에서 책으로 배워 온, 자연을 해치지 않으려 애를 쓰는 농법인 자연농이 선(善)이다.

이곳에 살면서 농사를 업으로 하는 사람들을 만나고 그들이 관행농을 하고 있음을 확인한다. 그들은 못된 짓을 하는 악마가 아님을 알게 된다. 함께 일을 하다 보면 관행농에 대한 시각이 조금씩 달라진다. 들쭉날쭉한 농산물의 가격, 점점 더 까다로워지는 소비자의 요구, 소수의 인원으로 넓은 경작지를 감당해야 하는 상황, 농부와 소비자의 환경에 대한 무관심과 편리 등 다양한 원인들이 얽혀 있다. 단순히 선과 악으로 구분 지을 수 있는 일이 아님을 알게 된다. 한쪽이 달라진다고 바뀌는 상황이 아니다. 이제 자신이 알고 있는 관행농의 해악과 자신이 경험한 농업의 현실을 함께 보게 된다. 비로소 이를 절충할 수 있는, 더 좋은 방향으로 나아갈 수 있는 방법에 대해 고민을 시작할 수 있다.

흔히 생태적 감수성이란 단어를 자주 쓴다. 얼마나 생태적 삶을 살 마음가짐이 있느냐는 말일 게다. 생태란 무엇일까? 때때로 아이들은 생태라는 단어를 설명해야 하는 순간이 오면 거대한 담론과 어려운 철학을 찾는 때가 많다. 지구 온난화, 기후 변화, 인류의 탐욕과 무분별한 개발 등 어디선가 들었음직한 단어들로 이를 표현하려 애쓴다. 하지만 자신의 단어가 아니기에 결국 고개를 숙이고 모르겠다는 말을 한다. 자신감이 없다. 자신의 부족함을 부끄러워한다.

조금만 찬찬히 생각해 보면 생태적 감수성이란 결국 내 주변을 둘러싸고 있는 환경과 나와 함께 살아가고 있는 존재들에 대한 관심이다. 아이들은 이미 제 삶으로 충분히 생태적 삶을 설명할 수 있는 힘을 가지고 있다. 마을 일을 나가 참을 먹을 때 종이컵 쓰기를 꺼끄러워하고, 마트에서 사 먹는 토마토와 밭에서 직접 기른 토마토의 맛이 얼마나 다른지를 알며, 귀찮아 죽겠어도 꾸익이와 누렁이의 밥을 챙겨 주고 똥을 치워 준다. 한여름 바짝 말라 있는 고추와 양배추에 땀을 뻘뻘 흘리며 물을 떠다 주고, 벌레들이 짜증 나지만 약을 쳐 죽이는 데 거리낌이 있다. 길가에서 허망하게 죽은 고라니와 고양이를

마을자치위원회와 함께 진행한 나눔 장터 '자우림'의 모습이다. "자~ 어서 오세요. 우스운 모양이지만 림(임)자는 여러분."

안타까워하며 덤덤하게 물어 줄 수 있다. 하지만 자신이 당연하게 행하고 있는 것, 경험한 것들을 자신 있게 꺼내지 못한다.

농장에서는 어려운 철학과 거대한 담론들을 유창하게 말과 글로 풀어내야 한다는 부담감, 머리로 다 알고 있다는 자만들을 내려놓는 연습을 한다. 머리로 알고 있는 것들을 내 삶과 연결 짓고 내가 가진 언어로, 내 몸으로 직접 그것들을 다시 이해하는 것이다.

마을 : 함께 기대어 살아가기

농장 옆에는 빼꼼님이 사신다. 언제나 우리를 빼꼼 들여다보시고 조용히 지나가셔서 붙여 드린 별명이다. 아이들이 지나가는 말로 이게 먹고 싶다, 저게 먹고 싶다 하면 그 말을 담아 두셨다가 조용히 우리를 불러다 먹이신다. 농사를 짓다 모르는 것이 있으면 늘 먼저 찾아가는 분이 빼꼼님이다. 눈에 보이지 않게 우리를 살피신다.

어느 날, 늘 받기만 해 감사하고 죄송스럽다고 하니, 별말을 다 한다는 듯이 피식 웃으시고는 말씀하셨다.

"도움이 필요한 사람이 있으니까 도움을 주는 거지. 나도 도움을 받으며 살잖아."

추수제를 앞두고 우리는 직접 술을 담그기로 했다. 지금은 다들 술을 사서 먹었지만 예전에는 직접 술을 빚는 집이 꽤 많았다고 한다. 배추장님이 함께하시기로 했다. 배추장님은 우리와 친구처럼 지내시는 분이다. 성이 배씨이고 이전에 이장 일을 보셨기 때문에 '배추장'이라는 별명을 붙여 드렸다. 배추장님 어머님께 술 담그는 법을 배우고 싶다고 말씀드렸다. 너무 오래된 일이라 다 잊었다고 손사래를 치셨지만 곧 마음을 내주셨다.

고두밥을 짓고 누룩을 섞고 항아리에 담아 술을 담갔다. 어르신은 몇 번이고 술 상태를 물으시고 농장으로도 몇 번 찾아오셨다. 마음을 많이 써 주셨다. 덕분에 꽤나 맛있는 술이 되어 추수제를 잘 치를 수 있었다.

어느 날, 배추장님이 어머님 얘기를 들려주셨다. 술을 담그고 돌아가시는 차 안에서 한숨을 내쉬시며 몇 번이나 후회를 하셨다고 했다.

"내 손으로 물을 맞추지 말았어야 했는데. 아이들 손으로 물을 맞췄으면 더 맛난 술이 되었을 텐데. 잘못했어."

가을걷이가 한창일 무렵, 된서리가 내렸다. 아직 깨를 수확하지 않았는데 서리가 내려서 다들 안타까워하셨다. 서리가 내리면 알이 차지 않는다고 한다. 귀하게 농사지은 작물이 서리로 못쓰게 되니 얼마나 아쉬우실까, 얼마나 맘이 무거우실까. 하지만 한 어르신이 껄껄 웃으며 말씀하셨다.

"하늘님이 올해 농사를 일찌감치 마무리하라시는구만. 하늘이 시키시는 대로 해야지."

마을에는 많은 어르신들이 사신다. 어르신들과 함께 살다 보면, 살아오시면서 찬찬히 쌓아 오신 삶의 지혜와 여유로움을 배우게 된다. 네 것과 내 것, 옳고 그름을 판단하고 구별 짓는 것에 익숙해진 서울살이에서는 상상할 수 없는 것들이 많다. 셈을 하지 않고 다른 이의 어려움을 모르는 체하지 않는 삶, 작은 행동 하나하나에도 다른 이에 대한 존중과 배려가 묻어나는 삶, 내가 어찌 할 수 없는 것을 담담히 받아들이고 내가 할 수 있는 것을 묵묵히 해내는 삶이 이곳에 있다.

배울 학學자는 손 수手 안에 아비 부父가 들어 있고 그 아래에는 집을 의미하는 덮을 멱冖, 그리고 아들 자子 자로 이루어져 있다. 곧 배움이라는 것은 아버지가 자식에게 자신이 먼저 경험하고 익힌 것을 전한다는 의미이다. 먼저 세상에 나온 이가 나중에 나온 이에게, 먼저 고민하고 익힌 것들을 전하는 것. 너무나 당연한 이야기지만 때때로 이를 잊고 아이들을 만난다. 아이들이 모든 것을 다 알고, 다 품고 나왔다고 여기는 때가 있다.

그럴 때면 아이들을 탓하고 게으르고 어리석다 여기게 된다. 주원이가 누렁이에게 가르치듯, 닭이 병아리들을 데리고 다니며 모이를 쪼듯 사람도 누군가로부터 익히고 배워야 하는 것이 있다.

어른의 역할은 아이들이 제 안에 품은 것을 마음껏 꺼낼 수 있도록 지켜보는 것도 있지만, 더 나은 삶과 세상을 만들기 위해 자신이 경험한 좋고 선한 경험들을 전하는 데에도 있는 것이다. 마을이 아이를 키운다는 것은 어쩌면 이를 말하는 것이 아닐까. 좋고 선한 것을 책이 아닌, 어느 사람의 삶으로 어느 공동체의 분위기와 문화로 전하는 것 말이다. 분명 아이들에게는 그 어떤 책 한 구절보다 더 진한 향으로 다가올 것이다. 이런 어른들과 인연을 맺을 수 있다는 것은 참 귀한 일이다.

이른 봄, 마을에 큰일이 났다. 마을로 들어서는 고개인 솔치재에 석산 개발을 한다고 했다. 석산 개발이 허가가 나면 매일 산을 깨는 폭발음이 들리고, 수많은 덤프트럭들이 마을 길을 드나들게 된다. 분진,

진동, 지하수 오염 등으로 물결리에 사는 사람과 동식물들이 제 터전에서 살지 못하게 된다.

　마을 구성원들은 삶의 터전을 지키기 위해 대책위를 만들었다. 한 해 농사를 준비하는 바쁜 봄이지만 모두들 기꺼이 군청 앞으로 나와 석산 개발에 반대를 외쳤다. 우리 농장 식구들도 자리를 함께했다. 마을 분들과 어우러져 풍물을 치고 춤을 추고 노래를 했다.

　우리의 집회 건너편에도 만내골 사람들이 모여 있었다. 마을 한가운데 생긴 돼지 농가 때문에 어려움이 있다고 하셨다. 우리는 먹을 것을 나누고 서로를 응원했다. 만내골 한 분이 말씀하셨다.

　"아이들이 있으니까 집회가 재미나네요. 활기도 있고요."

　처음 물결리에 농장학교가 자리 잡는다 했을 때에는 모든 마을 분들이 우리를 반기신 건 아니었다. 시골은 생각한 것보다 외지인에 대한 배타심이 강하다. 아이들이 공부는 안 하고 왜 시골에 내려오느냐고 하셨다. 마을 안에서 이런저런 일들을 부탁하고 일을 만드는 것에 대해 곱지 않게 보시기도 했다. 지금 보고 지리를 사업장으로 만들어 돈을 버는 것이 좋지 않겠냐는 분들도 계셨다.

　하지만 시간이 쌓이면서 서로를 알게 되었고 마을은 자연스럽게 농장학교를 마을의 구성원으로 받아들이기 시작했다. 어떤 분은 이 짧은 시간에 농장학교가 마을에 들어올 수 있었던 것은 기적이라고 말씀하신다. 이 기적은 오롯이 아이들의 힘으로 만들었다. 아이들이 오고서 마을 분위기가 바뀌었다는 얘기를 자주 들었다. 아이들은 마을 곳곳을 다니며 어른들에게 큰 소리로 인사를 한다. 어설프지만 농번기에 마을 일손을 돕고, 마을 여기저기에서, 마을 분들을 괴롭히며 영화제나 허수아비 대회 따위의 작은 행사들을 만든다. 마을 어르신들은 아이들이 깔깔대며 웃고 떠드는 모습을 보는 것만으로도, 이리저리 돌아다니며 일을 벌이는 모습을 보는 것만으로도 활기가 생기고 힘이 난다고 하신다.

물론 마을에서 받는 것이 더 많다. 올 가을 남자아이들이 지내는 방에 난방이 어려워지자 마을 분들은 농번기임에도 불구하고 당신들의 일을 내려놓고 보일러 공사를 함께 해 주셨다. 덕분에 추운 겨울을 따뜻하게 날 수 있게 되었다. 먹을 것이 있으면 언제나 아이들 손에 쥐어 보내 주신다. 논 삶기며 껒지 낚시며 두부 만들기며 아이들과 관련한 일들을 귀찮다 않으시고 기꺼이 시간을 내주신다.

석산 개발 사건이 있은 뒤에 마을에는 새로운 움직임이 생겼다. 무시무시한 개발로부터 함께 마을을 지켜 낸 이 힘을 그냥 흩트리지 않고 더 행복하고 살기 좋은 마을을 만드는 데 써 보자는 마음들이 모였다. 그리고 자연스럽게 마을자치위원회가 만들어졌다.

자치위원회가 만들어지는 데 농장학교도 함께 참여했다. 마을 분들은 아이들이 마을에서 살아가는 모습을 보며 더 나은 마을의 모습을 그려 보게 되었다고 하셨다. 다양한 세대가 어우러져 다양한 삶의 이야기가 담긴 마을을 만들어 보고 싶다 하셨다. 농장학교는 이 움직임에 중요한 역할을 하고 있다고 몇 번이나 말씀하셨다. 이제 농장학교는 성미산학교만이 아니라 물걸리가 함께 상상하며 만들어 갈 것이다.

어른은 아이들을 보살피고 자신이 품은 지혜를 전달한다. 아이들은 어른에게 감동이 되고 더 나은 세상을 꿈꾸게 하는 영감이 된다.

● 올해 봄에 있었던 석산 개발 반대 집회에 참여했던 모습이다.
●● 여름에는 마을 분들과 함께 물고기를 잡기도 한다. 다양한 세대가 함께 어우러져 마을을 이루고 서로가 서로에게 영향을 주며 살아가는 것이 왜 중요한가를 물걸리를 통해 알아가고 있다.

• 올해 추수를 하는 모습이다. 농장에서는 가장 큰 행사가 모내기와 추수이다. 이때는 서울 본교 학생들과 학부모님들이 내려와 함께한다.

다양한 세대가 함께 어우러져 마을을 이루고 서로가 서로에게 영향을 주며 살아가는 것이 왜 중요한가를 물걸리를 통해 알아가고 있다.

농사를 짓는 것과 좋은 삶

교육농은 잘 모르겠다. 농사를 통해 아이들에게 어떤 배움의 계기를 만들어 줄 수 있을지는 아직 잘 모르겠다. 하지만 2년간 물걸리에서 아이들과 함께 생활하면서 든 생각이 있다.

살면서 농사를 짓는 경험을 꼭 한 번은 해 봤으면 좋겠다. 농사를 통해 다시금 다양한 존재들이 어우러져 이 세상을 살아가고 있음을 확인하면 좋겠다. 나 자신의 삶이 별다를 게 없는, 운동장의 누렁이와 밭에 있는 고추처럼 그렇게 주어진 삶을 묵묵히 살아가는 존재임을 알았으면 좋겠다. 그 삶 안에서 서로 만나 이야기를 만들고 그 이야기로 인해 자신이 특별한 존재임을 느꼈으면 좋겠다. 내 뜻대로 되지 않는 것이 있음을 알고 내가 할 수 있는 것들을 성실히 하는 삶을 경험할 수 있으면 좋겠다.

농장의 생활이 미야자와 겐지의 시 〈비에도 지지 않고〉에 나오는 그런 사람이 되는 경험이 되었으면 좋겠다.

비에도 지지 않고

미야자와 겐지

비에도 지지 않고

바람에도 지지 않고

눈에도 여름 더위에도 지지 않는

튼튼한 몸으로 욕심도 없이

결코 화내지 않으며 늘 조용히 웃고

하루에 현미 네 홉과

된장과 채소를 조금 먹고

모든 일에 자기 잇속을 따지지 않고

잘 보고 듣고 알고 그래서 잊지 않고

들판 소나무 숲 그늘 아래 작은 초가집에 살고

동쪽에 아픈 아이 있으면

가서 돌보아 주고

서쪽에 지친 어머니 있으면

가서 볏단 지어 날라 주고

남쪽에 죽어 가는 사람 있으면

가서 두려워하지 말라 말하고

북쪽에 싸움이나 소송이 있으면

별거 아니니까 그만두라 말하고

가뭄 들면 눈물 흘리고

냉해 든 여름이면 허둥대며 걷고

모두에게 멍청이라고 불리는

칭찬도 받지 않고 미움도 받지 않는

그러한 사람이 나는 되고 싶다.

● 눈이 내린 농장학교.

일하멍 배우멍

볍씨학교 제주학사 이야기

이영이 ymca02@hanmail.net
볍씨학교 제주학사

우리 밭은 3천 평이에요!

새로운 학기가 시작되어 제주학사에 중3 아이들이 내려오면 다음 날 아침 모두가 한밭으로 간다. 한밭은 우리가 농사짓는 밭 중 가장 큰 밭인지라 크다는 의미의 한을 붙였다. 한밭은 크기가 3천 평인데 누군가 "너희는 어떤 농사를 지어?"라고 물어도 대답이 "우리 밭은 3천 평인데"로 시작한다. 그만큼 3천 평이라는 숫자가 주는 위압감이 크고 한편으로 자부심도 그만하다. 아마도 굉장히 넓다고 하는 걸 유난히 강조하고 싶은 거라 짐작되니 그냥 듣는다.

3월 3일 즈음의 한밭에는 항상 전년도 늦가을에 심어 놓은 무렁 봄배추(쌍노물)가 푸른빛을 반짝이며 아이들을 맞이한다. 아이들은 겨울 날씨나 마찬가지인 매서운 봄날의 추위에도 시퍼렇게 살아 있는 초록의 식물들을 보고 환호할 수밖에 없다. 무는 쑥쑥 뽑아진다. 배추는 통으로 뽑아 오기도 하고 안쪽의 노란 속잎만 잘라 쌈을 싸 먹기도 한다. 봄날의 햇살 아래 무를 채 썰어 마당 가득히 널어놓으면 그것만으로도 반찬 한 가지는 해결할 수 있겠다는 안도감이 올라온다. 쌍노물이라는 토종 봄배추는 겨울 내내 제주의 따뜻한 햇살을 받아서인지 달콤한 맛이 일품이어서 샐러드로 먹기도 하고 김치를 담가 먹기도 하는데 특히 꽃대를 꺾어 통으로 김치를 만든다. 그걸 제

주어로는 '동지지'라고 한다. 꽃과 꽃대를 먹는 제주의 음식 문화가 처음에는 낯설었지만 한번 먹어 본 뒤로는 봄에 꼭 동지지를 담가 두었다가 열무가 나올 때까지 맛있게 먹고 있다. 배추밭에 들어서서 노란 배추꽃이랑 꽃대를 꺾어 먹는 재미가 아주 좋다. 선배들이 후배들의 봄날을 위해 준비해 놓은 무와 배추를 수확하면서 동생들은 언니들의 노고에 고마워한다. 만일 이 무와 배추가 없다면 우리는 무엇을 먹고 살 것인가? 생각만 해도 암담한 것이다. 무조건 돈 들고 슈퍼 가서 장을 보면 되었던 도시 생활과 달리 제주학사는 우리 밭에서 농사지은 걸 먹고 살다가 두부라든지 카레 같은 것만 시장에 가서 사 오기에 한밭에서 겨울을 난 무와 배추, 돼지감자, 상추 같은 채소들은 그저 고마울 따름이다.

봄에 가장 먼저 심는 건 감자다. 3천 평이라는, 끝이 가물가물해 보이는 널따란 밭이지만 감자밭 2백 평을 한구석에 자리 잡아 놓고 보면 시작할 때의 암담한 마음이 사라지고 조금 안심이 되기 시작한다. 어떡하든 하면 되긴 하겠네, 하면서. 단호박 심을 곳 2백 평쯤, 고추 심을 이랑 몇 줄, 토마토와 가지 같은 열매를 많이 내면 좋을 것은 거름이 듬뿍 내어진 곳으로 가고 요즘 야심차게 심는 바질 밭도 만든다. 5월 중순에 심을 고구마 밭도 대강은 자리를 만든다. 고구마까지 심고 나면 밀은 누렇게 익어 가기 시작한다.

한밭은 우리를 1년 내내 먹여 살린다. 언제든 가면 무엇이라도 들고 온다. 빈손으로 돌아오는 날은 없다. 싹이 텄는지 확인 차 또는 모종판에 물 주러 잠깐 들러도 언제나 먹어 달라고 하는 작물이 있다. 우리가 키운 작물들도 있지만 일체 농약을 안 하기 때문에 다양한 들

● 한밭에서 수박과 참외 모종을 심고 있다.

● 당근이랑 채소를 수확하고 밭에서 돌아오는 아이들.

나물이 지천으로 깔려 있어서 우리의 밥상은 한밭에서 자라는 생명으로 채워진다. 메밀이나 밀, 바질, 단호박, 귤은 판매할 정도로 많이 수확한다.

한밭 말고 경밭과 분교밭까지 농사짓는 곳이 많으니 볍씨학교 제주학사는 농사만 짓는다고 생각하기 쉽지만 실제는 집짓기도 하고 개별적인 공부도 해야 한다. 일주일을 쪼개어 집짓기와 농사를 병행하는데 공연이나 행사까지 겹치면 솎음할 때를 놓치거나 풀 뽑는 시기를 놓쳐 버리기도 한다. 특히 올해는 공동체 마을에 커뮤니티 공간을 짓느라 농사는 뒷전이었다. 60평짜리 돌집을 짓고 있는데 돌을 하나하나 깎아서 쌓아야 하고 겹담으로 올려야 하니 시간이 많이 소모된다. 처음 계획은 세 달이면 되겠지 싶었지만 여섯 달째 쌓아올리는 중이다. 예전보다는 소홀했던 한밭 농사지만 지금도 식재료가 떨어져 가면 한밭으로 달려간다. 호박이며 가지, 노각을 수확해 오고 여전히 빨갛게 매달린 고추들이 있다.

텃밭에 부추가 있어서 너무 좋아요

제주학사는 두 사람이 하루 세끼의 밥을 책임진다. 밥을 짓는 건 가마솥에 불을 때서 한다. 불 조절을 잘 못해 생쌀을 먹어야 할 때도 있고 삼층밥도 생기지만 점점 실력이 쌓여 불과 물 그리고 쌀의 환상적인 만남을 이루면 노릇노릇하고 바삭한 누룽지가 나온다. 더군다나 누룽지가 가마솥 밑판의 원형 모양을 유지한 채 고스란히 떨어져 나왔을 때 모두의 환호성이 터진다. 하지만 이 정도로 불을 다루려면 많은 관찰이 필요하다. 초보자일수록 가마솥을 수시로 열어서 쌀이 어느 정도 익었는지를 확인하지만 노련한 아이들은 밥이 지어지는 시간 차에 따른 냄새와 가마솥 뚜껑 사이로 새는 김의 물기와 수증기 정도를 보아 가며 불을 넣는다. 불을 관찰하는 건 언제나 재미있는 일이다. 한 사람은 가마솥 불을 때고 다른 한 사람은 부엌에서 요리를 한다. 반찬은 국과 반찬 세 가지를 만들어 낸다. 어떤 요리를 할 건지는 그날 밥지기의 재량이지만 요리의 원칙은 있다. 우리 밭에서 나온 재료를 사용하는 건 당연한 일이고 먼저 먹어야 할 재료가 무엇인지를 살펴서 해야 한다. 들나물이나 채소 나물은 필수인데 나물이 많으면 그걸 나물 무침만이 아닌 국에 사용해야 할 때도 있다. 전날 밥지기가 쓰다 남은 늙은 호박을 우선 쓰지 않으면 말라 버리니 늙은 호박 요리를 어떻게 할지 결정해야 한다. 수확한 식재료는 언제나 쌓여 있지만 어떤 때는 가지가 너무 많고 어떤 때에는 노각이 너무 많다. 또 열무가 많이 나오면 김치 담그는 것도 한계가 있으니 나물로도 먹지만 그래도 감당이 안 되면 말려서 채소가 귀할 때 먹는다. 제주는 봄부터 초여름까지 고사리도 많이 나는 터라 고사리도 많이 꺾는다. 가시나무 사이에서 굵은 고사리를 발견하는 재미에, 꺾을 때 경쾌함까지 고사리 꺾기는 우리를 새벽부터 숲으로 이끈다. 1년 내내 고사리나물을 먹을 수 있도록 말려 두었다가 나물에 육개장에 녹두전 등 실컷 먹을 수 있다. 가지는 아이들이 가장 싫어하는 채소 중 하나다. 하지만 가지는 요리 재료로 아주 훌륭하다는 걸 요리하면서 알게 된다. 처음에는 볶아 먹기만 한다. 그러다가 기름에 계속 볶는 건 너무 단조롭다는 걸 다른 사람들이 요리해 주는 걸 보면서 알게 된다. 어제 밥지기가 가지볶음을 하루 종일 했는데 오늘 나 역시 똑같은 방식으로 할 수는 없으니 고민을 하는 것이다. 요리 책도 뒤지며 가지선도 하고 가지전도 하면서 가지 요리를 탐구한다. 같은 볶음이나 나물도 양념을 달리하면 전혀 다른 느낌을 준다는 걸 알게 된다. 가지냉채도 괜찮네, 요리의 세계는 무한하구나 하면서 자기만의 특제 소스를 개발할 욕심도 내는 것이다. 오늘 아침에는 미역국을 먹었다. 오늘은 미역에 들깨를 넣어 끓이다가 떡볶이 떡을 잘게 잘라 '조랭이떡'의 느낌으로 국에 넣은 것이다. 친구 생일이라 특별히 떡을 넣어 봤다는 수현 쉐프의 설명에 아이들은 "미역국 남았어?", "오늘 미역국 정말 맛있네"를 연발했다. 몇 년 전 아이들은 미역국에 반드시 매운 고추를 넣었다. 미역국에 고추라니 정말 어울리지 않는 조합이라고 단정적으로 생각했지만 막상 미역국을 먹어 보니 청량감이 좋았다. 식욕을 돋우는 맛이었다. 이렇듯 제주학사에서는 창조적인 요리를 시도한다. 무엇이든 남기지 않고 다 먹는다는 원칙이 있어 간만 맞으면 요리의 조화로움과 상관없이 고맙게 먹어 주는 친구들이 있으니 가능한 일이다.

며칠 전 집짓기에 일손을 보태러 오신 부모님이 훈제 오리를 갖고 오셨다. 그날 밥지기는 오리 요리를 해 본 적이 없으니 어떻게 요리해야 이 귀한 (제주학사에서 처음 먹는) 오리고기를 맛있게 먹을 수 있을지 고민이 되었다. 식당에 가서 먹었던 오리 요리를 떠올려 보니 부추랑 같이 먹었던 기억이 났고 그 친구는 당장 텃밭으로 가서 부추를 잘라 왔다. 오리의 붉은색과 부추의 초록이 대비를 이루며 맛있게 보인다. 거기에 양파를 넣고 볶았다. 결과는 그다지 마음에 들지 않았다. 오리는 기름이 많이 나오는데 부추의 색감과 식감을 살리려니 바삭 구울 수가 없어서 먹는 사람들이 너무 기름지다는 평을 한 것이다. 그럼에도 그날 밥지기는 텃밭에서 싱싱하게 자라는 부추를 잊을 수가 없었던지 내내 부추 이야기를 한다. "역시 텃밭에는 부추가 있어야 해요." 오리와 궁합이 잘 맞는 부추를 필요할 때 언제든 가서 잘라 올 수 있는 텃밭.

하루 세끼 밥을 책임진다는 것만큼 어깨를 묵직하게 만드는 일이 또 있을까? 더군다나 열일곱 명의 밥을 해 먹여야 하니 공사장 '함바집'만큼 요리 양도 많다. '무엇을 해 먹여야 하나'라는 고민은 어떻게 해야 더 맛있게 해 먹일까와 같은 말이다. 그런 부담이 크다 보니 어떤 밥지기들은 4시 반부터 요리를 시작한다. 나중에 숙달이 되고 요리에 나름의 노하우가 생기면 1시간 안에 밥과 반찬 세 가지를 해내지만 이른 새벽 어스름을 뚫고 일어나 밥을 짓는 밥지기들은 언제나 긴장을 안고 있다. 그러니 제주학사에 와서 가장 크게 느끼는 건 엄마에 대한 고마움이다. 밥지기를 하다 보면 아침밥 먹고 치우면 다시 점심 준비, 점심 치우면 저녁 이런 식으로 세끼 밥을 다 해결하고 나면 하루가 다 지난다. "이걸 엄마는 매일 했구나" 하면서 "우리 엄마는 대단해!" 소리가 절로 나오는 것이다. 그렇기에 방학에 집에 올라가서 하고 싶은 것, 해야 할 것 중 일 순위는 가족에게 밥해 주기다. 가족에게 일주일에 두세 번은 밥을 해 준다. 제주학사에서 많은 양을 하던 습관 때문에 매번 양 조절에 실패하기도 하지만 말이다.

•
제주학사에서는 두 명의 밥지기가 하루 세끼의 밥을 짓는다. 하루 세끼 밥을 책임진다는 것만큼 어깨를 묵직하게 만드는 일이 또 있을까?

농사는 일상에서 경험하는 창조적 행위

시작! 예닐곱 명의 아이들이 삽 한 자루씩 들고 땅을 뒤집는다. 삽질하는 동안 손과 발의 협응이 조화롭다. 빠르게 땅은 파헤쳐져 거무튀튀한 속흙이 나오고 잡풀이 무성한 겉흙은 속으로 들어간다. 처음에 삽질은 남자아이들의 전유물이라 생각해 "삽 잡을 사람!" 하면 여자아이들은 주저하기도 했지만 남자아이들이 삽질을 해 나가는 뒤에서 풀을 골라내다 보면 '나도 삽질 할래' 하는 마음이 올라오기 마련이다. 올해는 중3은 여자아이들뿐이니 뒤로 뺄 수도 없다. 넷이서 나란히 삽을 잡고 서 있는 걸 보면 여전사가 따로 없다. 삽을 땅에 꽂을 때 부드럽게 훅 들어가는 그 느낌이 아주 좋다. 이 밭은 관행농을 오랫동안 해서 처음에는 삽이 안 꽂혔지만 6년 동안 유기농을 해 오니 이제는 어느 밭보다 흙의 느낌이 좋다. 그럼에도 삽질을 계속해 가다 보면 난관에 부딪힌다. 제주의 밭은 돌로 가득하다는 걸 잊어서는 안 된다. 삽날이 챙 하며 튕겨 나온다. 돌을 파내야 하는데 아무리 파도 파도 끝이 안 보인다. 바위 하나가 땅 아래 박혀 있는 거다. 이렇게 운이 안 좋은 라인에 걸리면 다른 친구들은 이미 저 앞으로 내달리고 있는데 이걸 파야 하나 포기해야 하나 갈등하게 되는데 이상하게도 아이들은 돌을 어떡하든 파내고 싶어 한다. 그리고 파낸 돌의 크기가 클수록 성취감은 비례하기 마련이다. 삽질은 허리가 아프고 어깨도 아프다. 그래서 몇 번 삽질을 해 나가다 보면 멈추고 싶어지는 건 당연지사. 헌데 멈추면 안 된다. 나란히 함께 가던 다른 삽질 선수들에게 밀려 버리기 때문이다. 그러니 멈추고 싶어지는 힘든 순간마다 천천히 할까 말까 갈등한다. 오늘 심기로 한 고구마 밭은 꽤나 길다. 하지만 포기하지 않고 끝까지 가 보기로 한다. 쉬지 않고 힘든 고비를 이겨 내며 가기로 마음을 먹는다. '절대 뒤를 돌아보지 말자. 마지막 골인 지점에서 뒤를 보겠다!'

드디어 도착이다. 뒤를 본다. 내가 삽질해 온 그 라인의 흙이 엎어져 있다. 옆에 작업이 안 된 곳과 선명한 대비를 이루고 있다. 그때의 쾌감은 삽질하면서 허리와 어깨에 전해 오던 통증을 싹 잊게 해 준다. 자 이제 반대로 가자! 이걸 몇 번 반복하는 동안 밭은 모양을 갖춘다. 누가 이렇게 하라고 한 적이 없다. 절대로 뒤를 돌아보지 않겠다는 다짐이나 힘들어도 포기하지 않겠다는 결심은 스스로의 선택이기 때문에 그걸 성취했을 때 그 아이는 자기와의 싸움에서 승리를 거둔 것이다. 그 순간에는 승리의 나팔을 부는 거다. 스스로에 대한 확신이 서고 자기 존재가 결코 작지 않음을 느낀다. 그리고 당당하다.

나는 농사일이야말로 일상에서 창조를 경험할 수 있는 최고의 현장이라고 생각한다. 삽질이 무에 창조냐, 라고 생각하겠지만 막상 삽을 들고 땅을 뒤집어 놓는다는 건 땅에 생명을 받을 준비를 하는 일이다. 이것은 새 역사를 이루는 일이다. 고랑을 내는 것 역시 마찬가지다. 밭을 어떻게 디자인할지 학기 초에 고민하는데 그건 생명끼리의 조화를 이루어야만 한다. 또 씨를 심는 것보다 더 감동스러운 일이 어디에 있을까? 그 작은 씨앗 하나를 땅에 넣어 두면 자기보다 수만 배의 잎과 줄기를 내고 수백 개의 씨앗으로 돌아오는데 어마어마한 생명 창조에 내 노동이 결정적임을 알게 된다. 그 결과 내 몸을 통해 세상의 생명 순환 고리에 동참하게 되는 즐거움을 경험할 수 있다.

- 이른 봄, 밭 가장자리에 금잔화 꽃을 심는다.

사실 모든 예술 행위 또한 많은 노동을 통해 이루어진다. 심지어 글쓰기조차 '노가다'라고 표현한다. 나는 농사가 신비롭고 아름다운 생명 현상을 일상에서 내 노동을 통해 창조해 내는 멋진 일이라고 생각하기에 노상 감동할 일이 많다. 감자를 땅속에 묻어 두는 그 마음은 그래서 늘 지극하다. 인간과 하늘의 접선이 땅속에서 이루어지는 느낌이 든다. 그래서 〈씨감자〉 노래를 부르며 매번 울컥해진다. 농사야말로 평범한 창조, 일상의 창조, 가장 신비로운 노동이라고 해야 할 것이다. 요즘에는 집짓기에 주력하느라 한동안 밭에 가지 못하는 아이들이 있다. 돌 쌓기만 반복하다 지친다는 느낌이 들 때 하루 밭에 가서 일하고 나면 몸이 개운해진다. 마음도 평안을 찾는다. 복잡한 마음이 진정된다. 흙을 만지는 일은 치유적인 효과가 있음을 경험적으로 깨닫게 된다.

볍씨학교는 살림 공부를 공부 중 가장 중심에 놓는다. 교과 운영에서 밥살림과 집살림, 옷살림 시간을 우선 배정한다. 제주학사는 밥살림을 살림 중에서도 가장 기본에 두는데 지급의 원칙을 지키려다 보니 그럴 수밖에 없다. 먹는 걸 스스로 해결하도록 하긴 해야겠는데 청소년기 아이들이 가장 싫어하는 게 밭일이기 때문에 농사를 어느 정도 할 수 있을지에 대한 감이 오질 않았다. 농사는 당장에 성과가 드러나지 않는다. 씨앗을 심고 그 결과가 나오려면 아무리 빨라도 두어 달 지나야 한다. 청소년기 아이들에게 당장에 성취를 느낄 수 있는 집짓기가 함께 가야 하지 않을까 생각했다. 그런 생각에 학교에서 지을 집이 아니어도 어디서든 집짓기를 한다는 정보를 들으면 쫓아가서 우리 아이들도 집짓기에 끼워 달라 부탁하기도 했고 어쩌다 보니 필요 때문에 학교 안에서 계속 집짓기를 하게 되었다. 막상 집짓기를 병행해 보니 내가 생각했던 것과는 달랐다. 집짓기의 성취감도 크지만 밭일을 했을 때의 충만함이 더 크다는 아이들의 경험담이 놀라웠다. 농사일은 어떤 일보다 변화를 매 순간 확인하는 과정이었다. 삽질이건 풀 뽑기건 수확하는 일이건 간에 그 모든 과정에서 어떤 시각으로 이 과정의 의미를 해석하고 확인하는가가 중요한 것이고 무엇보다 몸이 힘들기는 해도 일을 끝내고 나서의 뿌듯함과 충만함, 개운함이 있다. 당장 결과가 완성된 형태로 오지는 않지만 내 노동의 결과로 밭의 모양과 색깔이 바뀌고 씨가 심겨진다는 것 그리고 하늘의 도움으로 싹이 나고 자라나 우리 밥상에 오게 되는 그 놀라운 기적 앞에서 우리는 매번 경외감을 갖게 되는 것이다. 물론 밭일은 집짓기보다 힘들다. 체력 소모가 크다. 인내심도 더 많아야 한다. 하지만 밭은 에너지 충전소라고 하는 아이들의 표현처럼 집짓기에서 얻을 수 없는 것이 있다. 아마도 생명을 키워 내는 흙의 에너지 파장이 다르기 때문일 것이고 그런 에너지가 수만 년 동안 농경 사회를 유지해 오면서 인류의 유전자 속에 깊이 각인되어 있기 때문일 것이다.

똥은 꼭 집에서 싸야지요. 최고의 퇴비는 우리의 똥!

제주학사 친구들은 밥을 많이 먹는다. 열다섯 명이 한 달에 100kg의 쌀을 먹어 치운다. 그러니 똥도 많이 싼다. 현미식을 하는 데다 채식을 하니 남들보다 더 많은 똥을 싼다. 3월 초 밭에 거름을 내려면

2년 전 선배들이 싼 똥거름을 푼다. 똥거름이라니 아이들은 말만 들어도 기겁을 한다. 똥 냄새를 맡아 가며 일할 생각을 하니 마스크라도 준비해야 할 것 같다. 아주 우울한 아침이다. 하지만 삽을 들어 거름에 꽂는 순간부터 생각이 달라진다. 어젯밤부터 걱정하고 우려했던 마음이 부질없는 일이었음을 알게 된다. 이렇게 부드러운 흙으로 바뀔 수 있다니. 오히려 그동안 시장에서 사 온 유기질 퇴비보다 훨씬 냄새도 좋고 느낌도 좋다. 손으로 만져도 아무렇지 않다. 어떤 화학작용이 일어난 걸까? 똥의 신비요, 똥의 기적이다. 사람의 똥이 이렇게 좋은 흙이 될 수 있다는 걸 알게 되면 내 똥이 2년 뒤 후배들에게 선물이 되는 걸 이해하게 된다. 농사에 퇴비가 얼마나 큰 힘이 되는지는 우리의 똥거름과 오줌 액비를 먹고 자란 마당 가운데 무화과나무를 보면 잘 알 수 있다. 3년밖에 안 키웠는데도 그 무화과나무에서 수백 개의 무화과를 따 먹었고 지금도 계속 익어서 손님들에게 최고의 무화과 맛을 보여 드릴 수 있는 것이다. 그러니 열심히 싸고 모아 톱밥으로 덮고 풀을 얹이 가며 발효시키는 건 중요한 일과다. 마당에 풀이 많이 자라면 거름을 많이 만들 수 있으니 좋은 일이 된다.

　오줌은 오줌통에 똥은 거름간에! 따로따로 분리하는 게 포인트다. 그렇지 않으면 발효가 안 되고 썩어서 지독한 똥 냄새를 맡아야 한다. 제주학사에 오시는 손님들이 많은데 그중 반 이상의 손님들은 똥, 오줌을 받아 내는 과정 때문에 제주학사에 오래 머물기를 포기하고 옆집 가서 해결하고 오거나 참았다가 귀가하는 도중에 볼일을 처리한다. 하지만 막상 시도해 보면 별것도 아니다. 똥, 오줌이 발효 과정을 거쳐 훌륭한 퇴비가 된다는 걸 알면 제주학사에 와서 싸는 행위만

공동체 마을 커뮤니티 센터로 쓰일 돌집을 짓고 있다.

으로도 제주학사의 농사에 기여하게 되고 수세식 변기에서 사용되는 엄청난 물을 절약하니 세상을 이롭게 만드는 작용을 하는 것이다. 순환의 원리를 자연스럽게 터득하는 똥, 오줌 이야기는 언제나 제주학사에 사는 친구들에게는 자랑거리이기도 하다. 누구든 방문하는 사람에게 화장실 사용법을 안내할 수밖에 없는 순간이 오기 마련인데 변기 없이 텅 빈 화장실을 보면 얼마나 당황하겠는가? 얼마 전에는 외국인이 와서 통역이 제대로 안 되었는지 화장실 안에 비치된 쓰레기통에 소변을 보고 가서 되레 우리가 당황한 적이 있기도 하지만 말이다. 똥에 얽힌 에피소드가 많은 제주학사다.

노동의 평등성 때문에 더 편안한 밭일

다른 일도 마찬가지지만 농사일 역시 혼자 해시는 능률이 오르지 않는다. 3년 전 하와이에 가서 밀림을 개척해 토란 농장으로 만드는 일에 참여한 적이 있었는데 그때 하와이 사람들이 했던 이야기가 기억에 남는다. 옆에서 바라보기만 해도 그 사람은 나름의 일을 하고 있는 것이라고. 모든 사람은 에너지를 갖고 있어서 존재 자체가 중요하다는 이야기였다. 길고 긴 이랑을 따라 갈 때도 옆에 한 사람이라도 같이 가 주는 사람이 있을 때와 아무도 없이 혼자 일을 할 때 기운의 차이가 크다. 그런데 대여섯 명, 때때로 열 명 이상이 죽 늘어서서 같이 이랑을 잡고 나가면 에너지의 흐름이 상승하기 시작한다. 그럴 때 에너지의 생성은 더하기가 아닌 곱하기가 되어 내가 더 이상

나로 존재하지 않고 나의 한계 너머로 안내하는 경험을 할 수 있게 된다.

아이들은 《만물은 서로 돕는다》라는 책을 읽고 나면 밭일이야말로 최고의 상호부조라고 이구동성으로 말한다. 그래서 밭일하러 갈 때는 유난히 인원을 체크하곤 한다. 농사짓는 건 가장 평등한 구조를 만든다. 돌집 짓기만 하더라도 일에서 약간의 위계가 만들어진다. 기술이 생기기도 하고 역할 분담도 자연스럽게 이루어진다. 그 안에서 무얼 해 달라고 요구하는 사람이 생기니 어떤 사람은 중요한 일을 하는 것 같기도 하고 내가 하는 돌 찾기나 벽 채움 같은 일은 시시하게 여겨지기도 한다. 하지만 밭일은 기술이라기보다는 성실함이 돋보이는 노동이다. 그러니 장애를 가진 친구도 함께할 수 있다. 제주학사에는 발달 장애를 가진 친구가 같이 살고 있는데 식당 알바는 할 수 없지만 집짓기나 농사일은 같이 한다. 집짓기에서는 돌 나르기로 역할이 제한되지만 밭일은 무슨 일이든 같이 할 수 있다. 물론 속도에서는 차이가 나지만 그건 충분히 감안하면서 같이 해 나갈 수 있다. 귤 밭에 가서 전정한 가지를 치우거나 수확 철에 귤 컨테이너 20kg을 번쩍번쩍 들어 나를 수도 있다. 작년에는 귤 밭에 알바를 가서 유난히 밀림처럼 울창한 귤나무 사이를 기어다니며 하루 종일 열심히 귤을 날랐다. 농장 주인이 아주 기특해하면서 유기농 귤 5박스를 주셨고 그 귤은 본교의 동생들에게 보내졌다. 전날에는 힘들다고 일하기 싫어 우두커니 서 있던 아이 때문에 화가 잔뜩 나서 이런 아이를 보내면 어떡하냐고 항의하기도 했지만 열심히 일한 아이를 보니 농장주도 뿌듯해서 "다음에도 일하러 와" 하셨다. 문제는 어떤 부분에서 기능 수행이 안 되는 어려움을 안고 있는 것이 아니다. 자기에게 주어진 책임을 외면하고 할 수 있는데도 어렵고 힘들다고 안 해 버리는 것이 문제다. 그러기에 농사일을 같이 하면 장애를 가진 친구도 체력이 생기고 꾸준히 실력이 키워지며 일머리가 생긴다. 자신이 남들과 크게 다르지 않음을 확인할 수 있는 것도 밭일에서다.

내일 비 와요?

정보 수집 중에 가장 절실한 건 날씨다. 특히 비가 오는가 안 오는가는 우리 활동에 결정적인 영향을 미친다. 날씨에 따라 우리 생활의 흐름이 달라지기 때문이다. 날씨가 맑으면 밭일도 집짓기도 할 수 있다. 그리고 빨래도 할지 말지, 내일 비가 오면 오늘 빨래하려고 마음먹었던 일복을 하루 더 입고 빨자고 변경할 수도 있다. 비가 오면 밀린 공부를 하기도 하고 공연 기획이나 연습을 하기도 한다. 날씨 정보에 따라 비 오기 전 씨를 뿌리기도 하고 잡초 뽑기를 하려다 비 온다는 소식에 다음으로 미루기도 한다. 비가 와야 하는데 하는 마음과 비 오면 안 되는데 하는 마음은 밭에서 하는 작업의 성질에 따라 달라진다. 올해처럼 메밀을 심은 뒤 오랫동안 비가 오지 않았던 때는 비 오기를 바라는 마음이 간절했다. 그래서 108배를 할 때 비를 내려 줄 것을 기도하면서 절을 하자고 하는 아이들도 있었고 일부 아이들은 물을 떠다 놓고 절을 했었다.

비가 언제 오려나? 기우제를 해야 하나? 이런 표현은 매우 일상

• 제주학사 마당에 동백기름을 짜려고 동백 씨를 널어 말리고 있다.

적이다. 도시에서는 비가 오면 우산을 챙기는 정도가 일이었는데 농사를 하다 보니 비에 의해 삶의 구체성이 확연히 달라진다. 이제 비 온다고 하면 우산을 챙기는 일은 오히려 신경 쓸 것이 못 된다. 그래서인지 제주에서 사는 아이들은 유난히 하늘을 많이 관찰한다. 별이 총총하고 구름이 없으면 기상 예보에 비가 뜨더라도 "내일 비가 안 올 것 같은데……" 하고 맑은 하늘이라도 바람결이 평소와 다른 느낌이 들면 "어, 비 오려나 보네" 하며 빨래를 걷고 말리던 농작물을 거둬들인다. 도시에서는 하늘 쳐다볼 일이 없고 더군다나 밤에 별빛을 보며 날씨를 헤아려 볼 일도 없지만 농사를 짓다 보니 비가 인간에게 결정적이라는 걸 몸으로 체득하게 된다. 자연에서 산다는 건 이렇듯 자연의 절대적인 영향을 받으며 살 수밖에 없는 인간 존재의 한계를 인식하게 해 주고 자연의 섭리 속에 조화를 이루며 살아야 한다는 의식의 흐름을 만들어 준다. 그래서 작은 자연의 변화에도 민감해지며 결국 비가 오면 오는 대로 가뭄이 들면 그런 대로 받아들이는 걸 연습하는 것이다.

먹고사는 것에 대한 걱정이 좀 줄어들었어요

의외로 아이들은 먹고사는 것에 대한 걱정이 많다. 앞으로 부모로부터 독립하려면 그래서 내 힘으로 먹고살아 가려면 어떻게 해야 할지 막연한 불안과 두려움이 있다. 이는 대안학교에 다니면서 좀 더 자기 삶에 대한 책임성을 요청받기 때문일 수도 있다고 생각한다. 불과 열여섯 나이임에도 먹고살 것을 걱정하기에 알바를 해서 돈을 벌어 보는 걸 누구나 하고 싶어 한다. 아이들은 내가 좋아하는 일을 하면서도 먹고살 수 있을까가 가장 큰 관심이다. 보통 내가 하고 싶은 일은 하고 싶은 것이니 그걸로 돈이 될 수는 없다고 생각하기 때문이다. 그런데 제주학사에서는 농사를 지어서 먹고살다 보니 실제로 돈이 많이 필요하지 않다. 가장 큰 돈은 일주일에 한 번씩 가는 목욕비와 기름 값 같은 것들이다. 제주는 논이 거의 없다 보니 쌀농사는 불가능하지만 나머지 먹을거리는 대부분 밭에서 키워 먹고 밭일 알바 가면 양파니 쪽파, 마늘 같은 채소를 얻어 와 먹는다. 또 상품성이 없는 채소들이 밭에 널려 있으니 언제든 주워다가 먹어도 된다. 동네에서 수시로 채소를 얻어먹기도 한다. 우리 올레길 텃밭에 키워지는 상추는 모두 우리가 먹는다. 우리 밭에서 많이 나오는 채소는 동네에 나누고 우리에게 없는 건 옆집 삼촌들이 가져다주신다. 바다도 가까우니 해산물도 그런 식으로 얻어먹는다. 내가 좋아하는 일을 하면서도 경제적으로 독립할 정도의 힘을 갖는 건 아이들에게 가장 이상적인 미래일 터인데 제주에서는 그렇게 살아가는 어른들이 많다. 아이들은 다른 일을 하면서도 텃밭은 꼭 가꾸고 싶다는 말을 한다. 내 손으로 내 먹을거리를 책임지는 걸 경험해 보면 자신감이 생긴다. 어떡하든 먹고사는 걸 해결할 수 있겠다는 것과 농사를 지으면서 살면 큰돈이 없어도 살 수 있겠다는 것이 자신감을 갖게 해 준다. 막연한 두려움이 사라지고 '무얼 하면 좋을까?', '어떻게 살아야 나도 좋고 세상도 이롭게 하는 걸까' 하는 쪽으로 이동하게 된다.

씨앗 거두기는 농사의 시작

11월의 햇살은 씨앗을 거두기에 최적의 조건이다. 호박씨, 오이씨, 팥, 콩, 들깨와 뒤늦게 심어 채종이라도 하게 된 참깨 등 작물의 씨앗과 더불어 각종 꽃씨들까지 마당과 툇마루 곳곳에서 제 몸에 뽀얀 햇볕을 받아안는 씨앗들은 내년에 심겨질 생명들의 목록이다. 새해에 심을 요량으로 얼마 전 여성농민회 추수 축제에 풍물 공연을 하러 갔다가 얻어 온 통통한 붕어초 하나를 애지중지하며 말리는 광경을 보면 내년 봄 고추 농사가 자연스레 그려지는 것이다. 올해 아이들은 고추 농사를 잘해서 작년 이상으로 수확을 거둘 야심찬 계획을 세웠지만 실패했다. 이 실패를 딛고 내년에는 토종 고추를 많이 심어 볼 생각이다. 또 비자 열매와 동백 씨앗도 말려서 기름 낼 준비를 하고 있다. 여름에 유채 씨를 몇 가마 짜서 유채 기름을 얻으니 기름까지 내 손으로 농사지어 먹는다는 것이 아주 신기했다. 유채 기름을 짜 오던 날 아이들은 참기름 냄새처럼 고소하다며 간장에 넣어 비벼 먹었다.

토종 씨앗을 심고 그 씨를 받아 사람들에게 나누기도 하는데 이건 우리가 특별한 사명을 수행하는 것 같은 자부심을 안겨 준다. 토종 씨앗 중 하나인 갓끈동부는 콩 줄기를 볶을 때 간장 외에 아무 양념을 하지 않아도 그 자체로 충분히 맛나다. 그래서 이 맛을 본 아이들은 갓끈동부는 무조건 많이 심자고 계획에 넣는다. 우도땅콩이나 팝콘을 해 먹을 수 있는 쥐이빨옥수수처럼 간식거리가 되는 토종 씨앗은 더욱 좋아하지만 역시 가장 열광하는 건 토종 옥수수다. 대학옥수수와는 다른 달큰한 뒷맛이 아무리 먹어도 질리질 않으니 말이다. 그 달달하면서도 쫀득거리는 맛을 다음 해까지 기다려야 한다는 게 야속할 지경이다. 그러니 좋아하는 토종 씨앗들은 심을 만큼 남기는 게 아니라 더 많이 남겨 두곤 한다. 해마다 심고 나서도 씨앗들이 많이 남는 이유는 더 많이 먹고 싶은 마음이 만들어 낸 결과다.

6년 전 제주에 내려올 때 본교에서 심어 오던 갓끈동부 씨앗 대여섯 개를 소중하게 들고 왔다. 마치 문익점 선생이 중국에서 목화씨를 붓통에 숨겨 가지고 오듯 하나라도 잃을까 하며 챙겨 온 것이다. 대여섯 씨앗 중 몇 개나 살아남을지 아슬아슬한 마음이었다. 제주에서 농사 경험이 없는지라 갓끈동부가 잘 자라 줄지 걱정도 있었다. 그래도 그중 세 그루가 살아서 볶음도 해 먹고 채종도 할 수 있도록 힘을 내서 자라 주었다. 갓끈보다 더 길다란 콩 줄기를 보는 것 자체도 신기하고 그 맛은 너무 매력적이기에 이 씨앗을 채종하는 건 다른 씨앗들보다 훨씬 더 신경이 쓰인다.

농사의 끝은 채종이지만 사실 채종은 농사의 시작이기도 하다. 끝이라는 건 곧 새로운 시작임을 씨앗을 통해 배운다. 씨앗을 거두며 각각의 씨앗이 갖고 있는 아름다운 형태와 색에 놀라워한다. 숱한 생명을 새로이 키워 낼 이 생명의 응집체를 보고 어떻게 그냥 지나칠 수 있을까? 그 씨앗들은 곧 우리 아이들이 갖고 있는 생명력이기도 하다. 내재되어 있는 생명의 힘은 가을 햇살을 더 깊숙이 받아 더 큰 기운을 품어 가고 있다.

- 유채 씨앗을 수확하는 중인 친구들이 신나게 춤추며 유채를 밟아 씨를 털고 있다. 이 유채 씨로 유채 기름을 짜서 먹고 있는 중이다.

사람과 땅을 일구다

꿈이자라는뜰의 텃밭 교실 이야기

최문철(보루) joshua.choi@gmail.com
꿈이자라는뜰

꿈뜰의 텃밭 수업을 소개합니다

"꿈이자라는뜰(꿈뜰)에선 텃밭 수업을 어떻게 하시나요?"라는 질문을 종종 받습니다. 장애가 있는 청소년들과 어떻게 농사를 짓는지, 수업은 어떻게 하는지 상상이 잘 안 되어서 그러신답니다. 꿈뜰의 텃밭 수업은 두 명의 마을 교사를 기본으로 합니다. 한 사람이 진행을 하면 다른 한 사람은 학생들을 살피고 돌보는 방식입니다. 진행과 보조 역할을 번갈아 하기도 합니다. 새로 참여한 텃밭 교사가 1년 동안 보조 역할을 하면서 하나의 수업을 담당하는 텃밭 교사로 성장해 나가는 마을 교사 양성 과정으로 활용되는 방식이기도 합니다. 특수 교사 외 실무원 선생님도 함께 농사를 짓습니다. 덕분에 비장애 어른과 장애 청소년의 비율이 1:1 또는 1:2가 됩니다. 비장애 학생들과 수업을 하는 경우에도 되도록이면 두 사람의 교사가 짝을 이루어 진행하는 것이 좋습니다. 텃밭 교실은 실습이라는 특성을 가지고 있기 때문입니다.

꿈뜰의 텃밭 수업 과정은 지난 9년 동안 조금씩 다듬어져 왔습니다. 텃밭 수업을 맡은 마을 교사마다 조금씩 차이가 나기도 하지만, 대개 '인사 - 준비 운동 - 텃밭 관찰 - 텃밭 일 하기 - 텃밭 일지 쓰기 - 정리'라는 여섯 단계를 거칩니다. 이 과정을 자세히 설명하기 위해 지난 10월 30일과 11월 6일의 중등 수업 과정을 가져와 재구성해 보았습니다.

[인사] 오늘은 누가 인사하자고 이야기해 줄래요?

수업 때마다 인사하자고 말하는 사람을 새롭게 정합니다. 자기가 하고 싶다는 친구들에게 기회를 줍니다. 아무도 하겠다는 사람이 없으면 평소에 소극적인 모습을 보이는 친구에게 일부러 부탁을 합니다. 물론 부탁이기에 학생은 거절할 수 있습니다. 여러 번 인사를 해 봤음에도 불구하고 학생들은 종종 평소에 익숙한 인사 방법을 말할 때가 있습니다.

"차렷, 선생님께 경례."
"아니, 그렇게 말고 '서로서로 인사합시다'라고 말해 줄래?"
"네, 그럴게요. 서로서로 인사합시다~."
"안녕하세요?" "반갑습니다." "그동안 어떻게 지냈니?" "오랜만이야."

서로의 안부를 묻고, 지난 주말에 어떻게 지냈는지 묻습니다. 돌아가면서 한 사람씩 지금 자신의 기분을 말해 보자고 부탁할 때도 있습니다. 인사와 운동 시간은 바쁘게 움직여서 도착한 학생들이 숨을 고르며 농장에 적응하는 시간이 되기도 합니다.

[준비 운동] 자기가 하고 싶은 운동을 설명하고 어떻게 하는지 보여 줄래? 우리가 따라 할게

수업을 시작하는 학기 초에는 교사가 준비 운동을 진행합니다. 발목부터 무릎, 허리, 어깨, 목까지 관절을 천천히 돌려 주는 운동, 몸의 여러 근육을 부드럽게 풀어 주는 스트레칭을 주로 합니다. 준비 운동의 여러 자세와 방식이 익숙해지면, 학생들이 스스로 운동을 선택하고 진행할 기회를 줍니다. 한 사람이 한 가지씩 자기가 원하는 운동을 제안하면 다른 사람들이 따라 하며 한 사람씩 차례가 돌아가는 방식입니다. 교사가 알려 줬던 운동을 기억하고 제안하는 학생도 있고, 숨 쉬기나 하늘 보기처럼 손쉬운 운동을 하자고 하는 친구도 있고, 재밌는 춤 동작을 제안하는 학생도 있습니다. '팔 벌려 뛰기 백 번'처럼 자기도 할 수 없는 제안이 아니라면 대부분 제안하는 운동을 따라 합니다. 휠체어를 타는 친구가 자기가 잘할 수 있는 손목 돌리기 운동을 제안하는 모습을 보았을 때, 이런 방식을 시작하길 잘했다는 생각이 들었습니다. 혼자서 몸을 푸는 운동을 마치면 둘씩 짝을 지어서 운동을 합니다. 서로의 어깨를 꾹꾹 눌러 주며 허리 굽히기, 두 손을 잡고 온몸을 함께 옆으로 돌리기, 서로 등을 대고 몸을 뒤로 돌려서 손뼉을 마주치기와 같이 서로의 몸이 닿는 운동을 일부러 챙겨서 합니다.

[텃밭 관찰] 오늘 텃밭의 모습이 어떠니? 지난주하고 어떻게 달라졌니?

꿈뜰을 시작한 초기에는 "오늘 텃밭의 모습이 어떠니?" 하는 질문들은 하지 않았습니다. "오늘은 무슨 무슨 일을 할 건데, 이렇게 저렇게 하는 거야"라고 알려 주고 지시하는 방식이었습니다. 특수교육 대

상 학생을 위한 직업교육과정으로 농사를 시작한 것이기에, 처음엔 어떻게 하면 농사 기술을 잘 가르칠 수 있을까에 집중했습니다. 하지만 얼마 지나지 않아 함께 농사를 짓는다는 것은 단순하게 직업 기술을 전수하는 것 이상의 의미를 가진다는 것을 알게 되었습니다. 우리의 몸과 마음과 관계를 좀 더 건강하게 성장시킬 수 있는 좋은 기회가 농사를 짓는 과정 안에 들어 있었습니다. 오히려 직능 기술 익히기에 수업을 국한시키지 말아야겠다고 생각이 바뀌었습니다. 지시 따르기를 잘하는 숙련된 농업 노동자를 길러 내는 것이 우리의 목표가 아니었음을 깨달았습니다. 수동적인 일꾼이 아니라, 무엇을 어떻게 하면 좋을지 생각하고, 무엇을 어떻게 하고 싶은지 말할 수 있는 농부로 자라기를 바랍니다. 발달 장애 청소년에게도 자신의 일머리를 키우고, 솔직하게 욕구를 드러낼 수 있는 기회가 주어져야 합니다. 자세한 지시와 안내가 때로 질문할 수 있는 기회를 빼앗고, 자발적인 움직임을 가로막는 것은 아닐까 조심스럽습니다.

어떤 책도 어떤 의사도 본인의 섬세한 사색과 신중한 관찰을 대신하지 못한다. 기존 공식으로 채워진 책이 오히려 우리의 시야를 가리고 생각을 더디게 만든다. 다른 사람의 경험과 연구, 의견에 따라 사는 데 급급한 우리는 자신감을 잃고 사물을 스스로 관찰하는 능력마저 잃어버렸다. 부모들은 책 속에서 답을 찾을 것이 아니라 자기 안에서 찾아야 한다.*

---

* Janusz Korczak(2007), *Loving Every Child: Wisdom for Parents*, New York: Workman Publishing, p.1. [요한 크리스토프 아놀드, 원마루 옮김(2014), 《아이들의 이름은 오늘입니다》, 포이에마, 190쪽]에서 재인용.

꿈뜰에선 한 사람이 하나씩 자기 텃밭을 가지고 있습니다. 텃밭 관찰 시간에는 순서대로 한 사람 한 사람의 텃밭을 여럿이 함께 살펴보면서 둘러보기도 하고, 각자가 주어진 질문을 가지고 자기 텃밭을 살펴보기도 합니다. 교사는 오늘의 텃밭에서 주의 깊게 들여다보기 바라는 것을 미리 살펴두었다가 질문을 건넵니다.

"오늘 홍성에 첫서리가 내렸어. 서리를 맞으면 식물들은 어떻게 될까? 자기 밭에 있는 바질, 토마토, 한련화, 상추, 마리골드, 배추, 가지, 금잔화, 목화가 서리를 맞고 나서 어떻게 달라졌는지 살펴보자. 그리고 오늘은 한 사람이 하나씩 작물을 맡아서 그림도 그려 보자. 무엇을 그릴지 선택하렴."

"선생님, 근데 저는 그림을 잘 못 그리겠어요!"

"잘 그리지 못해도 괜찮아. 우리는 그림을 그리면서 식물을 자세하게 오랫동안 들여다보려고 하는 거니까."

기온이 내려가면서 점점 사그라지는 식물들을 관찰하려고 합니다. 서리를 맞으면 식물의 모습이 어떻게 변하는지, 어떤 식물들이 추위에 약한지, 가장 오랫동안 싱싱하게 살아 있는 식물은 무엇인지 앞으로 3주 동안 살펴보려고 합니다. 그림을 잘 그리면 좋겠지만, 관찰 그림의 목적은 출품도 칭찬도 아닙니다. 오랫동안 자세하게 들여다보는 것이 목적입니다. 학생들은 대충 살펴보고 실재와 다른 머릿속의 그림, 고정관념으로 익숙한 그림을 그리기도 합니다. 고정관념과 실재가 어떻게 다른지 짚어 주고, 다시 실재의 모습을 정확하게 인식하도록 기회를 주는 것이 관찰 그림의 두 번째 목적입니다.

이날처럼 관찰 그림을 먼저 그리는 날도 있지만 그날에 어떤 텃밭 일을 할 것인지 살피기 위해 텃밭 관찰을 하는 경우가 대부분입니다.

[텃밭 일 하기] 오늘은 텃밭에서 무슨 일을 해야 할까?

"토마토가 자라서 옆으로 쓰러지려고 하네. 오늘은 무슨 일을 하면 좋을까?"

"토마토를 세워 주고 싶어요."

"그래. 그러면 지주를 세우고 끈으로 토마토를 지주에 묶어 주어야겠지?"

"어떤 도구들이 필요할까?"

"막대기요." "끈이요." "가위요."

"도구들이 어디 있는지 알고 있지? 가서 챙겨 오자."

"토마토 줄기와 잎이 시들시들하네? 오늘은 무슨 일을 하면 좋을까?"

"물을 주고 싶어요."

"그래. 물통을 가져오자. 어디 있는지 모르는 사람은 내가 알려 줄게."

서리를 맞은 식물들을 관찰하고 그림을 그린 날도 그림 그리기를 먼저 마친 친구들에게는 토마토를 따서 모으자고 이야기했습니다. 그리고 미처 다 익지 않은 토마토가 후숙이 되는지 안 되는지 살펴보자고 했습니다. 학생들은 토마토를 따 모으면서 잘 익은 것들은 알아서 씻어서 먹습니다. 아직 밭에 남아 있는 토마토는 또 어떻게 될 것인지

첫서리가 내린 날, 서리를 맞은 식물들의 모습을 관찰하고 그림으로 기록했다. 잘 그리지 못해도 상관없다. 오랫동안 자세하게 들여다보는 것이 목적이기 때문이다.

•
농사일이 미숙한 학생들에게 자세히 설명해 주고, 여러 번 시범을 보여 주기도 하지만 대신 문제를 해결해 주지 않으려고 노력한다. 실수를 통해서도 배울 수 있도록 안내해 주고 싶기 때문이다.

살펴보자고 이야기합니다. 가끔 알려 준 대로 하지 않거나, 실패가 예상되는 시도를 할 때도 있지만, 치명적인 것이 아니라면 왜 그렇게 했는지를 물어보고, 사진이든 그림이든 일지로든 이유를 기록으로 남기게 하고, 나중에 어떻게 되었는지 살펴보자고 이야기합니다. 자신의 선택이나 의도를 인정해 주고 싶고, 실수를 통해서도 배울 수 있도록 안내를 해 주고 싶습니다.

"일하다가 선생님의 도움이 필요하면 이야기하렴."

농사일이 미숙한 학생들에게 자세히 설명해 주고, 여러 번 시범을 보여 주기도 하지만 대신 문제를 해결해 주지 않으려고 노력합니다. 대신 일해 주고 싶을 때가 많아서 그러지 않으려고 일부러 노력을 해야 합니다. 학기 초라면 새로 만난 선생님들과 학생의 일을 대신해 주지 말지고 미리 합의가 필요한 부분이기도 합니다. 못 하는 것이 아니라 안 하는 것이라면, 할 줄 아는데 귀찮아서 미루는 것이라면 학교로 돌아가는 시간을 아예 늦춰서라도 자기 일을 마무리하도록 권합니다.

[텃밭 일지 쓰기] 오늘 어떤 일들을 했는지 순서대로 적어 보자

그날 텃밭에서 자기가 한 일들을 적어 보자고 합니다. 일의 내용을 순서대로 적어 보고(서사), 일의 모양을 자세하게 설명하는(묘사) 방식으로 일지를 적습니다. 자신의 말로 서사와 묘사를 해내는 연습이야말로 의사소통 능력을 키우고, 일머리를 키워 가는 과정이라고 생각합니다. 가장 기억에 남는 것이 무엇인지 말해 보자고 합니다. 어떤

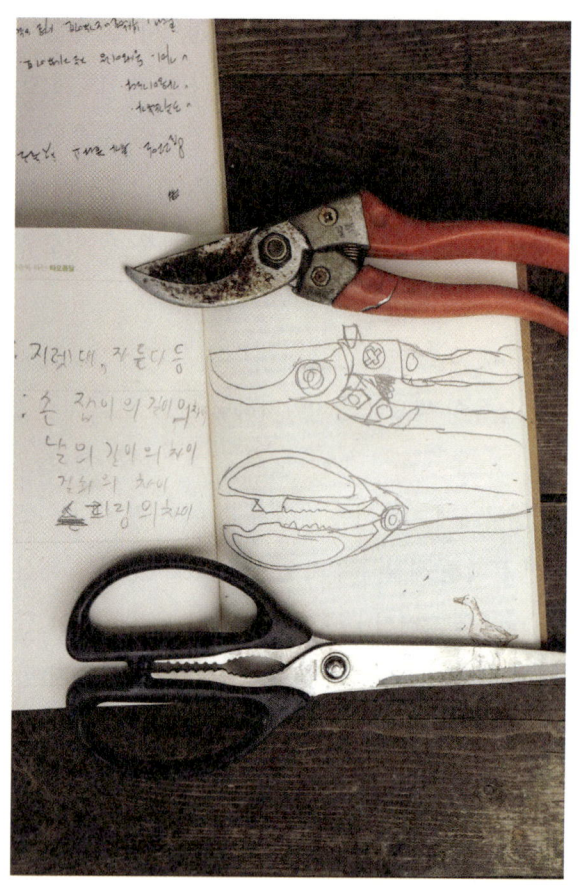

　•
자세하게 살펴볼수록 보다 정확하게 그려 낼 수 있다. 전정가위와 일반 가위를 함께 그리면서 둘의 비슷함과 다름에 대해 이야기 나누었다.

느낌이 들었는지 물어보기도 합니다. 발달 장애 청소년들이 텃밭에서 다양한 일을 많이 체험해 보는 것도 필요한 일이지만, 그냥 스쳐 지나가는 많은 체험보다는 적게 체험하더라도 일지를 적으면서 자신의 체험을 내면으로 끌고 들어가는 작업과 자기 것으로 소화시키는 시간을 가지는 것이 중요하다고 생각합니다.

텃밭 일을 하기 전에 관찰 그림을 그리기도 하지만, 일을 끝내 놓고 남은 시간에 일지를 적으면서 관찰 그림을 그리기도 합니다. 자기 텃밭의 작물들이나 농기구들을 그려 보자고 합니다. 전정가위와 일반 가위를 그리면서 둘의 비슷함과 다름에 대해 이야기합니다. 비슷하지만 조금 다른 모양을 가진 식물의 잎을 그려 보자고 합니다. 그림을 그리고 나서 비슷함과 다름에 대해 말로 이야기하고 다시 같은 잎을 그려 보면 서로 다름을 좀 더 자세하게 묘사할 수 있게 됩니다. 자기가 처음 인식한 것이 실재와 어떻게 다른지 깨닫고, 자세하게 살펴볼수록 보다 정확하게 그려 낼 수 있다는 것을 발견하게 도와줍니다. 관찰 그림을 다 그리고 나면, 날짜와 장소, 대상의 이름, 그린 사람의 이름을 꼭 함께 적어 두도록 일러 줍니다. 어떤 느낌이나 발견을 함께 적어 둘 수 있다면 더 좋습니다.

[정리] 오늘 그린 그림을 보여 줄래?

함께 있었던 시간이지만 서로 다른 각자의 기억과 기록을 서로에게 공유하는 시간입니다. 잘했다, 잘 그렸다라는 말보다 누구누구는 무엇을 자세하게 살펴보았구나, 누구누구는 무엇이 기억에 남았구나 라고 관찰의 말로 기억과 기록을 반영해 줍니다. 도구를 제자리에 가

- 텃밭 활동을 정리하면서 서로의 기억과 기록을 공유한다. 함께 있었던 시간이지만 또 각자의 시간이기도 했다.

져다 놓고, 누가 인사하자고 말할지 정해서 마무리 인사를 서로에게 전하고 헤어집니다.

기록을 남긴다는 것

한 해 동안 꾸준히 텃밭 일지를 작성했다면 그것으로 하나의 훌륭한 작품이 완성됩니다. 자신의 수고와 이야기가 스며 있는 기록들이 쌓이면 성취감을 크게 맛볼 수 있습니다. 꿈뜰에서는 한 해를 마감하는 시기에, 지난 활동을 기록한 1년치 사진을 돌아봅니다. 그리고는 자신이 남긴 기록을 뒤적이며 가장 기억에 남는 것들에 대해 이야기하자고 합니다. 스스로 남긴 기록들 덕분에 "좋아요/싫어요/몰라요"라는 대답에 머물지 않고, 보다 구체적인 기억들을 떠올려서 말하는 모습을 봅니다.

자연 관찰 일기를 쓰면 체험할 때의 기쁨을 더욱 강렬하게 느낄 수 있다. 그리고 이것은 먼 훗날 자신의 삶에서 흡족했던 순간들을 회상하고 다시 연결할 수 있는 '추억의 기념품'이 된다.*

농사 활동이 장애가 있는 청소년들에게 어떤 긍정적인 변화를 가져왔느냐는 질문을 종종 받습니다. 사람의 성장을 어떻게 이야기할

* 클레어 워커 레슬리·찰스 E. 로스, 박현주 옮김(2008), 《자연 관찰 일기》, 검둥소, 31쪽.

● 농사 활동이 장애가 있는 청소년들에게 어떤 긍정적인 변화를 가져왔느냐는 질문을 종종 받는다. 변화는 낱장이 아니라 일련의 기록에서 보다 쉽게 발견된다. 자연 관찰 일기를 쓰는 이유이기도 하다.

●● 학교를 졸업하면서 꿈뜰과 헤어지는 친구들에게 사진 앨범을 한 권씩 선물한다. 가까이 두었다가 언제든지 쉽게 지난 시간을 꺼내 볼 수 있기를…….

수 있을까요? 어떤 수치를 들어 말할 수 있다면 의미가 있을까요? 오히려 기억에 의존해서 한두 가지 에피소드를 자세하게 이야기하는 것이 좀 더 수긍할 만할 것입니다. 만약에 그 이야기를 증명할 수 있는 기록이 있다면 더 의미가 깊어지겠지요. 변화는 낱장이 아니라 일련의 기록에서 보다 쉽게 발견됩니다. 교사는 물론이고 만약에 행위의 당사자이자 기록자인 스스로가 자신의 변화를 알아차릴 수 있다면 그것이야말로 가장 의미가 깊은 일이 아닐까요?

기록을 남기는 일은 구슬 서 말을 쌓아 놓는 일입니다. 구슬이 서 말이어도 꿰어야 보배라지만, 정작 꿸 만한 구슬이 몇 개 없다면 무슨 소용이 있을까요. 농사를 지으며 좋은 기억과 기록들을 남기는 일, 그중에서도 좋은 기록을 추려 내는 일은 좋은 구슬을 만들고 가려 내는 일과 다름없습니다. 학교를 졸업하면서 꿈뜰과 헤어지는 친구들에게 사진 앨범을 한 권씩 선물합니다. 짧게는 2~3년, 길게는 7~8년 동안의 기록들 중에 좋은 기억들을 되새겨 줄 만한 기록들을 추려서 되돌려 주는 것이지요. 가까이 두었다가 언제든지 쉽게 지난 시간을 꺼내 볼 수 있게 도와주고 싶어서 그렇게 합니다.

장애와 농업을 잇다

꿈이자라는뜰은 '우리 아이들도 농사를 짓고 살면 좋겠다'는 단순하지만 오래 묵은 바람에서 시작했습니다. 도시나 농촌이나 발달 장애인이 일을 하며 사는 것은 정말이지 쉬운 일이 아닙니다. 2009년 홍동초등학교, 홍동중학교에서 특수 교사로 근무하시던 선생님 두 분은, 가까운 마을에 살고 있는 당신의 제자들이 대부분 백수로 지내는 것이 몹시 마음에 걸리셨답니다. 바리스타 일도 좋고, 공장 일도 좋지만 우리가 사는 농촌엔 그런 일자리가 워낙 드물었습니다. 그래서 지금 여기 우리 마을에서, 농사짓는 법을 배우기 시작하는 것이 보다 현실적인 진로 준비라고 생각하셨지요.

선생님들은 장애 학생들을 돌보고 가르치는 일에 오랜 연륜을 가지고 계셨지만, 농사까지 함께 짓는 것은 무리였습니다. 게다가 학교 안에서 농사를 지으면, 시작은 편하지만 언젠가 전근도 가셔야 하고, 학교장이 바뀌거나 지원 사업이 중단돼 예산이 끊기면 갑자기 모든 일이 도루묵이 될지도 모를 일이었습니다. 그래서 고민 끝에 학교 밖에 농장을 마련하고 마을 주민 교사와 함께 꿈이자라는뜰을 시작하기로 한 것입니다. 저는 바로 그때부터 합류해서 특수 교사와 마을 교사 사이에서 다리 역할도 하고, 농장 살림도 꾸리고, 아이들과 농사짓는 일도 시작하게 되었습니다.

농사는 자연과 연결되어 생명을 돌보고 도구를 다루는 일이지요. 끊임없이 눈, 귀, 코, 입, 살갗 오감으로 느끼고, 머리로 생각해서 일해야 합니다. 손, 발, 몸을 때로는 힘 있게, 때로는 정교하게 움직여서 일해야 합니다. 스스로 알아서 일하거나, 지시를 따르거나, 여럿이 어울려 대화하며 일할 수 있어야 합니다. 때문에 잘해야 하는 일, 돈 버는 일로 생각하면 장애와 농사는 도무지 연결이 되지 않습니다. 농사는 가뜩이나 수익성이 낮은데다 장애가 있다면 더더욱 생산성을 기대하기 어려우니까요. 하지만 농사를 배움과 자극의 과정으로 생각하면 농사만큼 다양한 배움과 풍성한 자극이 또 없습니다.

꿈이자라는뜰도 처음에는 농사 기술을 익히는 직업교육과정으로 시작했습니다. 하지만 함께 농사를 짓는 일이 건강한 사람으로 성장하는 데 매우 유익한 전인적인 교육과정이라는 것을 깨닫는 데는 그리 오랜 시간이 걸리지 않았습니다. 설령 나중에 농사를 직업으로 가지지 않는다 할지라도 함께 농사를 지었던 시간들은 또 다른 어떤 직업을 가지기 위해서 필요한 다양한 삶의 기술을 익히는 데 더없이 훌륭한 과정임을 알게 되었습니다. 다만 조금 느리고, 오래 걸릴 뿐이지요.

농사와 목공, 풍물을 가르치는 마을 주민 교사들도 처음엔 발달 장애 청소년을 마주하는 일이 어려웠습니다. 그저 자기 일에 충실하고 아이들에게 호의적인 사람들이었을 뿐, 특수교육에 대해서는 잘 알지 못했으니까요. 하지만 긴 시간이 흐르면서 우리는 서로에게 조금씩 익숙해졌고 그게 가장 큰 힘이 되었습니다. 농사 기술과 지식을 익히는 일이 중요하긴 하지만, 서로가 연결되는 것이 먼저였습니다.

편안한 관계와 익숙한 공간에서 우리 아이들은 머리가 아닌 몸으로 농사를 익혔습니다. 어떻게 하면 배움이 깊어질지 고민하는 사이에 기록 농사를 짓는 법도 알게 되었습니다. 직접 온몸으로 부딪쳐 일을 하고, 겪은 일을 글로 쓰고, 그림을 그리는 습관을 들이기 시작했지요. 한 해 동안 꾸준히 적은 텃밭 일지는 학교 축제 전시에 당당히 선보여졌고, 우리들에겐 큰 자랑이 되었습니다.

꿈이자라는뜰의 꿈

꿈이자라는뜰이 하고 싶은 일은 세 가지입니다. 첫 번째 일은, 안정적인 배움터를 만드는 일입니다. 첫해부터 지금까지 계속해 오고 있는 일이고요, 작지만 안전하고 생태적인 농장을 가꾼 지도 벌써 10년이 되었습니다. 교육과정도 해마다 조금씩 다듬어서 다양한 배움과 풍성한 추억을 쌓을 수 있는 과정을 만들어 가고 있습니다. 아이들도 성장하지만 교사들도 함께 성장하는 모습이 보입니다. 무엇보다 특수교사와 마을 주민 교사 사이에 단단한 신뢰가 쌓여 가는 것이 우리의 가장 큰 자랑이라고 생각합니다.

두 번째 일은, 학교를 마친 아이들이 마을에 정착하도록 돕는 일입니다. 우리는 아이들이 마을이라는 든든한 울타리 안에서 배우고, 익히고, 관계 맺고, 자기 자리를 찾아, 제 몫의 일을 하며, 이웃과 더불어 살아가기를 간절히 바랍니다. 그래서 수업 중에도 할 수만 있다면 마을로 자주 나갔습니다. 일부러 들길과 마을 길을 걸으며 인사를 하고, 누에 농가와 딸기 농가를 찾아 견학을 다녔습니다. 고등부 과정에, 마을 일터로 나가 일주일 동안 견습 시간을 가질 수 있는 기회를 만들기도 했습니다.

세 번째 일은, 꿈이자라는뜰 농장을 일터로 만드는 일입니다. 학교는 마쳤지만 아직 마을 일터와 연결되지 못했을 때 또는 하던 일을 그만두게 되었을 때, 되돌아와 함께 일할 수 있는 기회와 공간을 만들고 싶었습니다. 2015년에 처음으로 고용한 장애인 일꾼은 여전히 농장에서 함께 일하고 있습니다. 다른 직장에서는 한 달을 버티는 것이 어려왔다는 친구가 꿈뜰 농장에서는 한 해 농사를 시작하고 마치는 시기까지 꾸준히 함께하였습니다. 물론 도중에 일을 그만두고 싶어 할 때도 있었고, 예상 밖의 어려움도 있었지만 동료들과 함께 잘 견뎌 냈습니다. 그 후로 한 명 한 명씩 고용을 늘려서 최근엔 세 명의 장애인 일꾼이 네 명의 비장애인 일꾼과 함께 일하고 있습니다. 앞으로도 인원과 일하는 시간과 급여를 조금씩이라도 늘릴 수 있기를 바랍니다.

누군가의 표현처럼 아이들은 손톱처럼 자라납니다. 그저 나이가 들어 성장한 것이었는지, 아니면 함께 농사를 지어 와서였는지 딱 꼬집어 말하긴 어렵지만 우리 아이들은 분명 조금씩 더 건강하게 자라고 있었습니다.

초·중·고 12년 동안 우리 아이들, 장애를 가진 우리 아이들은 무엇을 배우고 익혀야 할까요? 조금씩이라도 앞으로 나아가는 힘을 어떻게 하면 쌓을 수 있을까요? 힘겨운 시간이 왔을 때, 무너지지 않고 버티는 힘을 어떻게 채워 둘 수 있을까요? 학교를 졸업한 아이들은 마을에서 무슨 일을 하며, 또 어떻게 함께 살아갈 수 있을까요? 재미와 여유를 잃지 않으면서 계속 농사를 짓고 살려면 어떻게 해야 할까요? 과연 얼마만큼 일하고, 얼마만큼 벌어야 적당한 것일까요? 해마다 조금씩 쌓이는 질문들은 어느새 숲을 이루었습니다. 질문의 숲이 울창해질수록 막막하고 답답할 때가 많습니다. 하지만 때가 되면 알아서 툭툭 떨어지는 열매들, 다시 꼬리를 물고 새로 싹트는 다음 질문들을 마주하는 기쁨이 이 일을 계속하는 데 큰 힘이 됩니다. 꿈이자라는 뜰을 함께 가꾸는 동료들 덕분에, 조용히 받쳐 주고 응원해 주는 이웃들 덕분에 올해는 또 어떤 일들을 겪게 될지 내심 기대가 됩니다.

환상의 나라, 텃밭랜드
이제는 주차장이 된 우리들의 텃밭을 추억하며

권이근 basiry@hanmail.net
충남 초등 교사

요셉의 일기

2015년 3월 27일 금요일

　대박, 대박! 우리 반 완전 최고다. 전교에서 우리 반만 텃밭 프로젝트를 한다는 거다. 권쌤이 실과 시간에 동영상 하나를 보여 주셨다. 외국의 도시에 사는 할아버지가 집 마당에 깔린 콘크리트를 다 걷어 내고 텃밭을 가꾸는 게 나왔다. 도시에서 농사짓는다 해서 그걸 '도시 농업'이라고 부르고, 그 할아버지를 '도시 농부'라고 부른다고 했다. 도시 농부 할아버지는 집에서 기른 걸로 모든 음식을 해 먹었다. 식물만 키우는 게 아니고, 닭도 키우고, 산양도 키운다. 밭에서 방금 딴 딸기로 딸기 주스를 만들어 먹는 게 나왔는데, 진짜 먹고 싶었다. 그리고 자기가 먹고도 남는 게 많아서 주변에 있는 레스토랑에 음식 재료를 팔아서 돈을 벌었다. 그런데 이 도시 농부 할아버지가 하고 있는 일들을 우리 반도 할 거라고 권쌤이 말씀하셨다.

　"선생님, 진짜 닭도 키울 거예요?"

　"당연하지. 아까 보여 줬잖아. 외국에서는 닭장을 사람 사는 집보다 더 예쁘게 짓는걸."

　"그런데 우리 학교에는 밭이 없잖아요!"

　"아, 요셉이가 아직 잘 모르는구나. 우리 학교 건물 앞에 보면 화단이 있잖아. 거기에 심겨 있는 향나무하고 철쭉을 다른 곳에다 옮겨 심었어. 그곳에 밭을 만들 거야. 우리 반 친구들 몇 명이 지난주에 나와 함께 나무를 옮겨 심었어. 저 도시 농부 할아버지가 집 마당에 깔린 콘크리트를 다 들어내고 밭을 만든 것처럼 말이야."

"맞아, 나하고 만득이, 주노가 도와드렸지. 우리가 텃사야!"

우리 반에서 가장 키가 작은 양신이 외쳤다.

"선생님, 텃사가 뭐예요?"

"텃사는 텃밭을 사랑하는 사람들이란 뜻이야. 우리가 지은 거야."

또 양신이 말했다. 저 녀석이 텃밭 일을 한다니, 나도 하고 싶어졌다.

"선생님, 저도 텃사 할래요!"

"하하, 텃사가 될 필요는 없어요. 우리 반 모두가 함께 텃밭도 가꾸고, 닭도 키우고 할 겁니다."

"그래도 텃사 할래요!"

나뿐만 아니라 여러 명이 텃사를 하겠다고 소리쳤다.

"아이고, 그건 나도 모르겠어. 텃사는 내가 만든 게 아니니까. 텃사 대표가 누구지? 맞다 정주노한테 물어봐."

수업이 끝나고 애들이 우르르 정주노한테 몰려갔다. 주노가 텃사 아이들이랑 이야기하더니 오늘 오후에 텃사 2기를 뽑는다고 했다. 수업 끝나고 테스트를 할 거니까 남으라고 했다. 아, 그런데 나는 태권도 학원을 가야만 해서 할 수가 없다. 너무 슬프다.

양신의 일기

2015년 3월 27일 금요일

　오늘 수업 시간에 텃사 이야기가 나왔다. 남자아이들 여러 명이 서로 텃사를 하겠다고 난리가 났다. 선생님은 너희들이 진짜 텃사니까 텃사 2기를 뽑아 보는 게 어떠냐고 말씀하셨다. 그래서 수업이 다 끝나고 텃사 2기를 뽑기 위한 테스트를 하기로 했다. 그냥 텃사로 받아들이면 얼렁뚱땅 대충 할 거 같아서다. 우리는 고민 끝에 기막힌 3단계 테스트를 생각해 냈다.

　　1단계 : 물뿌리개에 물을 담고, 물을 흘리지 않게 밭으로 가져가 물 주기
　　2단계 : 텃밭에서 나오는 지렁이 징그러워하지 않고 만지기
　　3단계 : 텃밭을 어떻게 잘 가꿀 것인지 자신의 생각 말하기

　텃사가 되겠다고 모두 4명이 모였다. 모진수, 박만희, 양동구, 주병찬이다. 4명은 진짜 시험을 보는 것처럼 진지하게 테스트를 했다. 주노랑 문어는 웃음을 참느라 고생했다. 하지만 만득이가 허풍을 떨며 엄하게 아이들을 다그쳤다.

　"물 한 방울이라도 떨어뜨리면 바로 탈락이야. 어, 양동구 물 떨어졌다!"
　"만득아, 진짜 탈락이야?"

"음…… 딱 한 번만 넘어간다. 지금부터 물 흘리면 바로 탈락!"

"어, 어, 양동구! 수선화에 물 줄 때도 한꺼번에 쏟아 버리면 식물이 힘들어하지! 천천히 골고루 줘야지!"

"어, 알았어. 미안해."

만득이가 말하는 게 꼭 TV에 나오는 군대 조교 같았다.

"좋아, 모두들 정성껏 잘하고 있어. 1단계는 모두 통과! 이번에는 2단계 테스트! 삽으로 땅을 파서 나오는 지렁이 만지기다."

아이들이 텃사가 되고 싶은 마음이 컸나 보다. 인상을 쓰면서도 미끌미끌한 지렁이를 잘도 만졌다.

"만득아! 궁금한 게 있는데…… 지렁이는 왜 만지라는 거야?"

"지렁이가 땅을 거름지게 만드니까 지렁이는 텃사의 친구지. 그러니까 당연히 친구랑 친해야 되는 거야!"

"근데 선생님, 학교 화단에 은근히 지렁이가 많은데요?"

"그러게. 우리 학교 화단이 그만큼 땅이 좋다는 뜻이겠지. 앞으로 우리 텃밭 활동이 아주 잘될 거 같아."

"선생님, 그럼 지렁이 밭을 따로 만들어서 지렁이를 키워요!"

"이야, 멋진 생각인데! 그런데 2단계 테스트는 이제 끝난 거니?"

"오케이, 모두 통과!"

"3단계 테스트는 앞으로 텃사가 되어서 어떻게 열심히 활동을 할 것인가를 말하는 거야."

양동구 : 생명을 사랑하고 틈나는 대로 밭에 와서 돌보겠습니다.

모진수 : 저희 집 베란다에 화단이 있습니다. 그리고 블루베리, 로즈

●
1단계, 2단계, 3단계까지 '엄격한' 테스트를 거쳐 총 8명의 텃사들이 탄생했다. 2015년 학급 텃밭 프로젝트 수업의 분위기를 이끌었던 주인공들이다.

메리를 키워 봤습니다. 또 할머니네 밭에서 감자랑 고구마를 캔 적이 있습니다. 저는 잘해 낼 수 있습니다. 저를 뽑아 주십시오.

주병찬 : 텃밭 앞에서 춤을 추겠습니다. 그리고 식물이 다치지 않도록 잘 가꾸고, 만약 다치면 식물한테 사과를 하겠습니다.

박만희 : 삽으로 땅을 파다가 벌레가 나오면 다시 묻어 주겠습니다. 그리고 식물들에게 좋은 말을 해 주겠습니다.

아이들은 시험 보는 것처럼 떨었다. 특히 양동구 목소리가 떨렸다.
"자, 이제 눈을 감고 있어. 우리가 뒤에서 어깨에 손을 대는 사람만 합격인 거야! 빨리 눈 감아!"

우리들은 이미 약속을 했다. 잔뜩 긴장하게 만들었다가 모두 합격시키기로 말이다.

"자, 이제 눈 떠!"
"우와 합격이다!"
"에이, 이게 뭐야! 다 합격이잖아!"

동구, 만희, 진수, 병찬이가 동시에 환호를 질렀다가 모두 합격인 걸 알고 피식 웃었다. 이렇게 해서 텃사는 모두 8명! 선생님이 기념사진도 찍어 주셨다.

승기의 일기

2015년 3월 31일 화요일

　우리 반은 이상야릇하다. 다른 반은 하지 않는 프로젝트 활동을 많이 한다. 대박은 텃밭 프로젝트를 하는 거다. 우리가 직접 기르고 가꾼 것들로 맛있는 요리를 해 먹는다. 야호! 난 TV 요리 방송에 나오는 것처럼 나만의 스타일로, 맛있고 우아하게 만들어 먹을 자신이 있다. 이 프로젝트의 이름도 어제 정했다. 여러 가지 의견이 나왔는데, 강요셉이 쓴 '환상의 나라 텃밭랜드'가 영광스런 대상으로 뽑혔다. 에버랜드보다 더 신나고 재밌는 일들로 가득할 거 같은 설레는 예감.

　오늘이 바로 그 텃밭 활동을 본격적으로 시작하는, 감자 심는 날이다. 그런데 우리는 텃밭에 감자를 심는 게 아니고, 실험을 한다. 실과 시간에 쓰레기 재활용 방법에 대해 배웠는데, 우리가 감자를 심을 곳은 바로 이런 재활용 쓰레기다. 작년까지 쓰다 모퉁이가 깨진 쓰레기통, 비닐로 된 거름 포대, 쌀 포대, 수납용 플라스틱 상자, 우산꽂이 통에다가 흙을 채워 넣고 거기다 감자를 심는다. 나는 집에서 내 동생 장난감을 수납할 때 쓰던 플라스틱 상자를 가져왔다.

　어제 선생님이 실과 시간에 외국에서 감자를 심는 다양한 방법들을 보여 주셨다. 서양에서는 이걸 그로우백Grow Bag이라고 부른다고 했다. 그로우가 '자란다'는 뜻이고, 백은 '가방'이라는 뜻. 한마디로 '성장 주머니'. 크크, 내가 생각해도 나는 말을 잘 지어 낸다. 우리 반은 이걸 '감자 주머니 텃밭'이라고 부르기로 했다.

• 버려지는 쓰레기를 재활용해서 다양한 그로우백Grow Bag을 만들어 감자를 심었다. 정말 감자가 자랄까 미심쩍어하던 아이들은 감자 싹이 트자 환호했다.

"우선 플라스틱으로 된 통은 드릴로 바닥에 구멍을 뚫고, 포대는 칼로 바닥을 여러 군데 찢으세요."

"그럼 물이 다 빠져 버리잖아요."

"맞아요. 물이 빠져 나가라고 하는 겁니다. 그걸 배수라고 하는데, 만약에 물이 빠져 나가지 않고 고이면 감자 뿌리가 썩을 수도 있고, 흙 상태가 나빠질 수도 있어요."

"우와, 뿌리가 물에 빠져 익사하는 거네요?"

"야, 임마, 무슨 익사냐?"

"아니요. 비슷해요. 모든 생명이 물을 필요로 하지만 필요한 양 이상으로 주어지면 죽어요. 이 세상에서 일어나는 일들이 다 비슷해요. 지나치면 반드시 문제가 생긴답니다. 자, 이제 모둠별로 통을 나눠 가진 다음에 흙을 채우고, 자른 씨감자를 한 뼘 이상 간격으로 심어요. 그리고 흙을 덮어 주면 끝!"

우리 모둠은 내가 가져온 수납용 플라스틱 상자에 감자를 심었다. 플라스틱 통에 흙을 채우고 감자를 심는다니. 솔직히 여기서 감자가 자랄지 의심스럽다. 뭐, 실험이라고 하니까 이해할 수는 있다. 씨감자를 심고 흙을 덮은 다음에 물뿌리개로 물을 흠뻑 뿌려 주었다.

영자의 일기

201년 3월 31일 화요일

오늘은 텃밭에 처음 감자를 심었다. 솔직히 말해서 귀찮았다. 재미도 없었다. 6학년 올라와 처음 만든 모둠끼리 심었다. 그런데 텃사들이 일을 다 하는 거 같았다. 앞으로도 쭉 텃사들이 일했으면 좋겠다. 나는 그냥 냠냠 먹기만 할 테니까.

2015년 4월 10일 금요일

오늘 아침에 교실 뒤에 나무가 엄청 쌓여 있어서 깜짝 놀랐다. 오늘 텃밭을 만든다고 했다. 이 나무로 틀을 만든다. 직사각형으로 틀을 만들어 그 안에 밭을 만든다. 그래서 '틀 두둑'이라고 그랬던 거 같다. 운동장 조회대로 나가서 이 나무에다가 디자인을 했다. 우리가 심을 식물이나 요리 활동을 표현했다. 나무에다 그림 그리는 건 처음이다. 유성 매직으로 그리니까 선명하게 잘 그려졌다. 우리 모둠은 당근, 옥수수를 심어 오므라이스를 해 먹기로 했다. 나무에 크게 썼다. '캐찹 넣으면 오므라이스.'

2015년 4월 23일 목요일

규철이가 우리 모둠 텃밭 주머니에 감자 싹이 올라왔다고 했다. 진짜 싹이 났다. 우리 모둠은 쓰레기통에 심었다. 그래서 사실 기분이 별로였다. 저 길쭉한 쓰레기통에 씨감자 2개를 심었다. 진한 초록빛 잎이 5장 넘게 올라왔다. 대박 신기했다.

오늘은 박형일 선생님이 가져온 씨앗과 모종을 심는 날이다. 우리 모둠은 당근과 옥수수를 심었다. 옥수수 씨앗은 우리가 먹는 옥수수 낱알 그대로여서 신기했다. 이걸 심으면 옥수수가 될까? 믿기 힘들다. 당근은 더 신기했다. 주황색 코딱지 같았다. 다른 모둠은 땅콩도 심

• 틀 두둑을 만들 나무에 직접 디자인을 하고, 화단으로 옮겨서 피스로 고정했다. 마지막 사진은 몇 달 후 작물들이 풍성하게 자란 '케찹 넣으면 오므라이스' 팀의 틀 두둑이다.

었는데 씨앗이 먹는 땅콩이었다. 오늘은 신기한 것들이 넘쳐나는 하루다.

2015년 5월 8일 금요일

오늘은 회의를 했다. '닭을 위한 회의'였다. 닭 먹이 가져오기, 닭 물 주기, 달걀 꺼내기, 닭장 청소를 누가 언제 어떤 순서로 할 건가. 음…… 난, 뭐 하지? 나는 닭 먹이를 가져올까? 근데 닭이 뭘 먹지?

"선생님, 닭은 무얼 먹어요?"

"선생님이 닭장 들어오는 날에 다 알려 줬잖아!"

"야, 닭은 잡식성이라 사람 먹는 건 다 먹어~."

모진수가 또 잘난 척을 시작했다.

"그러면 집에서 뭘 가져오면 되는 거죠?"

"쌀이나 채소 다듬고 버리는 것들, 냉장고에서 썩어 가는 오래된 채소들, 먹다 남은 빵 같은 걸 가져오면 돼요."

"쌀도 먹어요? 그럼 쌀을 한 주먹 덜어 오면 돼요?"

"하하, 두 주먹을 덜어 와도 좋아요."

너무 오래 회의를 했다. 집중하기 어려웠다. 어쨌든 우리 반 절반 정도는 닭장에서 똥 냄새가 난다고 해서 닭장 관리를 싫어했다. 나도 닭 똥 냄새가 너무 싫다. 그런데 텃사 아이들 중에 만득이가 제일 신난 거 같았다. 만득이네 집은 계란 집이라고 했다. 집에서도 닭을 키운단다. 자식, 치킨을 매일 먹을 수 있겠다.

만득이의 일기

2015년 4월 19일 일요일

오늘은 일요일이지만 학교에 나왔다. 텃사들이 모두 뭉쳤다. 오늘 권쌤이랑 우리 학교에 닭장을 옮긴다. 그리고 닭장 주변에 놓을 상자 텃밭도 옮긴다. 또 지난주에 빙글빙글 벽돌을 쌓아 만든 곳에 흙을 채워 화단을 완성한다. 이건 '달팽이 정원'이라고 부르기로 했다.

친구들이랑 축구를 하고 있는데 권쌤이 학교에 도착하셨다. 트럭을 타고 오셨다. 가 보니 짐칸에 으리으리한 닭장이 실려 있었다.

"우와, 권쌤! 이거 생각했던 것보다 훨씬 큰데요?"

"닭 5마리를 키울 건데, 이 정도는 돼야지! 자, 옮기자!"

오늘 일은 지난번에 틀 두둑을 만든 것보다는 쉬웠다. 틀 두둑을 만들 때는 거름 포대도 옮겨 뿌려 주고, 딱딱한 땅을 갈아엎어서 거름이랑 쉬어 주는데 진짜 힘들있다. 삽질이 장난이 아니있다. 그런데 오늘은 무거운 걸 옮기는 게 전부였다. 나는 무거운 걸 드는 건 자신이 있다. 매일 집에서 무거운 달걀을 나른다.

"야, 이놈들아, 너희들 텃사 맞아? 이거 좀 나르고 힘들다고 다 도망가냐?"

"권쌤, 괜찮아요. 저한테 다 시키세요. 저 진짜 힘세요!"

"아냐, 너도 힘든데 가서 쉬어. 쉬엄쉬엄 해야지."

"아니에요! 전 안 쉬어도 돼요! 저 이런 일 진짜 좋아해요. 전 공부하는 것보다 일을 더 좋아하거든요."

한참 상자 텃밭을 옮기고 있는데, 강요셉이 나타났다. 요셉이가 일하고 싶다고 해서 권쌤이 불렀다고 했다.

"요셉아, 같이 하자!"

"히히, 그래 만득아 같이 하자!"

"권쌤, 그런데 이거 플라스틱 상자에 흙은 왜 담은 거예요?"

"그렇지, 이건 플라스틱 과일 상자야. 우리가 학교 화단에 텃밭을 만드는데 땅이 모자라서 여기다 흙을 담아 식물을 심을 거야."

"이야, 그럼 이건 막 들고 다니면서 여기저기 옮길 수 있겠네요."

"맞아! 어디든 옮길 수 있어 좋지! 이걸 텃밭 상자라고 불러."

"얼~ 강요셉~ 일 좀 하는데~."

"선생님, 저를 보세요. 이렇게 키가 짤막하고 배가 통통하게 나온 사람이 일을 잘해요. 만득이를 보세요. 저랑 똑같잖아요!"

"하하하!"

경선이의 일기

2015년 5월 14일 목요일

오늘 텃밭 활동으로 틀 두둑에 한련화랑 마리골드를 심었다. 작물만 심었던 황량한 틀 두둑이 순간 환해졌다. 사람들이 왜 꽃을 좋아하는지 이제 알겠다.

틀 두둑에 꽃을 심은 다음에 달팽이 정원에는 허브를 심었다. 애플민트, 초코민트, 타임, 레몬버베나, 딜, 스테비아, 라벤더. 허브 종류가 이렇게 많은지 처음 알았다. 그중에 설탕처럼 단맛이 나는 허브가 있

● 달팽이 모양으로 만들어 본 이랑.
●● 틀 두둑과 달팽이 이랑이 조화를 이룬 텃밭.

었다. 스테비아라고 했다.

"경선아, 이건 허브의 여왕 라벤더야. 네가 한번 심어 볼래?"
"어, 어떻게 심는 건데요?"
"상추 모종 심는 거랑 똑같아. 먼저 구덩이를 파고, 구덩이에 물을 채워 주고, 물이 빠지면 라벤더를 심고 흙을 덮으면 끝!"
"네, 해 볼게요. 근데 흙이 너무 질척거려서 싫은데……."
"경선아, 흙은 더러운 게……."
"악! 씨X. 극혐 극혐!"

으……. 질척이는 흙이 내 손에 닿는 느낌이 너무 싫었다. 순간 입에서 나도 모르게 그만 욕이 튀어나오고 말았다. 그 순간 선생님 표정이 너무 안 좋았다. 휴, 다행히 선생님이 화를 내지 않고 흙은 더러운 게 아니라는 말씀만 하고 가셨다. 식물을 키우는 흙이 소중하다는 건 알겠다. 하지만 질척거리는 느낌은, 으…….

2015년 6월 5일 금요일

우리 반 만희네 집은 '두배마니'라는 가게를 한다. 다른 고깃집이랑 비슷한 가격인데 고기를 두 배 많이 준다고 이름이 '두배마니'다. 그런데 오늘 만희네 '두배마니' 가게에 우리가 키우는 닭이 낳은 달걀을 팔기로 했다. 깜짝 놀랐다. 나는 달걀을 3개밖에 못 먹었는데, 게다가 우리 오빠도 챙겨 주고 싶었는데……. 이제부턴 우리 반이 돌아가면서 먹는 게 아니라 만희네 가게에 판다고 했다. 우리 반 반장이랑 만희랑 수업 시간에 계약서까지 썼다. 근데 이 달걀을 팔아서 모은 돈으로 뭘 하지?

"애들아, 우리가 사회 시간에 경제 활동을 배웠잖아. 경제 발전을 위해 노력하는 사람들이 누가 있지?"

"노동자, 기업가, 정부요."

"그렇죠. 그런데, 돈이 많은 기업가들만 회사를 만드는 게 아니라 돈은 없지만 서로 힘을 합해 노동자들이 회사를 만들기도 해요. 그런 걸 협동조합이라고 불러요."

"우체국 앞에 있는 생협 매장도 협동조합이에요?"

"그렇죠. 바로 그겁니다. 생협은 생활협동조합의 줄임말이죠. 생협은 농축산물 생산자와 소비자가 서로 힘을 합쳐 만든 가게예요. 그래서 소비자들에게는 믿을 수 있는 먹을거리를 판매하고, 생산자에게는 생산한 물건들을 판매할 수 있는 곳을 안정적으로 만들어 주어 서로 이득을 보게 되는 겁니다."

"근데 우리가 하는 닭 키우기랑 협동조합이랑 무슨 상관이에요?"

"음…… 그럼 질문 하나! 우리는 생산자일까요? 소비자일까요?"

"분해지요!"

"하하, 영자야. 분해자는 과학 시간에 나오는 거고. 우리는 생산자입니다. 닭을 열심히 키워서 달걀을 생산하고 있잖아요."

"그럼, 만희네 아빠는 소비자가 되는 거네요?"

"네, 맞습니다. 만희 아빠는 우리에게 신선한 무항생제 달걀을 저렴한 가격에 사서 가게 손님들에게 반찬으로 내놓을 수 있는 거고, 우리는 정성을 다해 키워 얻은 달걀을 편하게 팔 수 있는 거죠. 이렇게 모두가 함께 이득을 보는 게 협동조합의 힘이랍니다."

"선생님~ 그래서 달걀 팔아서 번 돈으로 뭘 할 건데요?"

● 계란 도매업을 하는 학부모님이 오골계 세 마리를 보내 주셨다. 오골계를 위해 아이들은 직접 닭장을 만들었다. 아이들의 자존감이 하늘로 치솟았던 특별한 순간이었다.

"여러분들은 애써 번 돈으로 무얼 하고 싶으세요?"
"이제 여름인데, 아이스크림 사 먹어요!"
"계속 모아서, 나중에 졸업 파티 할 때 써요!"
"권쌤, 기부를 하는 것도 좋을 것 같아요!"
"이야, 이거 우리가 꼭 알바를 뛰는 거 같아요!"
"네, 맞아요. 알바는 아니지만, 어디까지나 경제 활동이죠. 여러분 모두의 의견을 조금씩 받아들일게요. 가끔은 아이스크림도 사 먹고, 적은 돈이지만 꾸준히 모아서 연말에 불우 이웃 돕기에 쓰도록 합시다!"
우리가 스스로 돈을 벌 수도 있다니 벌써 어른이 된 거 같다.

2015년 6월 10일 수요일

아침마다 텃밭에 나가 물을 주는 게 이제 습관이 되었다. 작년에는 아침 자습 시간에 무조건 천자문을 읽어야 했다. 아침 조회를 하는 월요일만 빼고 무조건! 정말이지 아침마다 학교를 폭파시키고 싶었다. 생각해 봐라! 20분 안에 천 개의 한자를 다 읽으려면 완전히 래퍼가 돼야 한다. 영혼 없이 천자문을 읽는 것보다 지금처럼 텃밭에 나가 물을 주고, 내 식물들에게 '잘 자라라' 하고 사랑의 메시지를 들려주는 게 진짜 아침 활동이라고 생각한다.

악! 그런데 닭장 옆 상자 텃밭에 심은 호박잎에 깨알 같은 벌레가 잔뜩 있었다. 선생님이 약을 만들어 뿌린다고 했던 게 기억났다. 미술 시간에 시화를 그릴 때 선생님이 달걀노른자하고 식용유를 섞어 우리에게 돌아가면서 저으라고 하셨다. 묘한 비린내가 났다. 이걸 약을 뿌릴 때 쓰는 큰 들통에 물이랑 같이 섞어서 넣었다. 이걸 '난황유'라고 부른다고 했다. 농약을 뿌리면 벌레만 죽는 게 아니고, 흙도 같이 죽는다고 하셨다. 난황유는 농약은 아니면서 진드기 같은 벌레를 쫓아낸다고 했다.

시화 그리기를 마치고 들통을 가방처럼 어깨에 메고 텃사 아이들이 밖으로 나갔다. 무슨 영화에 나오는 전문가처럼 보였다. 강요셉이 긴 막대기처럼 생긴 분무기로 고추, 오이, 호박, 피망 잎 전체에 골고루 뿌려 주었다. 남자아이들은 서로 해 보고 싶어 했다. 나도 해 보고 싶었는데, 하면 남자라고 놀릴 것 같아서 참았다.

유정이의 일기

2015년 6월 18일 목요일

오늘 아침에 틀 두둑에 물을 주려고 나갔는데, 팀원들이 물을 다 줘서 할 일이 없었다. 나는 혼자서 풀 몇 개를 뽑아 주고 닭장 둘레에 있는 상자 텃밭을 관찰했다. 호박잎과 줄기를 보았는데, 지주를 세워 엮어 놓은 줄을 타고 자라고 있었다. 호박잎 냄새를 맡아 보고 촉감을 느껴 보니, 집에서 호박잎 안에 밥과 쌈장을 넣어 먹었던 기억이 떠올랐다. 그리고 줄기를 만져 보니 가시같이 뾰족한 게 작게 나 있어서 따가웠다.

단호박은 벌써 꽃이 지고 호박이 매달렸다. 저걸 따 가지고 집에 가지고 가면 엄마가 흐뭇해하실 거 같다. 어제 틀 두둑에 심었던 상추를 수확해 집에 가져가니 엄마가 무지 좋아하셨다. 팀원들이랑 성격이 맞지 않아서 힘들었는데, 어제 은하가 아주 친절하게 상추 따는 법을 알려 주어 잘 수확할 수 있었다. 상추 잎 하나 따는 것에도 잘 따는 방법이 있다니 새롭고 신기했다. 상추 잎은 아래로 살짝 내려 밀면 결을 따라 툭 하고 끊어진다. 그리고 그 끊긴 자리에서 하얀 즙이 나온다. 상추는 하얀 눈물을 흘리고 나는 땀방울을 흘린다.

2015년 6월 22일 월요일

오늘은 하지다. 3월 말에 심은 감자를 캐는 날이다. 선생님이 하지 때 감자를 캔다고 해서 매일 '하지 감자, 하지 감자' 하셨다. 우리 모둠은 비료 포대에 심었다. 비료 포대를 거꾸로 뒤집으니까 흙이 포대 모양 그대로 나왔다. 감자는 보이지 않았다. 그래서 흙을 조금씩 허물어 가면서 감자를 찾아야 했다. 처음에는 역시나 했다. 이 포대에 감자가 생긴다는 게 믿기지 않았다. 그런데 갑자기 강요셉이 주먹만큼 큰 감자 2개를 발견하고는 호들갑을 떨며 비명을 질렀다. 귀청이 떨어져 나가는 줄 알았다.

많지는 않았지만 진짜 감자가 흙 속에서 나왔다. 나도 흙을 헤치며 찾았는데, 하트 모양으로 생긴 엄지 손가락만 한 감자를 발견했다. 강요셉이 달라고 무지 졸랐다. 하지만 주지 않았다. 우승기도 경매로 하트 감자의 주인을 뽑자고 난리를 쳤지만, 나는 쳐다보지도 않았다. 내일은 선생님 사모님이 오셔서 우리가 기른 허브로 요리 활동을 한다. 그래서 감자 캐기를 끝마치고 허브를 수확하러 갔다. 다행히 애들이 나의 하트 감자를 포기하고 떠나갔다. 내게 온 하트 감자…….

- 비료 포대에 심은 감자에서 진짜 감자가 나오자 아이들은 신이 나서 비명을 질렀다.

누가 보낸 걸까? 나도 모르게 행복해졌다.

주노의 일기

2015년 6월 23일 화요일

오늘은 허브 요리를 하는 날이다. 아침에 요리에 쓸 허브들을 수확했다. 신선한 재료를 바로 요리에 쓸 수 있어 좋았다. 허브를 따고 교실로 돌아오는데 권쌤이 차에서 요리 도구들을 내리고 있었다. 만득이와 나는 얼른 달려가 권쌤을 도와드렸다. 요리 도구들이 정말 많았다.

"오늘은 우리가 직접 기르고 가꾼 작물들을 가지고 요리를 하는 첫 번째 시간입니다. 오늘의 요리 주제는 '허브 요리 3종 세트'."

첫 번째로 허브 토핑 피자를 만들었다. 또띠아에 피자 소스를 바르고 파프리카, 피망, 방울토마토를 잘게 잘라 모양을 꾸미고 피자 치즈를 올린다. 그리고 프라이팬에 기름 없이 5분 동안 구운 다음 루콜라를 잘게 찢어서 토핑을 하면 요리 완성! 와, 정말 맛있었다. 피자를 이렇게 간단하게 직접 만들 수 있다니 놀라웠다. 두 번째는 허브 모히토였다. 권쌤 사모님이 미리 만들어 오신, 설탕에 절인 레몬을 컵에 담는다. 그리고 얼음과 탄산수를 조금 넣은 다음 우리가 기른 민트와 레몬버베나를 잘게 빻아서 섞어 주었다. 캬~ 사 먹는 모히토보다 훨씬 맛있었다.

마지막으로 허브 샐러드! 이건 정말 간단하다. 상추, 오이, 피망, 방

• 텃밭에서 기른 허브로 요리 3종 세트를 완성했다. 허브 피자, 허브 샐러드, 허브 모히토. 정말이지 맛이 없는 게 하나도 없었다.

울토마토, 파프리카를 잘게 잘라 섞은 다음 견과류를 조금 넣어 준 뒤에 샐러드 소스를 뿌려 주면 된다. 거기다 우리가 키운 한련화 꽃을 맨 위에 올려 꾸며 주면 끝! 꽃을 먹어 보는 건 오늘이 처음이었다. 3월부터 우리들이 농사를 지은 건 진정 오늘을 위한 거였다.

2015년 7월 2일 목요일

오늘은 우리가 심고 가꾼 감자를 요리해 먹는 날이다. 오늘도 권쌤 사모님이 오시기로 했다. 거기다 권쌤 딸, 누리도 온다. 그래서 오늘 요리 주제는 '누리야, 감자 먹자'다.

"자, 오늘 요리는?"

"누리야, 감자 먹자!"

"하하, 맞아요! 오늘도 저의 사랑하는 아내를 모시고 감자 요리를 시작하겠습니다!"

"안녕하세요. 두 번째 만나니까 이제 얼굴도 익숙해져서 좋네요. 오늘은 감자로 감자떡을 해 먹을 겁니다. 그리고 함께 마실 과일 펀치를 만들어 볼 거예요. 이것도 만들기 아주 쉬우니까, 꼭 집에서 부모님과 같이 만들어 보세요! 참, 지난번에 피자를 집에서 만들어 본 사람 있어요?"

"저요! 엄마 아빠가 진짜 좋아했어요."

"저는 주말에 집에서 친구를 초대해서 만들어 먹었어요."

"그래요. 몸에 안 좋은 패스트푸드를 사 먹는 것보다 직접 간단하게 건강한 음식을 만들어 먹는 게 참 좋지요."

먼저 감자를 찜통에 넣고 삶는 동안 바나나, 키위, 사과, 딸기를 작게 잘랐다. 과일 펀치를 만들기 위해서다. 권쌤이 준비해 오신 큰 통에 레몬청을 섞어 넣고 우리가 자른 과일을 넣었다. 그리고 생수와 얼음을 넣어 저어 주면 과일 펀치 완성! 진짜 간단하다.

어느새 감자가 다 익었다. 감자 껍질을 까서 요리할 때 쓰는 볼에 넣고 으깼다. 그리고 전분 가루와 소금을 조금 넣고 반죽을 했다. 반죽한 뒤에 떡 모양으로 빚어 프라이팬에 버터를 두르고 구워 먹었다. 감자떡 사이에 피자 치즈를 넣어 만들기도 했다. 감자떡을 꿀에 찍어 먹는 맛을 어떻게 말로 표현할까.

"선생님, 신기해요. 맛이 없는 게 하나도 없어요!"

엄영자도 팔을 휘두르며 외쳤다. 직접 심고 기른 것들로 요리를 한다는 것, 참 뿌듯하다.

2015년 7월 16일 목요일

드디어 마지막 요리 활동을 하는 날. 오늘은 특별히 교실에서 하지 않고 우리 학교 앞 건물과 뒤 건물 사이에 있는 잔디밭에서 요리를 했다. 학교 정문에 놓여 있던 야외 테이블을 텃사들이 낑낑대며 옮겼다.

"선생님, 이렇게 야외 테이블에서 하니까 드라마에 나오는 가든파티 같아요!"

"이럴 줄 알았으면 드레스라도 입고 올걸 그랬어요!"

테이블을 옮기는 게 힘들었지만 친구들이 모두 좋아해서 기분이 좋았다. 그런데 오늘은 누구의 도움 없이 우리들끼리만 요리를 해야 한다. 우리는 이미 요리할 메뉴와 요리 방법을 다 조사해서 정리해 두었다. 요리 재료도 다 준비되어 있는 게 아니다. 그래서 텃밭에서 구할 수 없는 것들을 사기 위해 학교 근처에 있는 마트로 장을 보러 갔다. 반 친구들과 함께 마트에 가니까 왠지 모두가 한 가족이 되었다는 느낌이 들었다.

우리 모둠은 삼겹살, 콘치즈, 양배추 오믈렛을 만들기로 했다. 콘치즈를 만들기 위해 틀 두둑에 나가 옥수수를 땄다. 아주 통통하게 알이 찬 옥수수 3개를 땄다. 만득이, 양신, 주노 얼굴에 환한 웃음이 가득했다. 또 삼겹살을 싸 먹기 위해 상추도 따고, 고추도 땄다. 양배추는 이미 지난주에 수확을 해서 냉장고에 넣어 두었다.

상자 텃밭에서 고추를 딸 때 옆에 심어 놓은 오이가 지주를 타고 무성하게 자란 게 보였다. 지주를 세워 주지 않으면 덩굴이 땅으로 퍼져 오이 열매가 구부러지고, 상하게 된다. 지주의 도움이 없으면 온전하게 자라지 못하는 거다. 나는 내가 지주처럼 살 수 있으면 좋겠다. 비록 주인공은 아니지만 어딘가에 꼭 필요한 사람이면 좋겠다. 따스한 햇볕 아래 산들산들 바람 부는 이곳이 바로 천국이었다. 맛? 물론 꿀맛이었다. 당연히 실패한 요리도 있었다. 하지만 그건 중요하지 않았다. 모둠끼리 만든 음식을 서로 나누어 먹으니 10가지가 넘는 요리를 먹은 것 같다. 나눔은 기적을 만든다.

권쌤의 일기

2018년 10월 28일 일요일

위의 일기는 3년 전 홍남초등학교에서 아이들을 가르칠 때 있었던 일들을 100% 살려서 쓴 이야기다. 아이들이 썼던 농사 일지와 교육농연구소 박형일 선생님과 온라인 카페에서 주고받았던 편지 내용이 고스란히 담겨 있다. 3년 전 썼던 이야기를 다시 다듬으면서 가슴이 참 많이 뛰었다. 내가 언제 또다시 저렇게 온전히 텃밭 교육으로 아이들을 만날 수 있을까.

이 글에 등장하는 아이들을 졸업시키고 다음 해에 학교를 옮기자마자 홍남초 텃밭은 주차장으로 바뀌었다. 시골에서 차 없이는 생활이 불가능하다. 그리고 학생들의 안전은 무엇보다 중요하다. 그러니 어쩔 수 없이 텃밭을 주차장 공간으로 쓸 수밖에 없었다고 했다. 뭐랄까, 배신당한 기분이 들었다. 사실 시골에서 텃밭 교육은 큰 반향을 불러일으키기 힘들다. 만일 학교에서 바이올린을 가르쳤다면 학부모들의 반응은 뜨거웠을 거고, 학교에서도 어떻게 해서든지 계속 이어지도록 애썼을 것이다.

하지만 나는 학교를 옮겨 와서도 화단의 나무를 옮겨 심고 텃밭 정원을 만들었다. 그리고 아이들과 상추를 심어 급식 시간에 상추쌈을 싸 먹고, 샌드위치를 만들어 먹는다. 또 고구마를 심어 겨울이면 군고구마를 구워 먹으며 얼굴에 재를 칠하고 논다.

텃밭을 통한 교육이야말로 아이들에게 온몸으로 생명의 가치를 전달할 수 있는 가장 훌륭한 수단이라고 믿기 때문이다. 미래에도 우리는 여전히 음식을 먹으며 생명을 유지해야만 하는 존재일 테니, 그 음식의 재료가 되는 먹을거리를 직접 기르고 가꾸는 경험보다 더 중요한 교육은 없을 것이다. 그리고 그 과정 안에는 우리가 배워야 할 삶의 가치들이 곳곳에 보물처럼 숨어 있다.

3년 전 10월 학예회 때, 텃밭 프로젝트 경험을 바탕으로 아이들과 연극을 만들어 무대에 올렸다. 공연이 끝나고 쏟아졌던 교사, 학부모, 학생들의 뜨거운 박수소리가 아직도 귀에 쟁쟁하다. 내일은 텃밭에 심은 무를 뽑아 반 아이들과 깍두기를 담가야겠다.

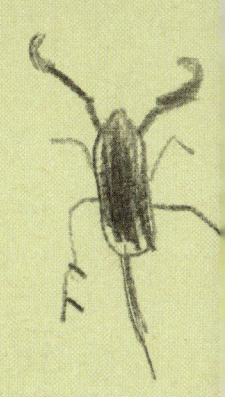

3부
모든 교사는 농부다

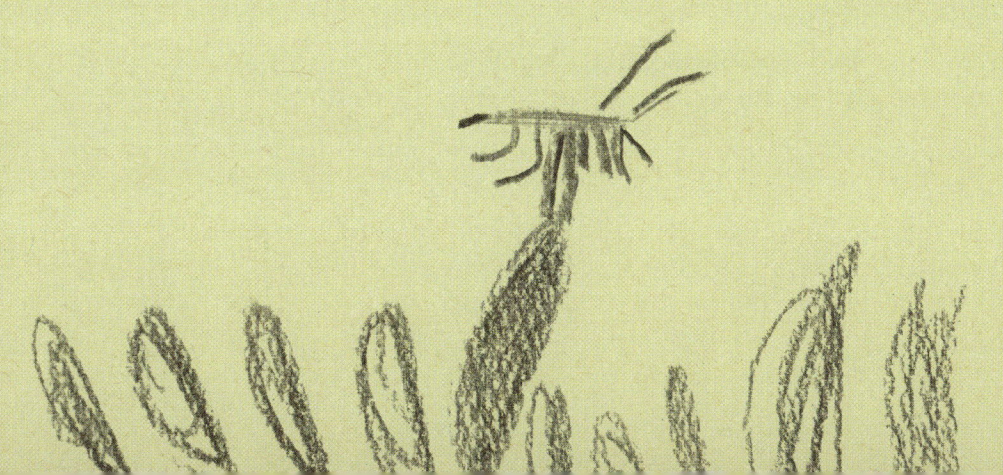

교사 농부, 농부 교사
시간과 이해가 필요한 일, 학교 텃밭

임덕연 obcmom@hanmail.net
경기 초등 교사

아버지는 농부였다. 그러나 나는 교사가 되어 10년이 다 되도록 학교에서 학생들과 함께 농사지을 생각은 꿈에도 못 했다. 초등학교 교육과정에 농사짓는 내용도 없다. 실과 과목에 기르기, 가꾸기 단원이, 과학 교과에 벼의 한살이, 콩의 한살이를 배우는 생명 단원이 있기는 하지만 농사와는 거리가 있다.

학부모와 만나는 일로 시작한 것이 농사였다

3월 새 학기에는 교사와 학부모가 만나는 시간을 갖는다. 상견례를 하는 날이다. 그러니 설레고 좋은 날이 되어야 하는데 대부분 그렇지 못하다. 학부모들은 학교에서 필요로 하는 여러 일들을 맡아야 한다. 학교는 학부모 도움을 받아 일을 하려고 하니 교통 봉사, 학부모회 임원, 안전 지킴이, 놀이 도우미 등 여러 가지를 내놓는다. 그래서 이런 날은 참석률이 낮다. 경기 안양 지역의 학교에서 근무하던 때였다. 어느 해인가 학부모 모임 날 참석률이 굉장히 높았다. 거의 절반이나 참석하였다. 2학년을 맡았는데 이처럼 학부모 참석률이 높기는 의외였다. 이 만남 자리에서 한 달에 한두 번, 형식적이지 않고 지속적으로 만나는 방법을 의논하였다.

1990년대 중반만 하더라도 촌지는 많이 없어졌지만 학부모와 교사의 관계가 원만하지는 않았다. 학부모와 좀 더 가깝게 만나고 교육에 대해 진지하게 이야기하고 싶었다. 하지만 쉽지 않은 일이었다. 서로 부담을 느끼지 않을 자연스러운 계기가 필요했다. 이때 떠오른 게 학급 주말 텃밭이었다. 학교가 아닌 밖에서 만나면 좀 더 허심탄회하게 스스럼없이 소통하는 자리가 될 듯했다. 학부모들도 적극적이었다. 내 아이만 바라보지 않고, 우리 아이들로 공동체적 관점에서 보고자 노력했다.

학부모와 함께하는 학급 텃밭

텃밭은 내가 구했다. 두 평의 땅을 안양에서 가까운 의왕 백운호수 근처에 구할 수 있었다. 이곳은 천여 평 되는, 규모가 큰 주말농장으로 쉴 수 있는 정자도 있고 농기구도 빌려주었다. 또 곳곳에 수도가 설치돼 있어 물 쓰기도 좋았다. 게다가 농장 근처에 있는 백운호수에서는 놀잇배도 탈 수 있고 산책하기에도 좋고 카페나 음식점도 많았다. 주말에 휴식도 하면서 일하기 괜찮은 곳이었다.

가정에 안내장을 보냈다. 언제든지 방문하여 농사를 지을 수 있다며 텃밭의 위치를 안내했다. 두 평짜리 학급 텃밭이지만 꽤 여러 가지를 심을 수 있었다. 수확물도 많았다.

'○○초 2학년 어린이 텃밭'이란 팻말도 붙이고, 한쪽에 공책과 연필을 두고 방문자와 와서 작업한 내용을 적기로 했다. 가족이 함께 와서 풀도 뽑고 수확물도 가져가고 두어 집이 같이 오면 함께 자녀 교육 이야기도 하고 고기를 구워 먹거나, 밭에서 수확한 채소로 즉석 비빔밥을 해 먹기도 하였다. 학생들은 학교에 오면 누구랑 누구랑 텃밭에 갔다 온 이야기도 하고, 같이 갔다 온 학생들끼리 친해지기도 했다. 특히 학교에 오시는 학부모들은 어머니들이 대부분인데 농장에는 아버지들도 오시게 되었다. 서로 인사를 하고 밥도 같이 나누게 되자 학부모 간 관계가 급속도로 활기를 띠게 되었다.

그렇지만 이러한 활동을 보는 학교의 시선은 곱지 않았다. 교육은 학교 중심, 교장 중심, 교실 중심, 교과서 중심이어야 했다. 이 틀을 벗어나는 것은 불안하거나 불온한 것이었다.

몸으로 익힌 농사, 책으로 익힌 농사

도시를 떠나 농촌의 작은 학교로 이동했다. 아이들이 대여섯 살 때이다. 아이들을 논밭이 있는 시골에서 키우고 싶었다. 어릴 때 생태, 생명 감수성을 심어 주고 싶었다. 아이들은 강아지를 키울 수 있다는 말에 농촌으로 이사하는 것에 찬성을 했다. 가자마자 학교 주변에 땅도 천오백 평 샀다. 도시에서 살던 아파트 전세금으로 샀다. 천 평은 논농사를 짓고 삼백 평은 흙을 조금 넣어 밭으로 만들고 이백 평은 대지로 전환하여 농가 주택을 지었다. 부모님도 함께 살았다. 넓은 논밭은 부모님이 거의 도맡아 농사지으셨다. 부모님은 늘그막에 다시 농부가 되었다. 70대가 되어 다시 농사를 짓게 되셨는데 아주 좋아하셨다. 뭐 좀 안다고 까부는 나에게 농사일 가르치는 것을 특히 좋아하셨다. 몸에 밴 농사 지식으로 남들보다 더욱 실하게 작물을 키워 내셨다. 특히 참깨, 들깨를 키워 참기름, 들기름을 직접 짜 먹고, 고추도 키워 고추장을, 콩을 키워 메주를 쑤고 된장을 담가 먹는 일에 자부심을 갖고 계셨다. 이때가 시판되는 기름이나 장들에 대해 사회적으로 불신이 높을 때여서 더욱 그랬던가 싶다.

나는 욕심에 친환경 농법이니 생명 농법이니 책에서 본 것을 시도해 보려고 했으나 농사지을 줄도 모르면서 까분다고 늘 잔소리를 들었다. 책에서 본 것들이 처음부터 잘될 턱이 없었다. 짬을 내어 농사짓는 것도 쉬운 일이 아니었다. 그렇지만 책에서 본 것을 하나 둘 시도하는 것만으로도 좋았다. 농약과 비료를 쓰지 않고 지어 보고 싶다고 부모님께 말씀드렸지만 두 분은 농약과 비료 없이는 농사 못 짓는다고 늘 말씀하셨다. 부모님은 몸으로 배우고 익힌 농사고, 나는 책으로 배운 것을 시도해 보는 농사였다.

몇 해가 지나서야 겨우 시작한 텃밭

학교에는 텃밭이 넓고 많았다. 학교 텃밭은 주무관님이나 관사에 사는 선생님이 간단한 채소나 파, 감자, 배추 등을 심어 드시고 계셨다. 나이가 지긋한 선생님들은 대부분 농사를 지을 줄 아는 분들이다. 학교는 대개 시장에서 멀어 살림을 하려면 간단한 것들은 심고 가꾸어 먹을 수밖에 없었다. 학생들과 텃밭 공부를 할 생각은 못

할 때였다. 학생들은 농촌에서 자라지만 농사는 지어 보지 않았고 관심도 없었다. 주무관님이나 선생님들이 계속 경작을 하는 학교 텃밭을 학생들과 함께 농사 공부 하겠다고 달라고 하기도 어려웠다. 한 학교에서 서너 해 근무하면 고참 교사가 된다. 나도 그쯤 되어서야 텃밭 사용 권한이 자유로워졌다. 이때부터 학생들과 소박하게나마 고구마도 심어 삶아 먹고 배추도 심었다. 학생들에게 주면 자랑스럽게 집에 가져가기도 했다. 감자나 땅콩은 학교에서 바로 먹을 수 있어 좋았다. 야생화에도 관심을 갖고 공부를 시작했다. 나무 이름도 이때 많이 배웠다. 지역의 몇몇 교사들과 남한강 생태 학교도 만들어 환경·생태·생명교육을 배워 가며 시작했다. 4대강 사업 전의 여주 지역에 흐르는 남한강은 생태·환경교육을 하기에 정말 좋은 곳이었다.

텃논을 시작했다

교사는 순환 근무를 한다. 한 학교에 계속 있을 수 없다. 어느 정도 옮겨 간 학교에 익숙해지고 자유로워졌을 때 또 옮겨야 한다. 텃밭 공부도 조금 할 만해졌을 때 학교를 옮겼다.

새로 이동한 학교도 사정은 비슷했다. 학교 텃밭은 충분하게 넓고 농기구도 어느 정도 갖추어 있었다. 텃밭은 학교 관리자와 선생님들이 관리하고 있었다. 여주환경운동연합 공모 사업을 통해 지렁이 사육도 하고 상자 논도 만들었다. 텃논도 만들었다. 텃논은 땅을 파내 부직포를 깔고 그 위에 비닐을 덧깐 다음 파낸 흙을 다시 넣어 만들었다. 텃논은 학교 뒤편 주차장 쪽에 위치했다. 햇볕이 많이 드는 곳이 아니라 위치가 별로 좋지는 않았지만 상자 논보다 공부하기가 더 좋았다. 다만 크기가 작다 보니 한 반 학생들이 한 포기씩 모내기를 하고 한 포기씩 벼 베기를 했다. 벼 이삭을 훑어도 몇 줌밖에 안 됐다.

정말 농사짓기 어려운 조건도 있다. 다시 옮긴 학교가 그랬다. 산 중턱에 있는 학교로 건물은 북동향이고 뒤와 옆은 모두 산이었다. 4층 복도에서 창문을 열면 산이 코앞에 있었다. 아침에 반짝 해가 들고 하루 내내 해가 들지 않았다. 교문에 들어서는 길은 눈이 오면 차가 오르지 못해 나중에 열선을 심어 공사할 정도였다. 창가에 화분조차 놓을 수 없었고, 자투리땅도 거의 없었다. 이때 페트병 논을 시작했다. 학생들에게 페트병을 하나씩 가져오게 하여 흙을 넣고 한 포기씩 모내기를 하였다. 그걸 고무 통에 넣고 물을 채웠다. 페트병 논은 방학 때 관리를 못 해 다 말라 버렸다. 도시 학교에서는 학교 텃밭에 관심이 있어도 여건이 허락하지 않으면 쉽지 않음을 느꼈다.

도시 학교라 해도

도시 학교라도 여건이 좋은 학교도 있다. 신설 학교인 경우 옥상 텃밭을 처음부터 설계한 곳이 있다. 경기 의왕 내손초는 4층 건물인데 2층 급식실 옥상 300여 평을 텃밭으로 만들었다. 접근도도 좋고 깨끗

도시 학교 옥상 텃밭

● 학생들 개인 화분 농작물. 개인적으로 관리하게 하니 그래도 관리가 좀 쉽다. 모둠이나 전체로 관리하니 잘 하지 않으려고 한다. 화분은 여유 공간을 이용하는 측면도 있다.

●● 파와 감자. 감자는 조금씩 누렇게 된다. 6월 20일경쯤 되면 하지다. 하지 때 캐는 감자라 해 하지 감자란 말이 있는데 하지쯤 감자를 캐서 쪄 먹으면 좋겠다. 급식이 시작된 이후로 학교에서 요리 실습이 어려워졌다.

●●● 주위는 아파트들이 빽빽하다. 재개발해서 더 높다. 그래도 옥상에 이만한 녹지대가 있는 것이 다행이다.

●●●● 수세미가 줄을 타고 올라간다. 4층 정도는 타고 올라가는 것 같다.

했다. 의왕시에서 퇴비, 모종 등의 지원도 충분히 해 주었다. 상설 동아리도 운영했다. 텃밭 동아리 이름은 텃밭사랑부였다. 무엇보다 관리자가 텃밭에 관심이 많았다. 물 빠짐도 좋고 급수 시설도 좋았다. 제초 작업이 필요할 때는 시의 도움을 받았다. 할머니, 할아버지들께서 오셨다. 텃밭을 매개로 학생들과 할머니, 할아버지들의 만남도 이루어진 셈이다.

난간에는 호박과 여주, 오이 등이 주렁주렁 달렸다. 배추, 무, 파, 상추, 들깨도 충분하게 가꿀 수 있었다. 긴 줄을 옥상에 매 수세미와 조롱박을 올리기도 했다. 방울토마토는 학생들의 간식거리 역할을 톡톡히 했다. 상추나 양배추의 경우 급식 시간에 제공되기도 했다. 학생들은 텃밭으로 아침 산책을 가는 것을 무척 즐거워했다.

동아리 운영이 쉽지는 않다

그렇지만 동아리 운영을 되짚어 보면 여러 가지가 힘들었다. 어떤 경우에는 학생들이 요지부동이었다. 예를 들자면 이런 것이다. 모내기를 하는 날이었는데 학생들이 물이 더럽다고 들어가지 않으려고 했다. 더러운 물이 아니라 흙물이라고 했는데도 한사코 들어가지 않았다. 맨발로 흙을 밟으면 색다르니 그 경험을 해 보라고 했지만 소용이 없었다. 용기 있게 들어올 만한 학생도 있었는데 전체적인 분위기가 안 하는 것으로 흘렀다. 그래서 나 혼자 모내기를 할 수밖에 없었다. 주무관님이 둑 옆으로 모를 한 바퀴 더 심었다.

학교 관리자도 텃밭 좀 한 번씩 가 보라고 선생님들께 가끔 안내를 했다. 그렇지만 정작 나는 학생들과 함께하기가 너무 힘들었다. 생명을 키우는 것은 신나고 즐겁게 해야 하는 일이다. 그런데 학생들에게 동기 유발이 잘 되지 않았다. 아욱을 잘라 달라고 한 학생이 있어 잘라 주었다. 자기가 키운 것을 먹어 보는 게 처음이란다. 한 보자기 잘라 주었다. 상추도 제법 커서 솎아 주었다. 왜 애써 키운 걸 뽑느냐고 그런다. 뽑아서 다른 곳에 심는 거냐고 묻는다. 솎아 주는 게 어떤 것인지 한참 설명했는데 그뿐이었다. 학생들의 관심을 주도적인 자기 활동으로 이어 가지를 못했다.

시간이, 이해가 필요하다

학생들하고 깨꽃을 심었다가 대충 심어서 뽑아내고 내가 다시 심은 적이 있다. 학생들은 흙을 안 만지고 대충 모종삽이나 호미로 깨작거렸다. 좀 깊게 심으라고 했는데도 그냥 흙 위에 올려놓기도 했다. 심지어 몇 명은 내가 가면 멀리 돌아 다른 곳으로 가고 내가 그쪽으로 가면 또 빙 돌아 다른 곳으로 가고 화장실 갔다 온다고 하면서 피하기도 했다.

학생들이 왜 대충 심는지 나중에야 알았다. 이른바 '살인 진드기' 때문이었다. 우리는 어렸을 때부터 흙을 지지라고 불렀다. 더럽다는 뜻이다. 흙에 떨어진 걸 주워 먹으면 '땅거지'라고 놀렸다. 더럽다고 가르쳤다. 거기다 최근에 살인 진드기까지 가세했다. 흙을 만지면 죽는 줄 알고, 그러니 안 만지려 든 것이다. 그런데 나는 그것도 모르고 "그렇게 심으려면 심지 마" 그랬다. 학생들 탓만 했던 것이다.

학생들과 함께하는 일은 내 마음의 텃밭을 가꾸는 일이기도 하다. 그 밭에는 학생들이 자란다. 저마다 각기 생명을 키워 가고 있다. 나는 과일나무를 가지치기하듯 나쁜 버릇들은 좀 잘라 내 주고 많이 달린 과일 솎아 내 주듯 욕심도 솎아 주고 풀 뽑듯 유해 환경도 살펴봐 주고 물도 주고 거름 주듯 기운도 주고 잘 자라라 기도도 하고…….

텃밭 교육

학교 텃밭은 돈을 벌기 위해서 짓는 것이 아니다. 배추, 무, 상추, 고추, 방울토마토 같은 것들을 키우면서 생명들의 소중함, 자연과 소통하는 법을 잠재적으로 깨닫게 하는 데 목적이 있다. 농촌에 있는 작은 학교에서 학생들과 농사를 지어 보겠다고 할 때 학부모들의 반대가 무척 심했다. 농촌에 사는 아이들한테 무슨 농사짓는 걸 가르치느냐며, 공부 한 자라도 더 가르치라고 했다. 농사는 교육이 아니라 일이란 생각이 지배적이었고, 공부를 하는 것은 농사짓는 힘든 일에서 벗어나는 길이란 생각이 그들에게 있었다. 이때쯤이 도시에 사는 아이들이 농촌 체험 학습을 막 시작한 때인 것 같다. 정부에서도 농촌 체험 학습을 장려하고 체험 학습이 좋은 공부라는 인식이 퍼지기 시작한 때였다. 전세 버스를 타고 농촌에 있는 체험 학습장에 와서 모내기 조금 해 보고, 고구마도 캐어 보고, 벼 한 줌 베어 보는 체험 학습과 농촌, 산촌에 있는 학교에 한 달 정도 머물면서 지내는 농촌 유학도 있었다. 농촌 유학은 큰 붐을 가져오지는 못했지만 체험 학습에는 많은 학교들이 참여했다. 그 후에는 학교 폭력과 왕따 등의 문제를

시골 학교 텃밭 교육

● 감자 캐기. 전교생이 농사짓기 공부 날이라며 감자를 심은 때가 엊그제 같은데 벌써 수확한다.

●● 모내기하는 날. 학부모도 오고 전교생이 한 줄로 서서 모내기를 한다. 1학년은 처음 하는 모내기지만 배운 대로 잘하는데 오히려 언니들이 장난을 친다. 논바닥에 털썩 주저앉기도 한다.

●●● 학부모들도 함께하는 벼 베기. 이때 재래 농기구인 홀태를 써 보기도 한다.

●●●● 이번 배추 농사는 아주 잘되었다. 잘 심고 관리도 잘했다. 물론 흙과 하늘과 바람과 비가 도움을 주었다는 건 비밀 아닌 비밀이다.

해결할 수 있는 생태·생명교육으로 이어져 학교에 텃밭을 만드는 학교가 늘어나기도 했다.

학교를 옮겨 다니다 오래전에 있던 학교에 다시 오니 처음 시작할 때처럼 학교 텃밭을 가꾸고 있었다. 반가웠다. 더 재미있게 할 수 있는 방법을 찾아보았다. 1년 열두 달 절기를 계기로 생활과 밀접하게 생태교육을 하려고 노력했다. 절기 노래를 배우고 삼월 삼짇날 진달래 화전을 만들어 먹고, 감자 심기, 유실수 나무 심기를 더 하여 풍부하게 진행했다. 논농사는 모내기부터 벼 베기까지 이어질 수 있도록 노력했다. 특히 우렁이를 넣고 논 생명을 관찰하여 논이 여러 생명을 키우는 생태 연못 역할을 한다는 것도 알게 했다. 짚으로 지붕도 만들어 덮어 활용했다. 집짓기도 하여 움막도 지어 보았다. 이제는 교육 농이 학교의 자랑거리가 되었다.

학교 텃밭을 일구는 데는 학생들과 함께하려는 마음이 가장 중요하다. 인터넷이나 책 등 자료는 많다. 또 어른들에게 물어보면 대부분 신나서 잘 가르쳐 주신다. 마음먹는 것이 가장 중요하다. 시행착오가 좀 있으면 어떤가. 나는 많은 시행착오를 했다. 지금도 시행착오를 겪고 있다. 시행착오를 겁내지 말고 책으로 공부한 것, 인터넷으로 공부한 것을 시도해 보는 것이 중요하다. 농사는 자연의 영향을 많이 받기에 매뉴얼처럼 되지는 않는다. 우리는 산업 사회의 공장식 사고에 익숙해 있다. 마트에 가서 식재료를 살 때 깨끗하고 크기가 고르고 빛깔도 곱고 광택이 나는 것을 찾는다. 이런 행위는 농사짓는 분들에게 그런 제품을 만들어 달라는 강한 메시지이다. 농부는 그런 '제품'을 만들기 위해 안 해도 되는 수고를 하고 약품을 쓰게 된다.

위 논 다르고 아래 논 다른 것이 농사다. 밭 앞과 귀퉁이가 다르고 뒤쪽이 다르다. 그러나 공장식 생산을 하는 비닐하우스 작물들은 다 같다. 다른 것을 이해해야 농사를 시작할 수 있다. 흔히 "씨 값도 못 건진다"고 하는데 그런 실패를 많이 했다.

한 해는 콩을 엄청 많이 심었는데 콩 쭉정이만 생산했다. 콩은 늦게 심어야지 일찍 심으면 쭉정이만 생긴다는 이야기를 들었다. 또 좀 척박한 땅이 좋고, 퇴비가 많으면 잎만 푸르고 열매를 더디 맺는다는 것이다.

우리나라가 작아 보여도 남녘 농사와 중부 지방 농사가 많이 다르다. 충남 홍동 갓골에 가서 농사를 배웠는데 여주와도 많이 달랐다. 배추 심는 시기도 다르고 모내기하는 시기도 다르다. 모내기는 북쪽부터 해서 남쪽으로 내려간다. 양파와 마늘도 북쪽부터 심어 남쪽으로 내려간다. 남쪽은 아예 이른 봄에 심기도 한다. 여주에서는 찔레꽃 필 때 모내기하고, 밤꽃 필 때 콩 심는다고 한다. 이런 말들엔 시역의 기후와 환경 특성이 담겨 있다. 그러니 농사를 지을 때는 달력으로 5월 몇째 주 같은 수치보다 자연의 흐름에 따라 말하는 것이 더 옳을 때가 있다.

일단, 저지르고 보자

어떻게 해서 농사를 지으려고 하는지에 따라 농사를 시작하는 마음이 잘 드러난다. 그냥 텃밭을 일구고 가족이 먹을 것 조금 해 보는 정도 수준인 것과 돈을 벌어야 하는 농사는 큰 차이가 있다. 학교 텃밭에서 짓는 농사는 또 그와 달리 교육으로 농사짓는 마음이다.

제일 중요한 것은 학교에서 교육적으로 농사짓기를 제안하는 것이다. 농사지을 줄도 모르는데 농사짓자고 선뜻 제안하기가 어렵다. 뭐 좀 할 줄 알면 '우리도 텃밭을 만들어 생태교육을 합시다' 할 텐데 할 수 있는 것이 맘먹기뿐이라 쉽지 않다. 그런데 말하고 나면 좀 도와줄 수 있는 분이 나타난다. 주무관님도 도움을 줄 수 있고 관리자도 나설 수 있다. 또 생각을 같이할 수 있는 동료도 생긴다. 지역의 어르신이나 학부모도 관심을 갖게 할 수 있다. 내가 못 하면 다른 분 힘도 빌리는 것이다.

교사 농부는 학생들과 농사를 통해서 함께 사는 삶을 가르치고 배우는 농부다. 비노바 바베는 지식과 노동이 함께 있어야 하며, 인간이 자연의 근본인 땅과 어우러져 함께 갈 때 사회가 건강해진다고 했다. 교사나 학생이나 실제로 심고 가꾸면서 농사를 익히고 환경에 대해 생각하고 생태적인 삶의 태도를 기르자. 학교마다 자투리땅을 개간하여 밭을 만들고 논을 만들어서 농사짓는 일을 해 보자. 학교 운동장 한편에 텃밭을 만들거나, 학교 울타리 밑을 따라 30cm 정도만 밭을 만들어도 각종 덩굴 식물을 심을 수 있다. 1년 내내 변함없는 향나무나 측백나무도 좋지만, 철마다 꽃도 보고 열매도 맺고 낙엽도 예쁜 유실수를 심어도 좋다. 나아가 텃논까지 만들면 더 좋다. 먹을거리를 직접 만들어 먹는 공부를 하면 좋겠다. 땅의 여유가 없는 학교에서는 옥상에 상자 텃밭을 만들어도 된다. 상자 농법도 하고 옥상 농법도 하자. 그래야 지금의 우리와 나아가서는 장차 미래에 우리 학생들의 삶이 조금은 풍성해질 수 있다.

학교에 텃논 만들기

①
땅을 판다. 파 낸 흙은 다시 넣어야 하니 바로 옆에 쌓아 놓는다. 비닐과 보온 천을 묻어야 하니 둑을 잘 고려해야 한다. 빗물이 보온 천과 흙 사이로 들어가지 않게 해 주는 것이 좋다. 원하는 크기와 모양으로 땅을 판다. 무릎 밑 종아리 중간쯤 판다. 삽으로 보면 삽의 목쯤 깊이다. 여기에 옆 둑을 더하면 제법 깊다.

②
보온 천을 깐다. 새것일 필요는 없다. 주위에 굴러다니는 보온 천을 재활용해도 좋다. 조금 겹치게 깔고 뾰족한 돌이나 못이나 철사 등이 없나 살핀다. 발로 귀퉁이를 밟아 공간이 뜨지 않게 한다. 둑까지 덮어야 한다.

③
그 위에 비닐을 깐다. 비닐은 여러 겹 깔아도 좋다. 구멍 뚫린 부분이 없어야 한다. 비닐을 여러 겹 깔아도 구멍이 있는 것은 물이 어느 틈엔가 새고 만다. 처음에는 조금씩 새다가 쉴새 없이 물이 빠진다. 방심 금물! 처음부터 잘해야 한다.

④
그 위에 흙을 조심스레 얹는다. 휙휙 뿌리면 잘못하여 돌 같은 것이 비닐을 상하게 할 수 있다. 어느 정도 흙이 차면 삽으로 휙휙 던져도 된다. 두둑 옆도 비닐이 안 보이게 덮는다. 비닐이 보이면 보기 싫으니 흰 비닐이 안 보이게 다 덮는 것이 좋다. 두둑 위는 발로 밟아 주는 것이 나중에 무너지지 않고 좋다.

⑤
흙으로 다 덮었으면 물을 채운다. 물은 되도록 논 가까이 있는 것이 좋다. 나중에라도 보충할 때 물이 멀면 힘들다. 하늘만 바라보는 천수답의 설움을 느낄 것이다.

⑥
물은 전체의 60% 정도 넣어 놓는다. 즉 바닥 흙이 보일락 말락 정도가 좋다. 물이 흙에 스며들어 흙만 보이면 조금 더 보충한다. 흙은 자연스레 부드러워져서 모를 심기 편하게 된다.

마을교육의 생태적 전환

우리 모두의 텃밭 만들기

조진희 shqkqh@sen.go.kr
서울 초등 교사

나와 농사

40여 년 동안 서울 토박이로 살면서 내가 농사를 짓게 되리라고는 꿈에도 생각하지 못했다. 더구나 30대부터 페미니스트로서의 정체성을 고민하였기에 뙤약볕에서 농사를 짓는 데다 요리까지 하는 노동이 '여성인 내가 꼭 해야 하는 일인가?' 혼돈스럽기도 했다. 지금도 농사 이야기를 SNS에 올리면 "그 많은 일을 하면서 어떻게 농사까지 지어요?"라는 말을 자주 듣는다.

그러나 농사는 '그 많은 일들'과는 결이 다르다. 농사는 햇볕, 물, 바람, 흙의 힘을 빌려서 작물의 성장을 응시하고 그 열매에 응축된 에너지를 수확하는 생산적인 노동이다. 그렇게 얻은 것을 인간이 섭취하고 배출해 다시 흙으로 돌려주는 선순환의 고리 한 부분에 '내 몸'이 존재한다.

인간의 식생활은 농사에 기댈 수밖에 없다. 세계적인 아이스크림 회사 배스킨라빈스의 후계자 자리를 거부하고 평생 채식주의 운동을 하고 있는 존 로빈스는, 영양학을 넘어 사회적 관계와 소통으로서의 '음식'이 나를 계절 - 지구 - 타인과 연결해 준다고 설명한다.

"내가 생각하는 가장 훌륭한 식단은 우리를 건강하게 지켜 주면서 기쁨도 주는 식단이다. 우리의 세포들에게 영양분을 공급해 주는 것은 물론, 다양하고 맛있는 음식을 먹는 기쁨을 줌으로써, 우리를 계절(봄, 여름, 가을, 겨울), 지구, 다른 사람들과 연결해 줌으로써 영혼을 풍족하게 해 주는 것이어야 한다. 시대와 장소를 막론하고, 인간은 식사 때 서로 모이는 습성이 있다. 숲속이건, 산속이건, 초가집이건, 고급 맨션이건, 별이 빛나는 하늘 밑이건, 땅속이건, 어디에 있든지 간에 우리는 음식을 먹을 수 있다는 사실에 고마워했다. 내가 생각하는 가장 좋은 식단은 우리를 인류애로 인도하고, 삶이라는 선물에 고마워하도록 해 주는 식단이다."*

텃밭에서 딴 상추와 고추를 여러 봉지에 싸서 아파트 우편함 밑에 놓아두면 얼굴도 모르는 사람들이 금세 가져가곤 했던 나눔의 경험은 삭막한 도시에서 이웃을 느끼는 순간이기도 하다. 감자를 캐서 지인들과 맛있는 식탁을 마주하고 생활과 생각을 나누는 네트워크 파티의 추억은 지친 일상에서 소소하고도 확실한 행복이다.

동네 언니들을 따라다니며 소꿉놀이하듯이 지었던 다섯 평짜리 농사가 이렇게 촘촘한 교육농 네트워크가 될 것이라고는 생각하지 못했다. 처음에는 서울 구로구 궁동의 한 주말농장에서 상추 심어서 삼겹살 구워 먹고 나의 최애 작물 열무를 잔뜩 심어서 시원한 열무김치 해 먹는 정도로도 참 신기한 경험이었다. 호미질도 익숙하지 않았던

---

* 존 로빈스, 안의정 옮김(2011),《존 로빈스의 음식혁명 - 육식과 채식에 관한 1000가지 오해》, 시공사, 119쪽.

나의 농사 역사는 몇 해 전 6학년 부장을 맡으면서 비약적으로 성장하게 되었다.

학교 텃밭의 학년별 연계

2011년 9월 1일 서울형 혁신학교로 문을 연 서울 천왕초등학교는 개교와 동시에 생태 감수성을 성장시키는 학교 특색 교육으로 농사를 하게 되었다. 당시 젊은 남교사들이 중심이 되어 영등포 도시농업 네트워크와 구로구 마을기업의 지원으로 상자 텃밭과 주머니 텃밭에서 배추와 무를 길러 김장까지 하는 주제 수업을 진행했다.

이듬해에는 서울시농업기술센터의 지원을 받아서 '학교 농장 조성 사업'에 공모하였고 다 쓰러져 가는 유치원 놀이터 쪽의 야생초 화단을 잃어 뒤뜰 딧밭을 만들었다. 그리하여 6학년은 삽질을 하는 뒤뜰 텃밭을, 5학년은 호미질을 하는 상자 텃밭을, 4학년은 벼를 기르는 상자 텃논을, 1학년은 조그만 화분 텃밭에 꽃씨를 심어 가꾸는 학년별 농사 연계 프로그램이 만들어졌다.

6학년 부장을 맡으면서 30여 평 되는 땅을 갈아서 농사를 지어야 하는 막막함에 교육농협동조합에 가입하게 되었고 충남 홍동 교육농 연구소에서 하나둘 농사 지식을 귀동냥하게 되었다. 봄 농사를 준비하면서 밭을 뒤집어엎을 때 한 후배 교사가 했던 말은 아직도 잊히지 않는다. "부장님, 왜 이렇게 힘들게 밭을 갈아야 해요?"

지금은 왜 밭을 갈아야 하는지 그리고 어떻게 하면 밭을 힘들게 갈지 않아도 되는지를 알게 되었지만 당시에는 화강암이 깨어져서 나오는 척박한 땅을, 체육복 입고 목장갑 끼고 갈아엎는 후배들에게 미안한 마음만 가득했다. 그 후 그들이 휴직하거나 다른 학교로 가면서 학교 텃밭을 통한 교육이 좌초될 위기에 처했다. 내가 배우지 않으면 이어지지 않을 것이라는 책임감에 학교 밖에서 농사를 배우는 모임에 나가지 않을 수 없었다.

교육공동체 벗에서 여는 농사학림에 함께하게 되었다. 이랑을 만들고 작물에 따라 씨나 모종을 언제 심고 어떻게 보살피는지를 몸으로 배우고 나눴다. 농사와 요리를 잇는 '가든에서 테이블까지' 또한 농사학림에서 느끼고 배우는 심화 과정이 없었다면 체득하지 못했을 것이다.

하얀 감자꽃과 푸릇한 배추

우리 학교 5~6학년은 봄에는 감자를 중심으로, 가을에는 배추를 중심으로 주제 수업을 한다. 3월 말 심은 감자를 6월 하지에 캐서 감자 요리를 해 먹고, 상추는 뜯어서 가정으로 가져간다. 9월 초에 심은 배추는 11월 말에 거둬서 무와 쪽파를 곁들여 김장을 한다. 세 달 동안 물을 주고 잡초를 뽑고 벌레를 잡아 주면서 애지중지 기른 감자와 배추를 수확할 때면 학교는 잔치 분위기이다.

온 학교에 기름 냄새 진동하게 1학기에는 감자전을 2학기에는 배추전을 부쳐서 나눠 먹는다. 감자를 쪄서 1학년 동생들에게 나눠 준다.

11월 말에 배추를 거둬서 김장을 한다. 세 달 동안 물을 주고 잡초를 뽑고 벌레를 잡아 주면서 애지중지 기른 배추를 수확할 때면 학교는 잔치 분위기이다.

겉절이 한 김치는 실무사 분들에게도 돌린다. 감자꽃을 처음 본 학생들과 교사들은 꽃 자체를 보는 것만으로도 신기하다고 느낀다. 배추가 하루하루 쑥쑥 자라는 모습을 보면서 놀라워했던 교사들은 두부 김치를 귀하고도 맛있게 먹었다며 고마워한다.

학교 구성원들이 '우리 모두의 텃밭'이라고 여기는 것은, 그래서 중요하다. 학교를 들어서면 만나게 되는 5학년 텃밭에는 감자와 배추뿐만 아니라 고추, 큰 토마토, 방울토마토, 가지, 오이, 오이고추, 파프리카, 양배추, 고구마, 열무, 바질, 마리골드, 애플민트 등이 자란다. 제철의 여러 작물들을 학교의 모든 구성원들이 매일매일 보게 된다. 1학년 동생들은 '감자'로 'ㄱ' 한글 닿소리를 배우고 이원수의 〈씨감자〉 노래를 부른다. 올해는 자주 감자를 심었는데 선생님들은 자연스럽게 권태응의 "자주 꽃 핀 건 자주 감자" 노래를 흥얼거렸다.

5학년 과학 선생님은 진한 초록색으로 흐드러진 감자 잎에 은박지를 감싸서 광합성을 가르친다. 봉숭아를 심어 1학년은 손톱에 꽃물을 들이고, 5학년은 과학 시간에 식물의 물관 실험을 한다. 특별히 이야기하지도 않았는데 선생님들은 여러 작물을 이용하여 교육과정을 재구성하고 수업 소재로 사용한다. 텃밭의 작물과 교육과정이 자연스럽게 결합되는 경험은 힘든 농사를 왜 지어야 하는지에 대한 또 다른 해답이기도 하다. 삶 속에서 친숙한 생태적 소재는 이론적 학습과 자연스럽게 통합되고 융합되는 적절한 소재일 뿐만 아니라 앞서 강조했듯이 음식을 통한 사회적 소통의 역할도 톡톡하게 한다.

농사와 마을

학교 밖 공터를 텃밭과 텃논으로

우리 학교 뒤에 구로구에서 제일 높은 고도 150m를 자랑하는 천왕산이 있다. 천왕산 등산로 입구와 남부교도소의 철조망 사이에 넓은 잔디밭이 있는데 구로구청 공원녹지과에서 이곳의 1/3 정도를 텃밭으로 쓸 수 있게 빌려 주었다. 공원녹지과는 이곳에 각종 꽃을 심어서 주민들이 보고 즐기는 포토존으로 관리했는데, 전임 학부모회장이 이곳에서 생태 텃밭 교육을 하겠다고 하니 선뜻 허락해 준 것이다.

학교 뒤편에 연못도 두 곳 있었다. 그나마 물이 차서 연꽃과 부레옥잠 등이 제법 자라는 큰 위 연못에 비하여 작은 아래 연못은 모기가 들끓는다는 민원으로 폐쇄되어 2년 동안 방치돼 있었다. 이곳을 생태 텃논으로 만들고 싶었다. 나는 공원녹지과에 이곳을 활용하여 텃밭 텃논 교육을 하겠다는 계획서를 두 장 정도 써서 보냈다. 공원녹지과에서 흙과 물을 보충해 주었다. 학교는 학부모 동아리에 농기구와 퇴비를 사서 지원해 주었다.

학교 뒤편에 넓은 땅을 갖게 된 나에게 또 희소식이 날아왔다. 우리 학교에 생태 텃밭 교육을 나왔던 도시농업네트워크 선생님이 자기가 아는 단체에서 이동식 상자 텃밭을 무료로 지원해 주는데 받아 보겠냐고 하는 게 아닌가. 학생 수가 점점 늘어 상자 텃밭이 부족했는데 당연히 받는다고 하였다.

커다란 네모난 상자 텃밭 3개, 귀여운 미니 상자 텃밭 20개, 흙과 종자까지 함께였다. 네모난 상자 텃밭은 5학년이, 귀여운 미니 상자는

2~3학년 학급마다 하나씩 쓸 수 있었다. 이로써 6개 학년 모두 학급별로 작물을 재배할 수 있게 되었다. 갑자기 땅 부자가 된 나는 너무 좋았다. 그렇지만 체계적으로 농사짓고 교육하는 프로그램을 어떻게 만들고 지원해야 할지 걱정이 앞섰다.

텃논 살리기 대작전

그 걱정은 곧 현실이 되었다. 어렸을 때 농사를 지어 보았고 지금도 짓고 있는 전임 학부모회장을 중심으로 학교 밖 텃밭과 텃논의 돌을 고르고 써레질을 하여 밭과 논 모양새를 만들었으나 수도 시설이 없었다. 물이 부족하였다. 구청에 공문을 보내어 청소차로 물을 두 차례 공급받았다. 남부교육청 과학교재원에서 백미와 녹미 모를 받아서 모내기를 하였지만 물이 금세 말라 버리고 말았다. 밭은 학생들이 공원 수돗가에서 정성껏 물을 받아 해갈할 수 있어서 그나마 다행이었다. 마을에 있는 농자재 종묘상에서 호스를 사다가 학교에서부터 텃논까지 물을 공급하기도 했으나 며칠 안 가서 다시 또 논이 쩍쩍 갈라졌다.

도대체 이 텃논이 제대로 될까 걱정하고 있던 차에 큰 비가 왔다. 연못에 물을 가두는 장치가 있다는 것을 나중에야 알게 되었다. 어린모들을 물이 고프게 고생시키고서야 알았으니 얼마나 허탈했는지……. 봄 가뭄에 타들어 가는 농심을 실제로 경험해 보니 농부들이 얼마나 고생을 하는지 절절하게 느낄 수 있었다. 그 후로 모들은 쑥쑥 커서 반은 백미, 반은 녹미로 잘 자라 주었다. 마을에 논이 생기자 산책 나온 어르신들과 주민들은 "어떻게 논을 다 만들었느냐"면서 신기

● 학교 밖에 마련한 텃밭의 겨울 모습이다. 나무로 틀을 짜고 벽돌을 쌓아 여러 모양으로 틀밭을 만들었다. 학생들은 공원 수돗가에서 정성껏 물을 받아 작물의 갈증을 풀어 주었다.

해했다. 정겹게 말도 걸어오셨다. 작은 논이지만 마을의 지도를 바꾸는 의미 있는 사건이었다.

구청은 땅은 빌려주었지만 운영할 예산은 주지 않았기 때문에 학교 예산과 교육청 예산을 쪼개어 마을 텃논과 텃밭을 운영했다. 교육 프로그램비나 농자재 구입비가 많이 부족하였다. 함께배움사회적협동조합* 이사장은 구로구청에, 나는 교육청에 공모서를 내 300만 원의 독자적인 예산을 지원받게 되었다. 이것으로 필요한 농기구, 퇴비, 종자, 강사비, 체험 학습비, 교재비 등으로 쓸 수 있었다. 마을 텃밭과 텃논은 1~2학년 마을 방과 후 학교 수강 학생들과 마을 교사들, 4~6학년 생태 텃밭 학생 동아리, 특수학급 고학년반 등이 함께 경작하는 교육 공간이 되었다.

생태 농업을 중심으로 재구성한 마을교육

마을에 있는 텃논을 더욱 교육적인 공간으로 살리기 위해서 여름에는 충남 홍성군 홍동면 문당리로 '논 생물 조사 체험 학습'을 다녀오기도 했다. 이곳은 딸아이가 어렸을 때 구로 아이쿱 생협에서 생산지 방문 프로그램으로 다녀왔던 곳이다. 그 경험을 살려서 2012년 이후로 학년 단위로 농촌 체험 학습을 갔다. 그러다 점점 학생 수가 늘고 교사들의 인식도 바뀌어서 희망하는 학부모와 자녀들이 같이 가서 인연을 이어 갈 수 있었다.

---

* 천왕초의 강사, 교직원, 학부모, 주민 등이 조합원으로 학교 방과 후 프로그램 운영을 주 사업으로 하는 천왕초 학교협동조합이다. 2017년 5월 17일 창립했다.

• 논의 돌을 고르고 써레질을 하여 논 모양새를 만들었다.

논 생물 조사 체험 학습은 우렁이 알도 구경하고 톡톡 튀는 개구리도 따라다니면서 논 생물의 다양성과 소중함을 직접 관찰할 수 있는 귀한 프로그램이다. 아이들은 맛있는 친환경 밥상으로 점심을 먹고 나서 엄마랑 같이 현미 쌀빵도 만들고 막걸리 양조장도 구경하고 논밭을 뛰어다니며 즐거운 시간을 가졌다. 천왕 마을은 문당리의 텃논처럼 논 생물들이 살아 숨 쉬는 논을 우리 마을에 만들어 보았으면 하는 꿈을 함께 꾸고 있다.

2017년 하반기에는 영등포 하자센터 작업장학교에서 전환기 수업 '목화 학교' 선생님으로부터 목화씨에서부터 직조와 의생활에 이르기까지의 과정에 대해 연수를 받았다. 마을 교사들은 곧장 현실에 적용하여 올해 학교 밖 텃밭에 목화를 많이 심었다. 나는 이즈음에는 2학기 실과 수업으로 의생활 단원에서 목화, 공정 무역, 아동 노동 착취 등의 이야기를 담은 《파란 티셔츠의 여행》*이라는 그림책을 함께 읽으며 수업한다. 그리고 무명실을 사서 기초적인 바느질(홈질, 박음질, 단추 달기 등)을 가르치고 배우면서 겨울을 맞는다.

마을교육의 생태적 전환

공모 사업비가 사라지면 마을교육은……
많든 적든 지자체와 교육청이 예산을 지원해 주면서 마을과 협력

---

* 비르기트 프라더 글, 비르기트 안토니 그림, 엄혜숙 옮김(2009), 《파란 티셔츠의 여행》, 담푸스.

● 충남 홍성에서 학생들과 학부모들이 논 생물 조사를 하고 있다. 우렁이 알도 구경하고 톡톡 튀는 개구리도 따라다니면서 논에 사는 생물들의 다양함과 소중함을 알 수 있었다.

하여 마을의 인적 물적 자원을 활용하는 마을교육을 활성화하라고 한다. 그런데 도대체 어떠한 철학과 내용으로 어떻게 사람과 공간을 재구성할 것인가? 각 마을과 학교마다 역사와 처지가 다르고 교사들의 교육관과 기획력에 차이가 있다. 물론 공모 사업비는 교육을 상상하고 공부할 수 있는 계기를 마련해 주기는 하였다. 그러나 사업비가 사라지면 운영될 수 있을까? 당장 우리 마을 또한 2년간 받았던 서울시 '학교-마을 상생 프로젝트' 사업비 2천만 원이 중단돼 여기저기 새로운 사업에 응모하면서 사업을 이어 나갈 수밖에 없는 처지가 되었다.

지자체와 교육청은 조급한 마음을 버리고 기다리고 또 지원해야 한다. 천왕 마을의 공터에서 텃밭과 텃논을 실험하고 가꿀 수 있도록 공문을 주고받고 농업용수를 대 주고 예산을 지원해 준 것처럼 초기 주체들과 프로그램이 성장할 수 있도록 말이다. 씨앗이 뿌리를 내리고 싹을 틔우면 물이 부족하고 바람이 불어도 성장할 수 있는 가능성을 갖게 된다. 작물에 거름을 주고 스스로 자립할 수 있을 만큼 자랄 때까지 농부의 지원과 보살핌은 필수적이다.

천왕초 학교협동조합은 아직도 걸음마 수준이고 대내외적으로 여러 가지 갈등과 가능성이 공존하고 있다. 학교와 마을에 필요한 교육 콘텐츠를 계발하고 수업 프로그램을 학부모였던 사람들이 모여서 만들어 낸다는 것 자체가 대단하기는 하다. 그래도 여기에 만족하지 않고 지자체와 교육청의 예산 지원이 끊어져도 학교와 마을에 안정적인 교육을 할 수 있으려면 민주적인 소통 구조와 안정적인 경제 구조로 자립해야 한다. 그러나 자립은 아직까지는 이상일 뿐이며 현실은 그리 녹록하지 않고 수익과 수업 사이에서 혼란과 논란을 겪을 수밖에 없다.

마을교육의 생태적 전환

농사는 인간의 노동력과 자연의 힘을 빌려 작물을 생산하고 순환시키는 경제적이고도 치유적인 활동이다. 이 생산성과 치유의 힘을 마을교육 콘텐츠로 개발하면 좋겠다. 그러나 문제는 지속 가능성이다.

마을교육 프로그램으로 학교마다 가장 많이 하는 사업이 마을 벽화 그리기, 배추 재배해서 김장하기, 마을 안전 지도 그리기, 마을 교과서 만들기, 마을의 역사문화 공간 체험 학습하기 등이다. 공모 사업비로 마을 사람을 모아 어린이들을 가르치는 것을 한 해 사업으로 할 수도 있다. 그러나 열심히 했던 교사들이 다른 학교로 떠나고 열정적인 학부모들의 아이들이 졸업한 후에도 이 사업이 이어질 수 있을까? 여러 학교들에서 하는 사업을 모방하거나 많은 예산을 투입하여 실적물을 만드는 마을교육 프로그램에도 만족할 수 있겠지만, 지속 가능한 마을교육의 주체와 구조를 조성하는 '마을교육 생태계'가 최종 목표여야 하지 않을까?

이왕 시간과 열정을 투입하여 마을교육을 하고자 하는 교사들이, 어떤 프로그램을 할 것인가보다 시간이 흐르면서 마을 사람들이 엮어 내는 마을교육공동체의 생태계를 먼저 고민했으면 좋겠다. 좌충우돌 시행착오를 거치며 2015년부터 이어 가고 있는 천왕마을교육공동체 실험의 교훈이 바로 이 지점이다.

그런 의미에서 공교육의 생태적 전환, 마을교육의 생태적 전환은 교사 자신의 인생 스토리보드를 새로 짜는 것으로부터 시작되어야 한다(공립 학교 교사들은 5년의 시간 동안 제법 긴 호흡을 가지고 생태계를 만들 수 있다. 그리고 마음만 먹으면 나처럼 강산을 변화시킬 10년 동안의 역사도 엮어 낼 수 있을 것이다). 교사의 삶과 업무가 서로 배타적인 관계가 아니라 서로 상생하는 관계여야 지치지 않고 긴 호흡으로 갈 수 있다. 농사와 내가 만나고, 마을과 농사가 만난 곳의 중심에서 나 자신이 성장한 것처럼……

다시 '나와 농사'

나이가 들면서 퇴직한 교사들의 삶을 주의 깊게 엿보곤 한다. 여기저기 수집한 퇴직 교사의 삶은 대체로 이러하다. 우선 1~2년은 그동안 못 했던 일들, 예를 들면 느긋한 브런치, 뮤지컬 공연 보기, 비수기를 틈탄 세계 여행, 또 뭔가를 계속 배우는 시간들을 가진다(물론 퇴직하고서도 전교조를 위해서 집회와 농성을 지원하는 분들을 나는 자주 보고 있다. 그들을 보고 있노라면 유럽처럼 해직자는 물론이고 퇴직자도 노동조합의 구성원이 될 수 있는 날이 우리에게도 현실이 될 수 있을까라는 생각을 하게 된다). 그러다가 시간 강사나 기간제 교사를 뛰거나 몸이 조금 아프기 시작하면 건강을 위해서 운동을 하게 되지만 이마저도 쉽지는 않다. 그렇게 점점 노는 것도 먹는 것도 운동하는 것도 사람들 만나는 것도 시들해져서 혼자 지내게 되고 주민센터의 관리를 받거나 가끔씩 자식들로부터 안부 전화를 받는 '독거 노인'이 된다는 것이다.

50년 가까이 끊임없이 무엇인가를 배우고 가르치고 활동하는 삶을 살았는데 이제 남은 반세기는 어떻게 살아야 하는가라는 생각이 요즘 부쩍 많이 든다. 얼치기 교사 농부에서 이제는 '교사'라는 딱지를 뗄 수도 있는 시간이 다가오고 있는 것이다.

지난해부터 나는 지구와 공동체와 몸을 살리는 '에코 페미니트스'* 로서의 정체성을 갖는 여성 농부의 삶을 막연한 나의 장래 희망으로 몽글몽글 정리해 가고 있다. 고작 텃밭 농사 5년 차의 교사 농부 치고는 참으로 원대한 희망이 아닐 수 없다. 허황된 희망 사항이 될 수도 있지만 나는 학생들을 만나면서 자랑스럽게 나의 장래 희망을 이야기한다. 어린이와 청소년들이 장래 희망조차 가지지 못하는 시대에 그들에게 꿈을 가지라고 입으로만 가르치기보다 선생님은 농부라는 꿈을 가지고 있다고 이야기할 때, 나는 가슴이 두근거린다.

---

* 독일 사회과학자 마리아 미즈는 《가부장제와 자본주의 - 여성, 자연, 식민지와 세계적 규모의 자본축적》(2014, 갈무리)에서 어떻게 자본주의 가부장제가 여성과 자연을 식민지화하고 자본과 남성 중심의 세계를 구축하여 왔는지를 방대한 연구와 아시아와 유럽의 사례를 넘나들며 보여 주고 있다. 그녀는 새로운 사회는 자본주의 가부장제의 여성과 자연에 대한 '전유'가 아니라 지구상의 모든 생명을 살리는 '노동'으로의 변화라고 주장하며, 이런 사회 변혁의 전망을 페미니스트를 포함한 사회운동가들이 함께 열어 가야 함을 역설하고 있다.

보리밭과 정원, 그리고 연못
자연과 닮은 학교 만들기

임종길 road63@hanmail.net
경기 중등 교사

교직에 발을 들여놓고 우연한 기회에 환경교육 혹은 생태교육에 관심을 두게 되고 학교에서 조금씩 실천해 온 지 25년이 훌쩍 넘었다. 한때 나는 생태교육을 위해 학생들을 학교 밖으로 열심히 데리고 나갔다. '야생화반', '사진반' 같은 동아리를 만들어 학생들이 자연과 좀 더 가깝게 만나게 하기 위함이었다. 그런데, 어느 날 한 사건으로 학교가 삭막한 곳이고, 학생 대부분이 잠자는 시간을 빼면 가장 많은 시간을 학교 안에서 보낸다는 사실을 깨닫게 되었다. 그 후로는 학생들을 학교 밖으로 데리고 나가기보다는 학생들과 함께 학교 안을 자연에 더 닮은 공간으로 바꾸려고 노력했다. 그 수단으로 학교에서 연못이나 화단을 만들어 학생들이 자연과 만나게 하려고 했다.

운동장가에 보리밭을 만들었다

처음에는 학교 안 작은 자투리 공간에 우리 들꽃들을 심기 시작했다. 요즘은 화원에서 우리 들꽃들을 쉽게 살 수 있지만, 당시만 해도 우리 들꽃들을 살 수 있는 곳이 별로 없었다. 그래서 밖으로 나갈 일이 있으면 종류별로 캐서 학교 안에 옮겨 심는 방식으로 화단을 만

● 학생들이 가장 많은 시간을 학교에서 보낸다는 것을 깨달은 이후 학교를 자연에 더 닮은 공간으로 바꾸기 위해 노력했다. 연못 주변에서 미술 활동 중인 학생들.

들어 나갔다. 산과 들에서는 흔한 잡초가 학교 안에 옮겨지면 제 몫을 당당히 하는 우리 들꽃 한 포기가 되었다.

한번은 운동장 한쪽 자투리땅에 보리를 심기도 했다. 보리는 가을에 뿌린다. 싹이 잔디처럼 뾰족뾰족 나온 채로 겨울을 난다. 예전에는 봄에 보리밟기 봉사를 나가는 학교도 많았다. 그때 생각을 해 가며 봄에 학생들과 함께 맨발로 보리밟기를 하기도 했다. 보리밭으로 자꾸만 공이 들어와 보리가 쓰러져서 주변 공사장에서 버린 나무판을 학생들과 함께 주워서 나지막한 울타리를 만들어 주었다. 그리고 그 벽에 그림을 그리기도 했다. 보리가 자라면서 냉이, 개망초, 유채 같은 꽃들이 저절로 찾아와 듬성듬성 피기 시작했다. 보리 이삭이 패면서 보리밭은 기분 좋은 녹색 공간으로 바뀌었다. 나비, 잠자리가 찾아들었고, 점심시간이면 보리밭 사이를 거닐며 산책하는 학생들도 많았다. 평화롭던 그 풍경은 지금 생각해도 얼굴에 웃음이 떠오르며 기분이 좋아진다. 한참 더위가 기승을 부리기 시작하면서 초록 보리 이삭은 누렇게 물들어 갔다. 보리밭 밟기, 보리밭 그리기, 보리밭 벽화 그리기로 이어진 보리밭을 활용한 미술 수업은 보리를 수확한 후 줄기를 이용해서 여치 집을 만들면서 마무리했다. 하지만 당시 교장 선생님은 학교에 보리를 심는 것을 좋게 생각하지 않았다. 그 이유를 정확히는 알 수 없었지만, 농작물을 학교에 심는 것에 대한 거부감인 듯했다. 지금은 그런 생각을 하는 교장 선생님은 많지 않을 것이다.

●
보리는 가을에 뿌린다. 싹이 잔디처럼 뾰족뾰족 나온 채로 겨울을 난다. 언젠가 학교에 보리밭을 만든 적이 있다. 점심때면 보리밭 사이를 거닐며 산책하는 학생들이 많았다. 평화롭던 그 풍경은 지금 생각해도 얼굴에 웃음이 떠오르며 기분이 좋아진다.

생태 연못 만들기

학교에 연못을 만들기 시작한 건 2000년대 초이다. 처음으로 만든 연못은 손바닥만 한 작은 연못이었다. 왜 연못을 만들려고 했는지 지금은 기억이 없다. 다만 '연못을 만들어 놓으면 물을 자주 갈아 주어야 하지 않을까? 그렇지 않으면 고인 물은 썩을 텐데' 뭐 이런 고민을 했다. 연못을 만들려면 당연히 흙도 연못 흙을 쓰거나 최소한 논흙을 써야 한다고 생각했다. 지금은 그런 걱정을 전혀 하지 않지만, 연못을 처음 만들었을 때는 낯설고 모르는 것투성이였다. 그래서 학교를 오가며 눈여겨보았던 논에서 흙을 가져왔다. 그곳은 도로가 뚫리면서 사라지는 논이었다. 딱딱한 흙덩어리를 포대에 담아 차로 실어 날랐다.

지금은 여러 시행착오를 거치며 좀 더 자연스러운 작은 연못을 만들게 되었지만, 처음에는 생각이 아주 단순했다. 흙을 파고 비닐을 깔아서 물이 새지 않게 하고 다시 논흙을 반쯤 채우고 물을 담는 것이다. 비닐이 보기 안 좋아서 푸른색 그늘막을 비닐 위에 씌웠다. 연못가에 벼를 심고 몇 가지 수생 식물도 심었다.

어느 날 아침, 여느 때와 같이 물을 주는데 연못에 자라는 벼 잎에 날개도 없는 메뚜기 두 마리가 눈에 들어왔다. 지금도 그 메뚜기를 발견했을 때의 짜릿함이 생생하다. 학교가 세워진 곳은 갯벌을 메운 간척지로 주변에는 논이 전혀 없는 곳이었다. 연녹색 메뚜기는 갑자기 어디서 나타난 것일까? 날개가 없으니 날아왔을 리도 없었다. 여러 가지를 추정해 보았다. 아마도 내가 퍼 온 논흙 속에 메뚜기 알이 있

● 학교에 방치돼 있던 연못. 물이 자주 썩고 관리하기가 힘들어 물을 뺀 상태로 버려져 있었는데, 흙을 깔고 수생 식물을 심어 생태 연못으로 만들었다.

었던 모양이었다. 우연히 작은 연못을 만들게 되었는데 연못은 많은 것을 알게 해 주었다. 단위 면적당 연못은 화단보다 훨씬 높은 생태적 가치를 지닌다. 관리하기도 쉽다. 학교에 작은 연못 하나쯤은 필수라고 생각한다. 연못은 생각보다 생태적으로나 정서적으로 매우 좋은 영향을 준다.

습지 공간으로서 연못

모든 생명체는 물 없이는 살 수 없으므로 학교에 습지로서의 연못이 있으면 생태적으로 역동적인 변화를 가져온다. 당장 물을 찾아 찾아드는 곤충과 새들이 많아진다. 물론 식물의 다양성도 높아진다. 처음에 연못을 만들 때 걱정했던 것과 달리 물은 썩지 않았다. 물만 오래 담아 둔다면 썩을 확률이 높겠지만 바닥에 흙을 깔고 수생 식물을 심는다면 얘기는 달라진다. 자연스럽게 자체적으로 순환이 이뤄지기 때문이다. 그런데 대부분의 학교 연못은 시멘트로 방수 역할을 하고 바닥에 자연석을 깔고 수중 모터를 설치해서 분수를 만들거나 작은 폭포를 만들어 물을 강제로 순환하는 방식으로 만들어졌다. 그리고 연못 안에는 수생 식물 화분을 몇 개 넣어 분위기를 살린다. 이 경우 생태적인 다양성도 없거니와 소음도 발생하고 어느 정도 시간이 흐르면 녹조가 끼고 모터라도 고장 나면 연못은 골칫덩이로 전락하고 만다. 나는 이렇게 방치된 학교 연못을 많이 봤다. 그런데 얼마 전부터 학교 현장에도 '생태 연못'이라는 말이 유행하기 시작했다. 그래

●
 작은 연못은 누구나 쉽게 만들 수 있다. 언젠가 반 학생들이 각자 벼 화분을 하나씩 키운 적이 있다. 페트병이나 그보다 조금 큰 플라스틱 용기에 흙을 넣고 벼 한 포기씩을 키웠다. 봄부터 키운 벼 화분은 가을에 탐스러운 낟알도 볼 수 있게 해 주었다.

서 도교육청에서 발주해서 만든 생태 연못을 몇 군데 볼 수 있었는데 이 또한 문제가 있었다. 생태 연못이라는 이름 때문인지 시멘트를 쓰지 않고 방수 처리를 하고 바닥에는 황토를 깔았다. 그런데 그 황토 위에 또 조경용 자갈을 깐 것이다. 이렇게 하면 자갈 때문에 식물이 제대로 자랄 수 없으니 생태 연못이라 할 수 없을 것이다. 아마도 연못을 설계하는 분들이 생태적인 안목이 부족해서 생기는 문제일 것이다.

아주 쉽게 설명하면 생태 연못은 논을 생각하면 된다. 한 번쯤 논을 자세히 살펴본 사람은 알 것이다. 벼가 자라는 논이 썩었다는 말은 듣지 못했다. 어느 정도 벼가 자란 논을 살피면 투명하고 맑은 물을 볼 수 있다. 이렇게 생각하면 작은 연못은 누구나 쉽게 만들 수 있다. 언젠가 반 학생들이 각자 벼 화분을 하나씩 키운 적이 있다. 페트병이나 그보다 조금 큰 플라스틱 용기에 흙을 넣고 벼 한 포기씩을 키웠다. 봄부터 키운 벼 화분은 가을에 덤스러운 낟일도 볼 수 있게 해 주었다. 난알을 거둬 한 끼 밥을 지어 보자던 계획은 부지런한 참새에게 양보하며 수포가 되었지만 벼를 가까이 보고 내 손으로 한 포기 벼를 키워 본 멋진 경험이었다.

다양한 식물이 살아가는 학교

다양한 식물이 살아가는 생태적인 학교를 만드는 일은 학생들 정서에도 좋지만, 이는 곧 살아 있는 환경교육의 장소를 만드는 일이기도 하다. '꽃을 사랑하는 모임.' 2013년에 만든 환경 동아리 이름이다. 인문계 고등학교라 시간을 내기는 쉽지 않았지만, 반대로 학생들은 뭔가 의미 있는 활동에 목말라하고 있었다. 이 때문에 동아리 학생들은 틈틈이 시간을 내서 열심히 활동했다. 단단하게 굳은 땅에 복토를 하고 우리 꽃들을 심고 작은 연못도 만들었다. 연못에 벼를 심을 때는 겨우 대여섯 포기였지만 모내기하듯 바지를 걷고 직접 들어가 심었다. 학교 밖 도로 옆에도 작은 연못을 만들었다. 길을 지나던 사람들이 호기심을 보이기도 했다. 화단을 사이에 두고 '수세미 터널'을 만든 적도 있다. 호박, 오이, 수세미, 박처럼 큰 열매가 달리는 덩굴 식물은 거름을 충분히 해 주어야 한다. 예전에는 호박을 심을 때 구덩이를 판 다음, 인분이나 퇴비를 붓고는 그대로 한참 놔두었다. 어느 정도 숙성이 되고 난 후 흙을 덮고 구덩이 자리에 모종을 심는다. 그러면 잘 자란다.

식물을 키우며 항상 느끼는 것이지만 자연은 작은 정성에 크게 답한다. 학교에서 화단을 만들던 초기에는 우리 식물 위주로 심었지만 몇 해 전부터는 허브 식물에 관심을 두게 되었다. 우리 식물들은 그 자체로 자생력이 있고 한 번 심으면 해마다 다시 심지 않아도 되는 장점이 있어 좋지만, 허브 식물은 매일매일 향기로 교감할 수 있다는 또 다른 장점이 있다. 특히, 나는 라벤더와 로즈메리를 무척 좋아한다. 한번은 반 앞에 창밖을 내다보면 바로 눈높이에서 꽃향기를 맡을 수 있도록 키다리 화분을 만들어 허브 식물들을 심기도 했다. 창문을 열어 손으로 만질 때마다 허브 향이 교실 안으로 밀려 들어왔다. 그런데, 허브 식물은 월동을 못 하는 단점이 있다. 허브 식물과 아열대 원

● 다양한 식물이 살아가는 생태적인 학교를 만드는 일은 학생들 정서에도 좋지만, 이는 곧 살아 있는 환경교육의 장소를 만드는 일이기도 하다. 화단을 사이에 두고 '수세미 터널'을 만들었다.

● 겨울에 월동을 못 하는 식물들을 위해 학교 로비에 식물원을 만들었다. 처음에는 소박하게 식물들의 피난처로서 온실을 구상했는데 욕심이 조금씩 커져 학생들도 드나들 수 있는 온실을 만들게 되었다. 썰렁했던 로비가 살아 있는 공간으로 바뀌었다.

예 식물들, 그리고 일부 수생 식물들의 겨울나기가 항상 고민거리 중 하나였다. 그래서 2013년에는 학교 로비에 비닐하우스를 이용해서 온실을 만들었다. 마침 학교 로비가 넓은 편이었다. 처음에는 소박하게 식물들의 피난처로서 온실을 구상했는데 욕심이 조금씩 커져 학생들도 드나들 수 있는 온실을 만들게 되었다. 썰렁했던 로비가 살아 있는 공간으로 바뀌었다. 또한 늦가을 이후 겨울에도 푸른 잎과 꽃들을 볼 수 있게 되었다. 물론 허브 식물들도 온실에서 무사히 월동하고 봄에 밖으로 나왔다.

교사라서 가능한 일들

교사의 의지만 있다면 다양한 교과에서 생태교육을 실천할 수 있다. 국어 교사라면 학교를 둘러보며 나무나 꽃과 관련된 시나 글귀를 쓰게 할 수도 있다. 학생들에게는 무심코 봐 왔던 나무나 풀, 꽃을 새롭게 만나는 계기가 될 것이다. 나는 미술을 가르치기 때문에 학생들과 함께 학교를 둘러보고 식물 관찰 그림 그리기를 한다. 완성된 그림들을 모아 〈우리 학교에 사는 식물〉 포스터를 만들기도 했다. 골판지를 이용해서 새를 만들거나 풀을 이용해서 설치 미술을 해 보기도 했다. 동아리를 진행하며 지역의 환경단체와 연계해서 생태교육을 학교 밖 지역으로 확대해 진행해 보기도 했다.

10년도 한참 전에 일본의 한 초등학교를 방문했었다. 그 학교 선생님은 반 학생들과 함께 빗물을 이용해서 벼를 키우고 있었다. 여기까

●
경기 의정부여중 운동장에 만든 논에 벼가 자라고 있다. 예전에 논이었던 곳을 운동장으로 만들었다는 주변의 어르신 말씀을 듣고 과감하게 운동장 일부를 논으로 만들었다.

지는 나와 비슷한 활동이라고 생각했는데, 선생님은 벼를 키우며 반 학생들과 함께 실제 유기농 벼농사를 짓고 있는 농부와 교류하고 있었다. 학생들은 벼를 키우며 생기는 문제점을 묻고 농부는 유기농 벼농사를 하며 겪는 어려움을 공유했다. 학생들은 자연스럽게 유기농 농업은 소비자와 직접 연결된다는 점을 이해하게 되었다. 나중에는 쌀의 생산과 소비에 대한 생각이 깊어지면서 생활 속 실천으로 이어졌다고 한다.

우리나라에서도 농사를 수업과 연계한 훌륭한 사례를 알고 있다. 경기 의정부여중에서 가정 교과를 가르치는 한 선생님은 과감하게 학교 운동장에 논을 만들었다. 그 학교는 다른 학교보다 꽤 넓은 운동장을 갖고 있었는데 논을 운동장으로 만들었다는 주변의 어르신 말씀을 듣고 운동장 일부를 논으로 만들었다. 볍씨를 물에 담갔다가 모를 길러 모내기도 하고 벼 베기를 해서 요리까지 학생들과 함께하며 그 과정을 가정과 교육과정에 넣어 진행했다. 논과 함께한 학생들은 오래도록 기억에 남는 한 해가 되었을 것이다. 매일 먹는 밥도 조금은 달리 보였을 것이다. 그런데 그 선생님이 다른 학교로 가신 이후 운동장 논에는 더는 벼가 자라지 않게 되었다. 안타까운 일이다. 자연이 최고의 스승이란 말이 있다. 학교에서 학생들에게 콩알 하나라도 키워 보게 하는 일은 어쩌면 최고의 스승을 모셔 오는 일인지도 모르겠다.

'선생님'을 위한 꽃밭

요즘은 지자체에서 학교에 도시 텃밭을 지원하는 경우가 많다. 전문가가 직접 학교에 와서 농작물 키우는 것을 도와주기도 한다. 물론 모든 농작물에도 꽃은 핀다. 하지만 나는 실제로 식생활과 직접 연계할 수 없는 조건에서 학교에서 하는 작은 텃밭이라면 농작물보다는 꽃을 권하는 편이다. 언젠가 큰돈을 들여 옥상 텃밭을 운영하는 학교를 방문한 적이 있다. 반별로 상자 텃밭 하나씩 분양하고 외부 도시 텃밭 전문가에게 이런저런 도움도 받는 학교였다. 그런데 모든 상자 텃밭에 고추, 상추, 가지, 호박 등의 똑같은 농작물이 심겨 있었다. 그걸 보면서 농작물과 함께 꽃을 가꾸었으면 얼마나 좋았을까 생각했다.

올해 경기도의 한 위탁형 대안학교에 학교 생태·환경 관련 컨설팅을 다녀왔다. 다녀온 후에 그 학교에 '선생님 화단'을 만들면 좋겠다는 제안을 했다. 학교에 계신 모든 선생님들에게 하나의 화단을 분양하는 것이다. 칸을 이루는 목재는 직접 사서 간단히 만들 수도 있고 요즘은 기성품으로 나와 있는 것도 있다. 화단 하나하나에는 선생님 이름표도 달아야겠지. 혹시라도 학생과 상담할 일이 있을 때 화단으로 데리고 나와 "이곳이 샘 화단이다" 이렇게 얘기를 풀어 갈 수도 있을 것이다.

내게는 해마다 30여 평의 화단과 연못이 무료로 제공된다(내가 관리하는 학교 화단과 연못). 나는 봄부터 화단을 가꾸면서 매일 좋은 기운을 받는다. 아침에 출근해서 분무기로 식물에 물을 뿌려 줄 때 행

- 학교에 상자 화단을 만들고 여러 종류의 꽃과 허브를 심었다. 층층나무, 한련화, 범꼬리, 데이지, 루피너스, 낮달맞이꽃, 라벤더, 세이지, 민트 종류, 유럽스, 작약 등이 보인다.
- 창문을 열면 꽃향기를 맡을 수 있도록 키다리 화분을 만들어 허브 식물들을 심었다.

선생님 화단 스케치 ⓒ 임종길, 2018

복을 느낀다. 라벤더, 로즈메리 같은 허브 식물을 손으로 쓰다듬어 향기를 맡으면 기분이 좋아진다. 학생과 얘기를 할 때는 화단으로 데리고 나와 허브 잎을 하나 뜯어 냄새를 맡아 보라고 하며 얘기를 시작한다.

꽃이라니, 바쁜 학교 일상에서 어쩌면 사치스럽게 느껴질지도 모르겠다. 하지만 일상에서 예술적 행위는 큰 힘을 발휘하기도 한다. 학교에 만드는 작은 화단이 삶에 지친 학생과 교사들에게 조금의 위안이 되고, 서로 교감하는 데 도움이 될 수도 있지 않을까.

학교 없는 학교를 찾아서 농촌으로 오다

모두의 삶이 예술이 되는 세상을 꿈꾸며

이은정 nemohodu@gmail.com
홍성군마을만들기지원센터

교육농과의 만남

나는 귀농한 지 3년 차에 접어든, 이제는 더 이상 신출내기가 아닌 귀농인이다. 농촌 마을의 시골살이를 하기 전까지의 나의 행보를 돌아본다. 나는 발도르프학교에서 교사로 지내며 자연과 농업을 처음으로 접하게 되었다. 그러고 보니 발도르프학교에서 처음으로 접한 것이 참 많았다. 처음 발도르프 미술교육을 접했을 때 받았던 충격이 아직도 생생하다. 그림을 잘 그려진 결과물을 위하여 그리는 것이 아니라 그림을 그리는 재료를 느끼고, 색 자체를 느끼고, 나의 손과 붓, 색과 종이가 만나는 순간을 위하여 그렸다. 발도르프 수공예 교육도 뭔가 달랐다. 보통 수공예는 예쁜 실을 사서 내가 원하는 것을 만드는 것이 일반적인 과정인데 이곳에선 가장 첫 단계인 실부터 만들었다. 그리고 실을 물들였다. 계속 근원으로 돌아가는 것이다. 이런 과정들을 통해 무엇인가 치유가 되는 것을 느꼈다. 전에는 알지 못했지만 내가 찾고 있었던 것이라는 걸 깨달았다. 도시의 소비의 굴레에서 벗어날 수 없었던 나의 좁은 예술에 자유가 주어지는 순간이었다.

교육농을 통해 도시 한복판 작은 학교의 옥상 텃밭에서 식물들을 사이에 두고 아이들을 만났을 때는 더 큰 자유가 아이들과 나를 찾아왔다. 작은 옥상 텃밭에서는 뭐든지 자연스럽고 힘들지 않게 필요한 배움과 활동이 일어났다. 아이들은 자연 속에서 놀고, 일하고 싶을 때 일하며 그 안에서 교사들이 가르쳐 주고 싶어 했던 그 이상의 것들을 스스로 찾아내고 즐겼다. 밀이 익을 때는 프라이팬과 버너를 달라고 해 알아서 밀을 프라이팬에 볶아 먹었고, 오이에 잔뜩 낀 진딧물을 퇴치하고 싶다며 교사들에게 방법을 물어보았다. 식초에 물을 희석해서 뿌려 주곤 오히려 잎이 상해 버려서 엄청 속상해하기도 했지만. 토마토와 몇 개 달리지 않은 딸기는 익자마자 부지런한 아이들의 입으로 들어가느라 바빴다. 옥상에서 허브를 수확하여 학교 근처의 레스토랑에 깜짝 선물을 하고 쪽파는 학교 주변의 책방, 대안 공간 등을 돌면서 팔아 '완판'하였다. 농사를 지으면서부터는 마을로 나가 동네 할머니에게 인사를 드리게 되었다. 할머니 집 앞에 심어진 율무 씨앗을 받아 실로 꿰어 팔찌를 만드는 방법도 배웠다. 그렇게 교육농은 아이들이 주체가 되어 학교 밖으로 나와 자연, 이웃과 관계 맺는 경험을 가능하게 하였다.

교육농은 미술과 수공예 수업도 자연을 바탕으로 이루어질 수 있게 도왔다. 우리 주변의 흙과 돌, 식물을 이용해 물감을 만들어 그림을 그렸고 방과 후 시간이 되면 아이들은 각양각색의 돌을 찾고 빻아서 자기만의 물감을 만들었다. 만들어져서 주어진 색이 아닌 내가 찾아내고 만드는 나만의 색은 아이들의 의지와 호기심을 자극하였다. 자연에서 아이들과 함께하며 경험한 충만한 느낌은 참으로 생소한 것이었다. 자연이 가진 풍요로움과 힘을 처음 알게 된 것이다. 아이들의 수업을 준비하며 천연 염색을 연구하게 되었고 자연에서 얻는 색은 예술 활동의 다음 주제가 되었다.

● 인천발도르프학교 상급 학생들이 학교에 쪽파 판매 부스를 열었다. 마을 주민들의 마음도 열리고 지갑도 열렸다.
●● 농사를 지으면서부터는 마을로 나가 동네 할머니들에게 인사를 드리게 되었다. 할머니 집 앞에 심어진 율무 씨앗을 받아 실로 꿰어 팔찌를 만드는 방법도 배웠다.
●●● 수확한 허브와 상추, 딜 모종을 이웃에 선물하기 위해 길을 나선 1학년 학생.

● 학교 근처 들판은 아이들의 물감 창고가 되었다. 자신만의 분류로 자연물을 모으며 노는 아이들.
●● 돌과 식물로 만든 물감으로 그림을 그려 보았다.

연결과 회복의 장소, 농촌

본격적으로 농촌으로 나를 이끈 것에는 또 어떤 동인이 있을까? 거기에는 '정체성'의 문제가 있다. 자연을 기반으로 하는 농적 삶에는 자립과 자족의 가능성과 함께 '연결'의 가능성이 있었다. 과거와의 연결, 전통과의 연결이다. 이 역시 전에는 나와 직접적인 연관이 없던 것이다. 하지만 자연과 농사를 알고 난 후 나와 연관이 생겼다. 농촌에는 이전의 삶의 방식을 몸과 기억에 담고 있는 사람들이 살고 있다. 그들과 만나 그들이 지닌 것을 배우고 삶의 유산을 받고 싶다는 정체성의 요구가 있었다. 뿌리를 찾고 싶은 것이다. 3년 전의 나는 이러한 연결을 아이들에게 안내하는 샘솟듯 풍성한 교사가 되고 싶었다. 그리고 사람과 사람 사이에서, 일과 일 사이에서 경계와 상하, 네 것과 내 것을 끊임없이 나누는 도시의 생존 방식에서 벗어난 전혀 다른 관계망을 찾고 싶었다. 지금까지 경험으로는 도시에서는 불가능하다는 것을 확인하였다. 그렇다면 도시가 아닌 다른 곳으로 가야만 했다. 예술은 참 껍데기가 많은 분야다. 벽도 높다. 뭔가 고급스럽다. 주눅 들게 한다. 예술은 경제적인 여유가 있는 가정의 아이들에게 고가의 교육과정이 되기도 한다. 고급, 고가가 될수록 틀에 박히지 않고 창의적이고 자유로운 예술을 경험하게 한다. 발도르프교육도 고급 교육이라는 계층적 벽 안에 있다. 예술뿐만이 아니다. 먹는 것에도 껍데기가 많다. 온갖 가치와 이미지와 눈에 보이지 않는 계층이 존재한다. 홍성 읍내에 있는 김밥 집에서 밥을 사 먹은 적이 있다. 반찬으로 직접 담근 장아찌가 나왔다. 화장실을 가기 위해 문을 열고 나가니 좁다란 통로 벽을 따라 장아찌 통과 장독이 줄 서 있었다. 이건 도대체 뭐지? 태어나서 동네 식당 밥에 기대 같은 건 가져 본 적이 없는데 6,000원짜리 식당 밥이 제공하는 이런 인간적인 대접에 당황스러웠다. 속도를 단축하는 경제성이 날로 발달하고 한 가정이 홀로 도생해야 하는 도시에서는 이제 더 이상 지속할 수 없어 사라져 가는 옛 삶의 방식들. 도시에서는 이러한 것들에 서서히 의미와 프리미엄을 부여하고 있는 듯 보인다. 그런데 이곳에 오니 이 모든 것들이 원래 해 오던 대로, 당연히, 아무런 의식도 가치도 없이 이루어진다.

그러고 보니 발도르프학교가 있던 인천의 원도심 배다리에서도 이런 밥을 먹어 본 적이 있다. 배다리의 오래된 막걸리 집에 가서 찌개를 시키면 주인 할머니는 쌀을 씻어 안쳤다. 그리고 찌개와 함께 갓 지은 밥이 나왔다. 밥은 원래 그렇게 대접하는 것이기 때문에 그렇게 하시는 것 같았다. 뭔가 아직까지 침범되지 않았다고 할까? 자연의 흐름에 따라 거두고 수고하며 삶을 채우던 것들이 아직 남아 있었다. 본래의 것에 그 이상의 가치가 부여되지 않은 채 행해지는 이런 장면들 역시 생소했다.

원래 사람에게 주어져 마땅한 것이 그저 알파와 오메가인 상태. 예술을 이야기하다 밥 이야기를 한참 했지만 여기에 내가 하고 싶은 이야기가 있다. 사람에게 주어져 마땅한 것을 주고 또 받고 싶다. 나는 이미 먹물이 들어 의미를 찾고 부여하며 살아온 사람이다. 하지만 이제는 농촌에서 다르게 해 보고 싶다. 사람과 사람이 만나 가장 좋은 것을 순수하게 주고받으며 살 수 있으면 좋겠다. 그러기 위해서는 가장 좋은 것이 무엇인지 배워야 한다. 도시에서 나고 자란 내가 모르는 많은 것들이 농촌의 삶 속에 아직 스며 있다. 옛 삶의 풍경들은 이제 급속도로 마을에서 사라지고 있다. 살아 있는 박물관이라고 하는 농촌 마을과 어르신들을 조금 더 가까이에서 보고 배우며 뗏물을 좀 빼고 우리가 마땅히 누리던 좋은 것들을 배워 보려고 한다.

학교 없는 학교를 말하는 사람들

예술은 사람마다 지니고 있는 고유한 것을 온전히 꺼내어 세상에 나타낼 수 있는 유용한 도구이다. 그리고 삶 속에 순수한 기쁨을 가져오는 일이다. 또 있는 그대로의 나 자신이 되고 나를 찾을 수 있는 치유의 도구이다. 이러한 예술에 다다르고 싶어서 그림과 수공예를 접하고 교육과 치유 분야에 관심을 갖게 되었다. 공간과 시간을 뛰어넘어 사람과 사람 사이의 전달의 매개로서 교육은 가장 훌륭한 방법이기 때문이다. 미술교육을 할 수 있는 다양한 교육 현장에서 일을 해 보았다. 방문 미술, 과외, 개인 교습, 영유아 미술 학원, 대안학교 등의 현장을 통해 그러한 예술을 사람들과 함께 나누고 그 경험이 확장될 수 있는 길을 찾아 보았다. 이러한 다양한 교육 현장은 도시를 기반으로 한 체계와 시스템 안에 있는 것들이다. 교육의 목표와 효과는 세심하게 설계되고 교실과 교사, 책상과 학생, 붓과 물감(혹은 다른 무엇)이라는 구조 안에서 위에서 아래로 내려온다. 이것으로도 충분히 좋지만 뭔가 다르게 해 보고 싶다는 욕구가 일어났다. 자본을 토대로 건물 안에서 위계와 체계를 통해 작동하는 도시의 시스템과는 다른 질서가 가능한 곳은 어디일까?

2016년 한 달에 한 번씩 교사 대상 농사 교육 프로그램 '농사학립'으로 충남 홍성의 홍동, 장곡 지역을 방문하였다. 전교생 20여 명인 도시의 작은 학교 옥상 텃밭에서 아이들과 함께 소소한 기쁨을 누리던 교육농은 농촌 지역을 접하며 더 큰 가능성을 만나게 되었다. 그것은 텃밭이 넓어지고 농업을 전문적으로 할 수 있는 그런 종류의 가능성이 아니었다. 홍성에서 만난 사람들은 1950년대 가난한 농촌 땅에 학교를 세우면서 학교는 사라져야 한다고, 교회를 세우며 교회는 사라져야 한다고 역설을 말했던 사람들이었다. 체계와 조직을 세우는 동시에 경계하는 사람들. 진보의 가장 높은 상태는 자신이 세운 높은 성을 두고 다시 처음으로, 새로운 곳으로 떠날 용기가 아닐까? 그런 사람들의 정신이 마을의 단단한 근간이 되고 뿌리가 된 곳이 존재한다는 것에서 지금까지 확인하고 또 확인한 도시의 질서와 다른 무엇이 가능할 수도 있겠다는 가능성을 만났다.

농촌에서 시작하는 생활예술창작소, 잇다/짓다 프로젝트

농촌에 내려와 1년 6개월을 시설하우스 유기농업을 배웠다. 어제까지 농촌과 아무 상관 없이 살던 사람이 하루아침에 농장 인턴으로 일하며 매일같이 상추를 몇십 kg씩 따 납품하는 생활을 하게 되었다. 일은 농업으로 바뀌었지만 전통은 쉽게 만날 수 없었다. 선주민들과 만나거나 관계를 맺는 것이 좀처럼 쉽지 않은 환경에 약간의 당황스러움과 실망도 있었다. 그러던 차에 농사를 배우는 것을 마무리하면서 홍성군의 마을을 책자에 담는 마을조사단 일을 하게 되었다. 선주민을 만나고 그들의 삶의 이야기와 흔적을 찾고 기록하는 일이다.

참 신기한 것은 일이 바뀌고 난 후에야 바로 근처에 전통이 있었지만 전혀 모르고 살았다는 것을 알게 되었다는 것이다. 내가 살던 농가 마당 벽에 그 집에 살다 돌아가신 할아버님이 만든 짚으로 만든 바구니 같은 것이 걸려 있었는데 전엔 그것을 낡은 집의 흔적으로만 여겼다. 마을을 조사하며 그것이 '메꾸리'와 '삼태미'라는 것을 알게 되었다. 짚으로 만든 옛 물건 중에서도 찾아보기 힘든 좋은 상태의 꼼꼼하고 섬세하게 만들어진 물건들이었다. 그렇게 홍성군의 마을에 숨어 있는 물건들과 기억들, 사람들을 감사한 마음으로 글과 사진으로 담고 있다. 이러한 물건들을 만나고 그 물건에 얽힌 세월과 이야기를 만나는 깃은 사실 아주 어려운 일이다. 대부분의 물긴은 보관이 어려워 버려지거나 고물장수가 와서 가져갔다. 그러고서도 남은 몇 안 되는 물건들은 어지간해서는 끄집어내지지 않는다. 쉽게 저런 물건들이나 이야기들이 나오는 것이 아니다. 어르신들의 일상에서 아주 오래전 세월을 다시 불러일으키는 것은 에너지가 많이 필요한 큰일인 것이다.

생활예술창작소에는 곧 사라질 위기에 있는 어르신들의 손기술에 대해서 안타까움을 느끼고, 또 기록과 보존의 필요를 느낀 사람들이 모였다. 원래는 농촌 마을에 예술과 공예를 활성화시키기 위한 모임이었지만 이슈는 곧 전통과 선주민과의 관계 형성, 어르신들의 삶의 질의 문제로 확장되었다. 이 모든 것이 풀기 어려운 문제이지만 우리는 예술을 통하여 무엇인가 해 볼 수 있을 것이라고 의견을 모았다. 귀농 20년 차 1세대와 작년에 귀농한 청년, 선주민이 모였다. 그리고 지역의 경계도 허물었다. 작은 농촌 마을끼리도 그 경계와 구분이 확실한 현실에서 그 경계를 예술로 흐려 보려고 한다. 이러한 시도가 올해 시작되고 있다. 아직 토대도 놓지 않은 시작 단계에서 무엇이 어떻게 될지 알 수 없지만 올해의 시작을 환영하며 열심히 달릴 준비를 해야겠다.

● 장곡면 도산2리 농가에서 발견한 '삼태미'와 '메꾸리'. 아주 촘촘하게 짜였다.
●● 할머님이 시집올 때 길쌈해 온 명주 저고리. 상 만드는 목수의 아드님이 보관 중인 아버님의 목공 도구들. 새끼 꼬기를 보여 주시는 어르신. 모두 갈산면 목과마을 사람들의 물건과 손기술이다.

마을과 학교를 잇다

장곡 꼬마농부 프로젝트,
그리고 장곡 마을학교

신소희 sososohada@gmail.com
마을연구소 일소공도

시작 : 농촌, 마을, 학교

2017년 2월 9일, 장곡초등학교 졸업식에 졸업생이 한 명뿐이었다. 썰렁한 졸업식을 염려한 학교는 마을 주민들과 다른 학부모들을 초대해 간담회와 공동체 놀이 시간을 마련했다. 장곡면에서 산 지 3년 만에 처음으로 학교에 가 보았다. 집에서 자전거로 5분 거리, 일주일에 두세 번 이상 지나다니는 길목에 있지만, 그동안 나와는 관계없는 장소였다. 유일한 졸업생은 자주 가는 마을 식당 매니저님의 아들이었다. 식당에서 모르는 사람에게 아무렇지도 않게 불쑥불쑥 말을 걸곤 하던 그 아이기 그저 천진히디고만 생각했었다. 워낙 작은 학교라서 다른 학년 형 누나 동생들과 잘 어울렸을 테지만, 같은 학년 동갑내기 친구 하나 없이 지냈을 거라 생각하니 마음 한편이 짠했다. 졸업생이 한 명뿐이라 학교에서 주는 상을 독차지했다. 따뜻한 박수 소리에 왠지 모를 미안함이 묻어났다.

2015년 오서분교, 2017년 반계분교가 장곡초등학교로 통폐합됐다. 이제 장곡면에는 장곡초등학교 하나만 남았다. 2018년 전교생은 44명, 여름 방학이 끝나고 조부모님이 돌보기 어려워진 친구와 내포신도시로 중학교 진학을 준비하는 친구가 전학을 갔다. 우리 마을 이장님이 다닐 적인 1960년대에는 장곡국민학교 학생이 1,300명이 넘었다. 지금은 상상할 수 없는 일이다. 2019년 1월 기준 장곡면 인구는 3,011명, 그중 45% 이상이 만 65세 이상 고령 인구이다. 여느 농촌 지역처럼 1970~1980년대를 거치며 장곡면 인구가 반 토막이 났고, 다음 20년 만에 다시 반 토막이 났다. 3개였던 학교는 하나가 됐고 장곡면 전체 초등학교 학생 수는 1/30로 줄었다. 면 단위 60명 이하 초등학교 역시 통폐합 대상이다.

장곡면은 서울의 중구, 종로구, 동대문구 면적을 합친 것보다 넓다. 마을 가까이 있던 학교가 사라지고 아이들은 스쿨버스나 부모님 차로 통학을 한다. 부모님들은 대부분 농사를 짓거나 다른 지역에서 일 하시기 때문에 아이들은 학교가 끝나면 방과 후 교실과 지역아동센터를 거쳐 어둑어둑해질 무렵에야 집으로 돌아간다. 집에 가면 휴대전화, PC 게임 말고는 놀 거리가 없다. 걸어서 놀러 갈 수 있는 친구 집도 없고 하루 한 번 버스가 들어가지 않는 마을도 많다. 중학교부터는 홍동면이나 광천읍, 홍성읍에 있는 학교에 다녀야 한다. 장곡면에서 통학하는 고등학생은 거의 없다. 대부분 홍성읍이나 다른 도시의 고등학교에 다니며 기숙사 생활을 한다. 농촌에 살지만, 마을에서 10대 시절을 보내기 어렵다.

나는 장곡초등학교에서 약 800m 떨어진 농장에서 일했다. 농장에는 농촌에서 진로를 모색하거나 농사일을 배워 독립하려는 청년들이 모였다. 시골살이가 궁금한 청년들과 대안학교 학생들도 몇 날 며칠씩 수시로 오갔다. 농장을 거점으로 도시 청(소)년들의 농업·농촌 교육과 도농 교류 활동이 활발했지만 정작 지역 학교와는 만날 기회가 없었다. 그러던 중 장곡초등학교에서 먼저 연락이 왔다. 학교와 마을

이 협력해서 농촌 기반 진로교육, 농업 관련 생태·환경교육을 진행하자고 했다. 먼저 제안을 해 준 장곡초등학교 교장 선생님은 사실 몇 해 전 홍동초등학교 교감 선생님으로 계셨었다. 마을 주민과 작은 단체, 학부모들이 협력해서 학교를 둘러싸고 마을 곳곳에서 다양한 교육 활동을 펼치는 홍동면은 마을교육공동체의 대표적인 지역으로 꼽힌다. 장곡면보다 작은 면적에 인구는 3,485명으로 조금 더 많고, 어린이집부터 초등학교 2개, 중학교, 고등학교, 생태농업 전공 과정, 마을 도서관까지 있다. 바로 이웃한 면인데도 장곡면보다 고령화율이 10% 가까이 낮다. 2018년 초등학교 재학생 수만 봐도 홍동초등학교 140명, 금당초등학교 68명으로 장곡면의 4배가 넘는다. 교장 선생님은 이 차이가 어디에서 비롯하는지 경험하셨던 게다. 마침 2016년에 농산어촌개발 권역 사업으로 오누이다목적회관이 완공됐고, 홍동 갓골생태농업연구소와 논배미에서 활동하셨던 선생님들이 장곡 지역아동센터와 논학교를 진행하면서 한 해 먼저 아이들을 만나고 있었다. 한 명을 위한 졸업식이 있던 바로 그날, 장곡초등학교와 오누이친환경마을협동조합이 자매결연을 맺었다.

만남 : 장곡 꼬마농부 프로젝트

그렇게 2017년 장곡 꼬마농부 프로젝트가 시작됐다. 1~2학년 12명, 3~4학년 15명, 5~6학년 14명, 두 학년씩 묶어서 세 그룹으로 나눴다. 3월부터 11월까지 그룹별로 한 달에 두 번씩, 모두 42회를 만

•
봄이 오면 가장 먼저 완두콩을 심는다. '누가 손바닥으로 간격을 재고, 구멍을 내고, 콩알을 세어 넣고, 흙을 덮을 것인가' 회의만 한참이다.

났다. 모내기와 추수, 김장은 전교생이 함께했다. 학교는 큰마음 먹고 5, 6교시를 내줬다. 정해진 요일마다 아이들은 점심을 먹고 학교를 나와 오누이다목적회관까지 10분 남짓 걸어왔다. 활동할 때마다 주민교사 3명과 자원봉사자 1명이 결합했다. 각 학년 담임 선생님과 나눔반 선생님도 함께 참여했다.

프로젝트를 기획하는 첫 회의에서 가장 오래도록 나눈 얘기는 어떻게 하면 아이들이 학교 밖 마을을 만나고, 둘레와 좋은 관계 — 마을의 풍경과 계절, 흙과 햇빛, 씨앗, 바람, 새, 벌레, 새싹, 나무, 염소, 밥, 물, 이웃 어른, 농부, 함께하는 이들이 모두 든든하게 연결되어 있다는 — 를 경험할 수 있을까였다. 학교에서 오누이다목적회관까지 저수지로 이어지는 물길 따라 걸어오는 길, 분주한 새소리를 들으며 고개 내민 봄풀 뜯어 맛도 보고, 보슬보슬한 갯버들 봄눈을 손끝에 굴리면서, 일부러 논둑을 가로지르다 멈춰 서서 크게 소리도 질러보고, (담임 선생님은 다친다고 나무랐지만) 농로를 힘껏 뛰어 크게 한숨 바람을 들이마시기도 했다. 농장 하우스에 들러 젊은 농부들과 이야기도 나누고, 오래된 한옥 마루에 앉아 이장님께 옛날 마을 이야기도 들었다.

언 땅이 녹자 어린나무를 심었다. 저마다 밭을 두를 화살나무와 여러 가지 꽃나무, 과일나무를 골라 하나씩 심었다. 아직은 해리포터 지팡이처럼 작지만, 2~3년 후에는 어엿하게 꽃을 피우고 열매를 맺을 거라 했더니 6학년이 가장 아쉬워했다. 졸업하고 나서도 제가 심은 나무가 잘 자라는지 보러 오겠다 했다. 무언가를 심을 때 아이들은 어느 때보다 사뭇 진지했다. 가만가만하지만 들뜬 목소리로 어렸을

적 엄마와 집 뒤란에 꽃모종을 심던 날, 베트남 할머니 댁 앞에 있는 엄청나게 큰 나무, 혹 뱉은 수박씨가 싹을 틔운 이야기가 이어졌다.

　날마다 다른 풍경을 데리고 저 멀리서부터 뛰어오는 아이들을 마중하고, 또 배웅할 때가 가장 설렜다. 아이들은 도착하자마자 지난번 심은 씨앗이며 나무며 모종이 얼마만큼 자랐는지 확인하고 나서야 모임 장소로 들어왔다. 때마다 비슷한 농작업도 그날 활동을 이끄는 사람에 따라 학년별 특성에 따라 달라졌다. 씨감자를 심는 날도 1~2학년은 감자 노래 부르기가 즐거웠고, 3~4학년은 씨감자를 잘라 재를 묻히고 간격을 맞춰 구멍을 파고 감자를 넣고 흙을 덮고 물을 듬뿍 주는 일련의 과정을 익히고 정리하는 게 중요했다. 5~6학년은 퇴비를 펴고 삽과 포크로 흙을 한참 뒤집어 밭을 만들고 나서야 개운해라 했다. 1~2학년은 작부를 짤 때 활용할 그림을 그리고, 3~4학년은 밭에 물을 담아 놓을 물통을 만들고, 5~6학년은 대나무를 잘라 지주대를 만들어 함께 쓰는 식으로 오는 날은 달라도 다 같이 밭을 돌보며 서로 도울 수 있도록 활동을 연결했다.

　어떤 날은 밭으로 나가기 전, 어떤 날은 다녀와서 관련된 그림책이나 시를 읽고 노래를 불렀다. 밭 활동을 하고 난 후에는 모여 앉아 그날 했던 일을 도란도란 이야기하며 일지를 적었다. 해바라기에게 빨리 자라라고 편지를 쓰기도 하고, 한결같이 밭에서 일하는 공주님 그림을 그리는 친구도 있었다. 고학년들은 자기가 심은 나무의 생리를 조사해서 적어 놓거나 그날 텃밭 작물로 해 먹은 요리 순서를 정리해 두기도 하고, 밭에서 주워 온 꽃잎을 고이 붙여 두기도 했다.

• 3월 말, 흙을 뒤집어 밭을 만들었다. 오후 봄바람에 술렁술렁하다가 제 몸보다 큰 삽과 레이크를 집어 드니 금세 진지해졌다. "잇차 잇차" 소리만 남도록 몰두하다가도 흙 속에서 지렁이나 애벌레, 잠자던 개구리가 나오면 잠시 소란해진다. 온몸을 움직여 함께 두둑을 만들고 나니 뿌듯하다. 서로 제 이마에 맺힌 땀을 자랑한다.

연결 : 함께하니 좋았더라

장곡 꼬마농부 프로젝트에는 주민 교사 4명은 물론 여러 사람의 시간과 수고가 잔뜩 들어갔다. 한 달에 여섯 번, 두 시간 수업이었지만, 평소에 밭도 돌봐야 하고, 때마다 계획 및 평가 회의도 해야 하고, 수업 준비도 해야 하니 실제로 일한 시간은 셈할 수 없었다. 1~2학년은 풀잎과 날개, 3~4학년은 풀잎과 샘물, 5~6학년은 샘물과 날개가 이끌고 나는 모든 수업에 들어가 기록과 진행 보조, 행정 업무를 지원했다. 게다가 1~4학년 수업에는 젊은협업농장에서 일하는 나무가 곁으로 함께하며 준비와 정리를 도와주었다. 아이들은 12~15명인데 매시간 결합하는 주민 교사가 3명이고 자원봉사자, 담임 선생님들까지 있으니 모든 활동이 촘촘하고 또 여유로웠다. 밭에서 쏟아지는 한 사람 한 사람의 물음과 마음에 대응할 수 있었다. 잠시 달팽이와 염소에 한눈을 팔아도, 저마다 속도가 달라도 괜찮았다.

처음에는 같이 준비하고 진행한다는 것만으로도 주민 교사 사이에 약간의 긴장이 있었지만, 날이 갈수록 같이해서 고맙고 다행이라 여겨졌다. 혼자라면 엄두도 내지 못했을 수업 준비와 밀도 높은 활동들도 여럿이 제 역할을 나누니 가능했고, 신중하고 폭넓은 시선으로 활동을 기획하고 아이들을 만날 수 있었다. 오랫동안 논배미 활동을 했던 풀잎은 차근차근 편안하게 아이들 눈높이에서 그날그날 활동을 이끌었다. 참여하는 담임 선생님과의 어색한 호흡이나 종종 날카롭게 튀어 오르는 아이들의 에너지도 풀잎이 토닥토닥 모서리를 맞추면 어느새 부드럽게 정돈되었다. 초보들 사이에서 풀잎의 연륜이 참으로 든든했다. 유아교육을 공부하고 '책 읽는 엄마 아빠 모임'을 하는 날개가 때마다 주제와 딱 맞는 여러 가지 그림책과 노래를 소개해 분위기가 말랑말랑해졌다. 몸이 빠른 날개는 주민 교사의 각기 다른 성향과 방식을 중간에서 부지런하고도 영리하게 지지해 주었다. 샘물은 작은 활동도 오래 고민하고 준비해서 깊이 있게 전달하려고 노력했다. 샘물의 열정 덕분에 장장 몇 주에 걸친 천연 염색이나 여러 가지 생태예술 활동들이 가능했다.

 1~4학년 수업에 자원봉사자로 참여했던 나무는 아이들에게 무언가 나눠 주고, 다시 받아 정리하는 일을 가장 좋아했다. 수업 전후로 장갑이며 물뿌리개, 농기구, 컵 등 자잘하지만 어쩌면 제일 중요했던 준비와 뒷정리를 도와주었다. 수업 후 카페 사진 게시판에 다정한 댓글을 남기는 일도 빠뜨리지 않았다. 학교 선생님들은 아이들이 학교와 마을을 오가는 길, 안전을 책임졌다. 담임 선생님도 같이 참여하니 활동이 자연스럽게 밭에서 교실로, 다른 교과로 연결되었다. 꼬마 농부 프로젝트에서 미처 다 읽지 못한 책, 관찰, 요리, 글쓰기, 만들기 등은 다른 수업 활동이 되었다. 이어지는 여러 가지 호기심과 다양한 이야기는 담임 선생님 몫이었다.

 그리고 사실 더 많은 마을 사람들이 물심양면으로 함께했다. 틀두둑에 쓴 목재는 행복농장에서 지원하고 양쌤이 뚝딱뚝딱 만들어 줬다. 각종 농기구며 퇴비, 상토 등은 가까운 젊은협업농장에서 가져다 썼다. 종종 오누이친환경마을협동조합의 나래 언니가 간식 준비를 해 주었고 요리 활동이 있는 날이면 행복부엌 사모님이 이런저런 가재도구와 조리 전 준비를 도와주었다. 손모내기를 할 때는 마을

●
싹이 트고 자라는 모습이 눈에 보이면서 아이들은 물 주기에 가장 열심이었다. 낑낑거리며 물을 담아 나르길 여러 차례. 결국 옷을 흠뻑 적시기 일쑤다. 가문 날을 걱정하다 함께 물병을 만들기로 했다. 플라스틱 페트병을 모아 반을 자르고 다치지 않게 종이테이프를 두른 다음 송곳으로 구멍을 내 밭 곳곳에 심었다. 물병마다 물을 가득 채우고 나서야 아이들은 안심하고 밭을 떠났다.

청년들이 마무리에 총동원됐고, 추수할 땐 이웃 마을 문당리에서 여러 가지 도구도 빌려주고 직접 와서 쌀 과자도 만들어 주었다. 그래도 어려운 일, 필요한 자원은 결국 이장님이 마스터키가 되어 주었다. 무엇보다 아이들이 마을에서 복작복작 활동할 때 뭐 하는 거냐 관심과 애정을 담아 물어봐 주고, 아이들이 만든 요리를 맛보며 맛있다, 고맙다 인사해 주는 마을 어른들이 프로젝트를 완전하게 해 주었다. 1년 활동을 마치고 평가 회의를 하며 우리 스스로 참 탁월했고, 고생했다며 칭찬을 했다. 반전은, 결론으로 '이렇게 계속은 못 하겠다'고 한 것이다. 너무 많은 힘을 쏟았다.

확장 : 장곡 마을학교의 탄생

그럼 어떻게 해야 할까. 한 해 동안 열심히 한 덕분에 학교 문턱이 훨씬 낮아졌다. 학교에서도 마을의 교육력을 신뢰하고 2018년에도 프로젝트를 계속하길 바랐다. 그런데 주민 교사들의 부담이 컸다. 강사비만으로는 따질 수 없는 시간과 품, 마음이 들었다. 나도 그사이 새로운 단체에서 일하게 되었고, 날개도 실습을 나가야 해서 그만큼 에너지를 낼 자신이 없었다. 자원이 부족한 농촌에서는 이렇게 한 사람 한 사람 그때그때 사정에 따라 흔들리는 일이 많다.

겨우내 몇몇 사람이 궁리하다 오히려 더 여러 사람이 붙어서 마을에서 할 수 있는 다양한 교육 활동을 펼쳐 보기로 했다. 마을 자원, 주변 사람을 하나하나 꼽아 보니 클라이밍, 목공, 원예, 코딩, 우쿨

렐레, 논·밭·요리, 사진 등 당장 6~7개 프로그램이 나왔다. 그리고 학교에 역제안했다. 우리가 이렇게 활동을 조직할 터이니 전교생이 격주에 한 번 모두 마을로 나와 활동을 합시다, 2학기에는 정책 사업이든 민간 공모 사업이든 자원을 연결하기로 하고 일단 학교 예산으로 시작해 봅시다 하는 막무가내 제안이었다. 학교도 처음엔 당황했지만, 마을과 함께하는 더 좋은 방향이라는 데 동의했다. 그렇게 해서 2018년 장곡 마을학교가 시작됐다.

    격주 화요일 오후마다 전교생이 마을로 나왔다. 학교에서는 5, 6교시뿐 아니라 방과 후 일정도 비우고 충분한 시간을 갖고 유연하게 활동할 수 있도록 배려했다. 아이들은 클라이밍, 목공, 원예, 코딩, 우쿨렐레, 논·밭·요리 중 각각 자기가 선택한 활동에 참여했다. 2학기부터는 홍성군에서 시작한 충남행복교육지구 마을학교 사업에 선정되어 지원을 받을 수 있었다. 활동마다 2명이 주 강사, 보조 강사로 합을 맞췄다. 그사이 마을과 학교, 행정 사이에서 의견을 조율하고 주민 교사를 지원하는 코디네이터 선생님도 생겼고, 마을 사진관 청년이 모든 수업의 사진 기록을 맡았다. 4명이었던 주민 교사가 14명이 되었다. 대부분 장곡면 주민이거나 그전부터 관계가 있던 가까운 이웃들이었다. 원예 활동은 마을에 있는 협동조합 행복농장에서 직접 진행했고, 논·밭·요리 활동은 계속해서 풀잎과 내가 함께 진행하다 2학기부터는 젊은협업농장에서 일하는 청년인 꽃잎에게 바통을 넘겼다. 보조 강사가 따로 없는 경우엔 마을에서 농사를 배우는 청년들이 결합했다. 아이들과 같이 배우기도 하고, 마을 선생님이란 새로운 정체성으로 관계망을 넓혀 나가는 과정이기도 했다.

● 밭에 나가면 가장 먼저 이랑 사이를 살금살금 다니며 그사이 밭에서 무슨 일이 벌어졌나 살펴본다. 아이들은 신기한 보물을 곧잘 찾아낸다.

●● 밭 입구에 효리(유산양) 집이 있다. 뒷다리가 마비돼서 걷지 못하는 효리를 위해 풀을 뜯어 가져다주는 것도 꼬마농부들 주요 업무 중에 하나다.

새로운 일에 집중해야 해서 2018년 2학기부터 장곡 마을학교에서는 빠졌지만, 아이들이 오는 화요일 오후는 기다려졌다. 마을학교가 있는 날이면 바쁘단 핑계가 무색하게 괜스레 여기저기 어슬렁거리며 안부 인사를 나눈다. 장곡초등학교 전교생을 안다는 건 나 혼자 엄청 뿌듯한 일이다. 오후 5시 즈음 버스를 타면 홍동중학교에 다니는 졸업생들을 만나고, 자전거 타고 농협 하나로마트 가는 길엔 학교 운동장에서 "솔~솔~" 하고 명랑한 목소리가 나를 부른다. 간혹 주말 저녁 동네 식당에서는 가족과 외식하러 나온 아이들을 만나기도 한다. 손을 흔들어 반갑게 인사하면 같이 계시던 부모님이 저분은 누구냐고 묻는데 아이들은 보통 그냥 "솔솔"이라고 대답한다. 그럼 나는 부모님과 어색하게 웃으며 눈인사를 나눈다. 그게 너무 좋다.

고육농 : 변화하는 힘은 어디에서 오나

농촌으로 몸을 옮겨온 지 만 6년이 되었다. (마음과 태도는 어드메 있는지 모르겠다.) 최근 1~2년 사이 나는 여기에 와서 무엇이 달라졌나를 종종 생각한다. 장곡 꼬마농부 프로젝트를 하며 문득문득 만약 다시 도시에서 학교 밖 청소년을 만난다면 나는 그 전과 어떻게 달라져 있을까, 도시에서도 아이들과 같이 농사지을 수 있을까 하는 상상을 했다. 그전 학교에서 농촌으로 농활도 가고, 텃밭 수업도 했었는데 아이들은 떵까떵까 사고를 치고 교사들만 신나게 일한 기억에 피식 웃음이 난다. 이전에는 애들을 어떻게 구슬려 텃밭으로 데리고 갈까,

이것과 저것을 어떻게 잘 연결해서 전달할까, 애들은 어떻게 반응하나 이리저리 계획하고 준비하고 실행하고 평가하는 주체로서의 교사인 내가 있었던 듯하다. 몇 평 남짓 텃밭에 어설프게 세계를 담으려고 무리한 욕심을 내었는지도 모른다.

  그럼에도 불구하고, 그때의 내가, 변화할 용기를 내어 이곳에 왔다. (그래서 나라는 사람이 과연 달라졌는가 하는 강렬한 의심과 회의는 잠시 제쳐두고) 그 용기는 어디에서 왔는가 다시 생각해 보면, 아마도 그 시작은 '농사학림'을 통해 농사의 신비와 농촌에서의 진로를 상상할 수 있게 해 준 새로운 장소와 사람들, '교육농'이라는 새로운 말을 '만나서'가 아닐까. 그렇다면 나는 이제 그 새로운 만남을 밭에서만 찾진 않게 된 듯하다. 주변을 둘러보고 어디에 연결하고 누구와 함께하며 어떻게 확장할 수 있을지의 물음을 갖게 된 것이 변화라 할 만하다. '교육농'이란 말을 만난 지 7년째의 생각이다.

닫는 글 1

부엌과 텃밭을 넘어 학교와 마을로

홍순명 papahong1@hanmail.net
밝맑도서관 대표, 전 풀무학교 교장

"우리가 국민학교 다닐 때만 해도"

안녕하세요? 시골 학교 교사입니다. 정년퇴임은 진즉에 했지만, '마을 교사'로 지금도 학생들을 가르치고 있습니다. 학생들은 한참 자라는 동안 나라에서 가르치도록 자격을 준 교사 외에, 학생들을 좋아하고 그들의 성장에 도움을 줄 수 있는 다양한 사람들을 마을 속에서 만나야 합니다. 농부나 할머니, 다문화 가족도 마을 교사가 될 수 있습니다. 또 교육은 학교 교실에서만 하는 것이 아닙니다. 지역의 '마을 교실'에서도 교육은 이루어질 수 있고 이루어져야 합니다. 논도 밭도 숲도 시내도 협동조합 기계도 도서관도 모두 교실이 될 수 있습니다. 그래서 지역이 교실이 되고 주민이 교사가 되어 학교가 마을이 되고 마을이 학교가 되는 사회가 실현되는 것입니다.

사실 이런 생각은 무슨 특별한 것이 아닙니다. 100여 년 전에 근대 교육이 들어오기 전에는 모든 마을이 그랬던 것입니다. 마을에서 교육이 이루어졌습니다. 자라는 세대들이 마을공동체 안의 여러 나이 층 사람과 어울리고 집일을 도우면서 사회성과 체력, 삶의 힘을 기르고, 계절의 감수성과 자연의 질서, 전통 문화와 살아가는 방식을 익히며, 자립심과 고향에 대한 애착을 내면화시키며 철이 들었습니다. 철이 들었다는 말은 열린 생활과 감각을 통하여 자연과 사람, 사람과 사람의 관계를 터득했다는 말입니다.

마을에는 주민들이 운영하던 서당이 있어 유교 사상과 교양을 배웠고(비판의 여지가 있지만), 동네잔치나 제사, 애경사, 두레, 품앗이 등으로 공동체 문화나 경제생활에 참여하고, 동네 사람과 같이 먹고 만나고 부대끼면서 세상을 보는 눈이나 사는 지혜도 배웠습니다.

이런 예전 마을의 모습은 근대 교육이 들어온 즉시 싹 바뀐 것도 아닙니다. 조금씩 달라지다가 요즘은 걷잡을 수 없이 그 속도가 빨라졌습니다. 최근에 어떤 마을 농민이 학교를 예로 들어 한 말이 생각납니다. 그는 자기가 자란 50년 전과 지금을 이렇게 비교해 말했습니다.

"우리나라 교육은 너무 일등주의로 나가요. 그래서 학생들을 잡아요. 다 지쳐 떨어졌어요. 학생들에게 기쁨이 없어요. 전엔 학교에서 공부 못하는 애들도 자기들 나름으로 기가 살아 있었어요. 지금은 그런 모습을 보질 못해요. 왜 이렇게 되었나, 가만히 생각해 보니, 가정이 뿔뿔이 흩어진 것하고, 살아 있는 생명하고 관계가 끊어진 데 원인이 있는 것 같아요. 우리가 국민학교(식민지 시대부터 해방 후 1995년까지 불리던 초등학교 명칭) 다닐 때만 해도 학교에 화초나 채소를 기르는 온실이 있고 당번을 정해서 닭이나 토끼 같은 짐승도 길렀거든요. 학교 운동회는 온 마을의 큰 행사였어요. 그런데 이제는 그게 다 싹 없어져 버렸어요. 학생들은 컴퓨터 교실로만 몰려가요. 동물을 기르고 채소를 가꾸던 세상하고는 아주 등을 돌려 버렸어요. 그러니 시골에 살면서 시골을 모르고 자연에 살면서 자연을 모르고 컴퓨터하고 도시만 세상으로 알잖아요."

이런 말 속에는 오래되고 친숙한 세계와 점점 멀어져 가는 어린이들 세계에 대한 불안과 걱정이 배어 있기도 합니다.

사회가 변하면 학교와 마을은 속절없이 그 흐름에 떠내려갈 수밖에 없는가? 그렇지 않다고 생각합니다. 식민지 아래 선구자들은 사회 현실에 굴복하지 않고, 교육과 마을의 협력으로 부당한 사회 현실을 바꿀 수 있다는 믿음을 가지고 이상 실천을 위한 로드맵을 만들고, 당대와 후대를 위하여 할 수 있는 모든 일을 다 했습니다. 대성학교를 세운 안창호, 오산학교를 만든 이승훈의 뒤를 이어 함석헌 선생이 덴마크의 평민고등학교를 본받아 송산농사고등학원을 만든 것도 교육으로 부당한 현실을 바로잡으려는 저항이고 몸부림이었습니다.

지속 가능한 사회를 위한 학교의 시도들

생태-사회-경제는 서로 연결되어 있고 균형을 이루어야 하는데 과도한 경제 위주 체제로 생태계가 피괴되고 각종 사회 문제가 일어나 이대로 가면 더 이상 지구가 지속 가능할 수 없게 되었습니다. 그런 반성에 따라 한국 교육계에서도 지속 가능한 사회를 위한 교육의 역할을 자각하여 획일주의 입시 경쟁 교육의 대안으로 대안학교가 나오고 뒤따라 제도권에서도 혁신학교가 교육의 자율성을 바탕으로 생태·평화·공동체교육을 모색하게 되었습니다. 대안교육이건 혁신학교건 교육의 제자리(본질)를 찾는 것이 중요합니다. 지금의 입시, 경쟁 교육이 본질적 교육이 아닌 것은 너무나 자명합니다.

학교와 마을이 협력하여 생태·평화·공동체교육에 다가서려는 자율적 시도를 몇 가지 나누어 살펴보고자 합니다.

'고무 통 논'과 학생 정원

얼마 전 우리 마을 '마을활력소'(주민단체 중간 기관)의 게시판에 이런 광고가 붙었습니다.

서울, 대전의 도시 초등학교에 지역 농민들이 가서 한 해 벼농사 체험을 지도하는 데 함께 참가합시다.

농민들이 도시 학교에 가서 학생들이 자기 몫의 고무 통(고무 다라)에 몇 포기 벼를 심어 직접 기르고 가을에 거둔 것으로 밥을 짓거나 떡을 만들어 먹는 활동을 하는 지도를 하는 것인데, 학생들이나 학부모, 교사들의 호응이 높다고 합니다. 고무 통 벼농사의 지혜는 농사 경험이 있는 농민들이 학교에 와서 작은 규모의 자연 체험으로 학생들의 교육을 돕는 방법을 찾은 데서 왔습니다. 대부분의 교사들은 대학교에서 농사를 배워 본 경험이 없습니다. 학교 안의 땅은 메마르고, 다른 일도 많은 교사들이 농사를 배워 가며 짓는다는 것은 쉬운 일이 아닙니다. 좋은 농사를 짓기 어렵고 그렇게 되면 학생들에게 농사는 힘든 것, 재미없는 것이란 인상만 줍니다. 학교의 텃밭이건 생태 체험 교육이건 효과를 거두려면 학교와 지역이 역할 분담을 해야 합니다. 고무 통 벼농사가 성과를 거둔 이유는 교사들이 지역 농민과 협력하여 역할 분담을 한 데 있습니다. 작은 사례지만 미래 학교가 어떻게 지역과 협력해서 교과서를 떠난 교육을 해야 할지 하나의 방향을 제시한다고 생각합니다.

고무 통에 벼를 몇 포기 심는 것보다 한 걸음 나간 것이 '학생 정원 student garden'입니다. 학생 정원도 외부 전문가가 학교에 와서 학생들에게 농사 지도를 하는 것은 마찬가지지만, 한 가지 농작물만이 아니라 채소, 과수, 꽃 등 여러 가지를 기르고, 규모도 몇백 평이나 되는 넓은 면적입니다. 그런 사례를 미국 캔자스주의 평범한 중소 도시에 있는 웨스트중학교에서 보았습니다. 학생 정원은 '비영리 지역 사회 실업과 교육재단', 머크Merc 생활협동조합, 신용조합, 이렇게 세 지역 기관과 중학교가 협력해 만들었습니다. 그중 주도적인 단체는 머크 생협인데, 조합 목표부터가 '건강한 먹을거리와 교육으로 지역 만들기'입니다. 이 지역 기관들은 정원 시설과 농기구실, 배수 시설에 필요한 비용과 원예 전문가 지도비 등의 예산을 세우고 홍보와 행사를 맡았고, 조합원들은 씨앗과 농기구, 정원 입구에 깔 돌까지 지정 기부해 학교에 보냈습니다. 정원의 아치형 문에는 꽃 넝쿨을 올렸고 나무 울타리에는 소담스러운 열매가 열린 딸기나무가 우거지고 정원에는 일하다가 둘러앉는 벤치를 두었습니다. 과수, 채소, 옥수수, 콩 넝쿨, 꽃밭 등 종류별로 예쁘게 가꿨고, 피미 컬치, 틀밭, 보전 농업 등 모든 유기농업 방법을 잘 비교할 수 있게 구분해 배치하였습니다. "프로구나!" 하는 느낌이 확 들었습니다. 학생 정원은 지역 주민의 유기농업 견학 코스로도 이용합니다. 학생 정원에서 생산한 상추나 양배추 같은 것은 머크 생협 학생 코너에서 팔고, 학교 식당에도 공급합니다. 생협에는 벌써 졸업생 넷이 취업을 했습니다. '먹을거리를 기르자', '건강한 지역을 만들자' 그런 예쁜 로고도 만들어 학생 정원과 조합, 지역 곳곳에 붙이고 '건강과 먹거리를 위한 마라톤', 자전거 경기, 요리 대회 등의 행사를 지역에서 열 때는 학생 정원에서 나온 싱싱한 상추나 양배추 등의 유기농산물을 상품으로 줍니다. 매달 나오는 머크 생협의 소식지에는 이사장 인사말을 통해 학생 정원의 현황을 계속 알리고 있습니다.

웨스트중학교의 학생 정원은 거슬러 올라가면 1916년 존 듀이가 《민주주의와 교육》에서 말한 교육 사상과 시카고 실험초등학교의 실험을 계승한 것입니다.

교육이 선택된 소수만을 위한 옛날의 전통을 영속해 나갈 위험은 언제나 있으며, 새로운 경제적 조건에 맞추어 스스로 조절한다 하더라도, 어느 편인가 하면, 오늘날의 그릇된 산업 체제의 변형되지 않은, 합리화되지 않은, 사회화되지 않은 측면에 그대로 순종하는 식으로 스스로를 맞출 가능성이 있다. (……) 우리가 바라는 변형이 어떤 것인가를 형식적으로 규정하기는 어렵지 않다. 그 변형된 사회는, 다른 사람의 삶을 가치 있는 삶으로 만들기 위하여 누구나 무슨 일인가를 하고 있는 사회이며, 따라서 사람들을 서로 묶고 있는 끈이 더 튼튼한 사회, 즉 사람들 사이를 갈라놓는 벽이 허물어진 사회이다. (……) 여기서 말하고자 하는 것은 다만, 우리는 학교에다가 우리가 실현하고자 하는 사회의 전형적인 모습을 재현시킬 수 있다는 것, 그리고 그 사회의 모습에 맞게 마음을 형성함으로써 성인 사회의 보다 대규모적이고 보다 완강한 특징들을 점차로 수정해 나갈 수 있다는 것이다.*

시카고대학 부설 실험초등학교는 가족 같은 분위기에서 자기 활동과 표현을 하면서 오전에는 식당, 정원, 목공실, 스튜디오, 작업실 등에

---

* 존 듀이, 이홍우 옮김(2007), 《민주주의와 교육》, 교육과학사, 454~456쪽.

서 기술을 단순화시킨 실제적 공동체 활동으로 교육을 구성하고, 오후에는 학과를 공부하는데 예를 들면 요리 책에서 읽기를, 영수증에서 쓰기와 산수 등의 학습을 출발했습니다. 그런 경험과 지식으로 학생들의 지적, 심리적, 사회적, 논리적 능력을 길렀습니다. 존 듀이는 이 교육 실험을 '사회의 씨눈'이라고 중요하게 여겼습니다. 예산이나 행정 미숙, 교사들의 현장 경험 부족 때문에 교육으로 잘 엮지 못해서 아쉽게도 중단되었지만, 교육사에서 이 실험은 대단히 중요한 의미를 갖습니다.

학교 밖에 마을 교실 만들기

지역이 참여하는 또 하나의 체험 학습 방법에는 학교가 지역 독농가篤農家와 계약을 맺어 학생들이 직접 현장에 가서 일을 돕거나 체험 활동을 하는 방법(마을 교실)이 있습니다. 홍성 지역에도 마을 어른들이 모내기부터 수확, 나눔까지 함께하면서 전통 두레와 벼농사를 접목하는 6개월짜리 프로그램이 있습니다. 초·중·고의 기초직인 교육과정과 연계해 방과 후에 농장 체험을 운영하는 곳도 있습니다.

다른 지역도 찾아보니, '벼와 들녘'을 주제로 벼의 한살이를 배우고 민속놀이, 솟대 만들기, 짚공예, 떡/과자 만들기 체험을 한다거나 축산 관련해서 송아지 우유 주기, 젖소 관찰, 요구르트/치즈 만들기, 동물 관찰 등을 하는 농장들이 있었습니다. 햇빛을 이용한 전기 생산, 숲 탐방, 하천 조사 등의 활동을 하는 농장도 운영되고 있고요.

조그만 농장에서 뭘 할 게 있을까 싶지만, 놀 거리도 먹을거리도 많습니다. 둑새풀로 풀피리를 만들고 자운영으로 꽃목걸이를 만들 수도 있습니다. 염주로 팔찌를 만들고, 나뭇잎으로 배를 만들어 물에 띄우고요. 방동사니로 점치기, 괭이밥 잎으로 줄 끊기 놀이도 할 수 있습니다. 박완서 씨의 책 《그 많던 싱아는 누가 다 먹었을까》를 보니 달개비로 피리를 만들어 불던 어린 시절을 회상하고 있더군요. 조상들의 상상력을 꽃에 대한 전설로 듣는 것도 재미있습니다.

논에는 무수한 생물이 있고 서로 고리를 이루어 순환하며 살아갑니다. 물방개, 물장군, 장구애비, 게아재비, 물자라 같은 익충과 해충이 서로 얽혀 다양한 생명의 세계를 이루고 있습니다.

봄이 되면 냉이, 쑥 같은 게 있지요. 이뿐만 아니라 광대나물, 질경이, 민들레로도 나물이나 샐러드, 떡, 차, 튀김을 만들어 먹을 수 있습니다. 여름에는 오디를 우유에 갈아서 아이스크림을 만들면 돈도 많이 안 들고 맛있는 간식을 즐길 수 있습니다. 꽃과 나무와 동네에는 예전부터 내려오는 전설이 있습니다. 전설로 오늘과 다른 당시의 사회상이나 인간상을 알 수 있습니다.

지역에 사는 노인들은 걸어 다니는 역사책이라고 할 만큼 여러 기억을 가지고 있습니다. 인터뷰를 하고 학생들이 경험하지 못한 사회와 역사를 재구성해 보는 것도 중요합니다.

실습 시간에 봉사 활동으로 유기농가에 가서 일을 해 드리고 농사 이야기를 듣고 어른과 같이 일하고 밥을 먹는 귀중한 체험을 할 수도 있습니다. 일을 도와드리고 농산물을 받아 와 식당에서 요리하거나 집에 갖고 가서 용돈을 타거나 학교 매장에서 팔거나 하는 방법도 있습니다. 주민 축제에 학교에서 출연을 하고 추수 감사절 행사를 농민과 같이 할 수도 있습니다. 교사가 잘 계획을 세우면 논과 밭과 동네 어른들이 모두 경이와 발견의 세계로 돌변합니다. 그래서 세상을 보는 눈을 넓히고 농촌과 지역을 가로막고 있는 문제가 어디 있으며 그것을 해결하려면 무엇이 필요한가 하는 신성한 고민을 하게 됩니다. 예를 들어 논과 밭의 수질과 흙을 검사하여 오염이 된 실태, 논의 생물 다양성이 줄어드는 이유와 대책, 농민이 살기 어려운 이유, 생태 문제의 해결을 포함해, 이런 것을 공부하고 창조적이고 건설적인 방향으로 미래를 예측하고 그 해결을 위해서는 우리가 무엇을 해야 하는지 책임 의식을 갖게 됩니다.

농촌 체험 농장은 바람직하지만 현장 교실이 될 만한 공간과 주민 교사 역할을 할 만한 인력을 찾기가 쉽지 않습니다. 농업 인구 자체가 얼마 안 되고 그분들도 대부분 나이가 드셨죠. 물론 유기농업 독농가가 있고 젊은 귀농자들이나 후계자들이 곳곳에서 희망을 일구고 있지만, 단순한 체험에서 그치지 않으려면 교사들이 교육과정과 연계하여 계획을 짜야 하고 지역의 그런 분들과 협력해야 합니다.

학교는 현장성이 떨어지고 학교 밖은 교육성이 모자랄 수 있는데 이 현장성과 교육성을 잘 결합하는 것이 농민과 교사들이 학교 밖에서 함께 만드는 교육 농장입니다.

마을에 교육 농장 만들기

우리 마을 박형일 선생의 교육 농장은 지역 안의 학교뿐만 아니라 전국 여러 곳의 교사들과 교류를 하고 있습니다. 온실을 짓고 학생과 교사가 실습을 합니다. 교육 농장은 단순한 농장이 아니라 '교육' 농장이니까 되도록 여러 교육적 요소를 갖추려는 모습을 볼 수 있습니다. 채소 한 가지만 심어 놓고 교육 농장이라고 할 수는 없겠지요.

그렇다고 감당하기 어렵게 농장이 클 필요는 없다고 봅니다. 작아도 괜찮지만 가능하면 여러 가지 기능을 갖춘 농장이면 좋겠지요. 꽃과 나무도 있으면 좋고, 작은 동물이나 강의실도 있으면 좋고요. 강의실에는 여러 영상도 구비해 두면 좋겠습니다. 실습은 모심기, 벼 거두기 등 예전 두레 방식을 재현해도 좋고요. 농장 일만 아니라 가공이라든지 공예라든가 총체적으로 교육적 기능을 갖춘 농장을 실현해 나가면 좋겠습니다. 가능하면 숲속에 숙박 시설도 있으면 좋은데, 보통 숙박 시설이라고 하면 비용이 많이 들 것 같지만 컨테이너 바닥에 밀짚을 깔고 각자 침낭이나 담요를 가져와 자면 색다른 경험이고요. 별자리 관찰, 야영, 모닥불 모두 학생들이 좋아합니다. 어쨌건 학생들은 자연 속에서 건강하게 자라게 해야 합니다.

학교 농장은 한 학교 안에 부설되지만, 교육 농장은 그럴 필요가 없습니다. 여러 학교 교사들이 마을 농민과 함께 만들어 운영하고, 여러 학교 학생들이 이용할 수도 있습니다. 교육 농장은 학생 교육을 도우려는 지역 농민, 그리고 농업과 지역공동체가 지속 가능 사회의 토대라고 생각하는 학교 교사들이 함께 만들 수 있는 농장입니다. 열린 교실이면서 교육과 농촌의 변화를 촉진하는 농장입니다. 여러 학교 학생들이 정규 시간이나 방과 후 활동 시간 또는 방학 기간에 농장 활동에 참가하여 학교교육과 다른 경험과 세계를 배우는 열린 교육 공간입니다.

이런 교육 농장은 첫째, 공부와 일을 일치시키는 전인교육의 현장입니다. 학교에서는 보통 교과서나 참고서만 가지고 공부를 하지요? 요즘은 또 인터넷이 청소년 생활에서 차지하는 영향이 높습니다. 인터넷이나 교과서도 중요하지만, 그건 가상의 세계죠. 현실 세계를 체험하면서 실재하는 현실을 파악해야 해요. 그것이 머리, 가슴, 손의 전인적 그리고 인성교육의 바탕이 됩니다.

　교육 농장의 두 번째 특징은 농장의 대부분의 활동을 교육과정에 편입시킬 수 있다는 것입니다. 공부는 학교에서 하고 농장에서는 방과 후 여가 활동을 하는 것이 아니라, 교육 농장에서 하는 모든 활동이 교육과정이 되는 겁니다. 학교의 교육과정에는 여러 과목과 활동이 있습니다. 국어, 과학, 생물, 사회 같은 학과도 있고 특활, 취미, 자치, 봉사 등의 활동도 있잖아요. 이런 모든 교육과정이 교육 농장의 활동으로 들어올 수 있습니다. 예를 들어, 토지는 지구과학이나 문학, 사회, 역사, 생물 과목에 포함될 수 있습니다. 농업을 통해서는 4대 문명의 성쇠나 세계의 식량 공급과 인구/환경 문제, 건강, 복지, 문화, 시사 등 모든 문제에 대해 배울 수 있습니다. 생물은 그야말로 농장 자체가 교과서지요. 광합성, 미생물, 흙, 물의 작용, 물질 순환, 생물 다양성, 그리고 관행 농업의 문제와 지속 가능 사회까지 무궁무진합니다. 환경이나 먹을거리에 대한 내용은 과학이면서 사회 문제이고, 세계를 이해하고 우리가 주변에서 실천해야 할 일을 생각하게 합니다.

　셋째, 교육 농장은 생태 살리기와 마을 만들기 같은 새로운 세상을 만들어 가는 곳입니다. 생태교육에서 꼭 배워야 하는 것들이 있습니다. 다양성, 순환과 조화, 개체와 전체 등에 대한 생태 법칙입니다. 생태 문제에는 모든 사람들의 분담된 책임이 있다는 것을 아는 것도 중요합니다. 생물 다양성만 아니라 인적, 자연적, 문화적인 다양성을 존중하는 태도도 길러야 합니다. 그리고 우리가 쓰고 있는 공기, 물, 흙이 내 것이 아니라 우리는 그저 관리자라는 것을 알려야 합니다. 아예 학교에서는 시간표만 짜고 이론과 실제의 모든 실습 시간을 교육 농장에 맡기는 것이 학생들에게 교육적이고 효율적일 수 있습니다.

학생들에게 배움은 고통이 아니라 기쁨이 되어야 합니다. 그 기쁨은 새로운 것을 알게 된 기쁨, 체험을 통해서 나도 할 수 있다는 것을 발견한 기쁨, 나도 세상을 좋게 하는 데 역할을 할 수 있다는 것을 확인하는 기쁨입니다. 성적의 강박이나 비교의 고통보다 기쁨이 성장과 자기실현의 적극적인 에너지가 됩니다. 농장에서 모를 심고 감자나 고구마를 캐서 구워 먹으면서 온몸의 오감이 살아나고, 다양성과 조화, 순환으로 이루어진 생명의 세계를 발견하고, 가혹한 경쟁으로 왜곡되지 않은 건전한 사회를 위해 우리가 무엇을 해야 하는지 생각하게 하는 것은 매우 중요한 일입니다. 이런 체험은 배움을 풍성하게 만듭니다. 예를 들어 감자는 어떤 경로로 왔고 무슨 과에 속하며 어떤 역사적 사실이 있고 요리를 어떻게 하고 건강한 감자를 만들려면 흙이 어떤 상태라야 하는지, 반대로 지금 흙이 어떻게 파괴되어 어떤 영향을 미치는지, 왜 그렇게 되었는지, 그것을 막으려면 무엇을 해야 하는지 등 수많은 것을 배울 수 있습니다. 이런 체험을 중심으로 하는 학습은 공부에 대한 흥미를 높여 줌과 동시에 교실에서 나타나지 않던 학생들의 다른 개성이나 장점을 나타나게 할 수 있고 사회를 보는 눈이나 지혜, 장래 진로에 영감을 주고, 의문과 문제의식을 갖고 같이 해결하는 평생 학습의 확실한 뒷받침이 된다고 생각합니다.

일본의 야마나시현 시골에는 하쿠슈라는 교육 농장이 있는데, 도쿄의 어린이들이 방학 기간 2주 동안 일하고 먹고 미역을 감고 신문을 만들고 산에 오르고 하늘의 별을 관찰하다가 돌아갑니다. 사람은 어렸을 때 기억은 잊을 수가 없습니다. 어렸을 때 하쿠슈 농장에 왔던 어린이들은 대학을 마치고 지도 교사가 되어 다시 찾아온다고 합니다. 그렇게 여러 해가 지나 이제는 교육 농장에 도서관을 만들었고, 학교, 자급하는 마을을 만들 계획을 세우고 있습니다.

학교를 마을로 만들기

학교에 마을의 기능 일부가 들어오거나 학교의 일부가 지역에 진출하는 것이 아니라, 아예 학교를 마을로 만드는 방법도 있습니다. 전북 남원의 실상사작은학교, 경남 산청의 민들레학교, 강원 홍천의 아름다운마을공동체, 충북 제천의 간디학교가 있고, 전남 순천의 사랑어린학교도 그런 방향을 모색하고 있는 줄 압니다.

풀무농업고등기술학교(줄여서 풀무학교)는 충남 홍성 홍동면 팔괘리의 풀무골에 지으면서 지명이 학교 이름이 되었는데, 풀무학교 부설 생태농업 전공부(전문기술학교)는 운월리 마을의 가장자리라는 뜻으로 갓골이라 불리는 곳에 지으면서 학교 마을이 생겼습니다.

갓골에는 30년 전만 해도 상엿집과 농사짓는 초가지붕의 농가 한 채만 있던 쓸쓸한 곳이었습니다. 바람이 불면 못이 빠진 상엿집 함석이 밤낮으로 삐걱거렸습니다. 잡목림과 붉은 황토 언덕 밭과 발이 빠지는 고논만 있어 당시에는 땅을 내놓아도 살 사람이 없었습니다. 그런 갓골에 이제는 갓골어린이집, 밝맑도서관, 어린이도서관, 풀무학교 생협 동네 빵집 '자연의 선물' 가게, 두밀리어린이책방, 마을 뜸방, 생각

실천창작소, 민택기사진관, 그물코 출판사, 느티나무 헌책방, 갓골게스트하우스, 정농회 본부회관(토양 검사실과 씨앗 도서실), 풀무학교 부설 생태농업 전공부, 갓골목공실 등이 들어섰습니다. 이런 시설들은 하나도 규모가 번듯한 게 없습니다. 다 작습니다. 그저 '더불어 사는 평민', '지역이 학교고 학교가 지역이다', '일도 하고 공부도 하자'라는 이치를 믿고 평범한 사람들이 오래 있다 보니 어느새 교사나 농민 등의 21채의 집이 세워져, 몇 집만 더 늘면 새로운 행정 단위 동네가 생기게 되었습니다. 그러면 공회당이 더해져야 하겠지요. 거기엔 모임 때마다 집집에서 한 가지씩 먹을 것을 가지고 오거나 전공부에 새로 지은 가공실을 이용하여 제대로 요리 실습을 하자는 말이 오가기도 합니다.

무엇보다 갓골 한가운데는 학교 실습지로 사용하는 숲과 논밭이 있고, 20년 동안 유기농을 해서 일급수에 사는 긴꼬리투구새우가 살고 있는 것이 기쁜 일입니다. 긴꼬리투구새우는 갓골의 재산 1호입니다. 숲은 유기농업의 진산鎭山입니다. 공기를 맑게 하고 흙을 부드럽게 하는 미생물의 보고고 빗물이 지하수로 스며들어 물을 맑게 해 주는 곳입니다. 숲이나 논은 아직 시설이나 건물의 수준이 못 미쳐 숲다운 숲 가꾸기나 논의 다각적 이용과 가공이나 유통 등에서 미진한 점이 많지만 교육농과 협력하여 더욱 학교 마을 같은 학교 마을을 만들어 가야 하리라고 생각합니다.

갓골의 경계에는 퇴비 발효 공장, 교육농연구소 사무실, 마을활력소, 홍동 한우 식당, 유럽서 들여온 스펠트밀 제분소가 생겼습니다.

그런 갓골의 시설과 주민이 모두 학교의 논밭과 부지 안에 섞여 관계를 맺고 살고 있습니다. 학교 마을은 마을 자체가 학생들이 배우고 교사들이 사는 교육의 환경입니다. 또 마을은 지역의 한 부분입니다. 어느 지역에고 있는 행정복지센터, 파출소 등 행정 중심 공간에 이런 학교 마을, 문화생활 공간이 추가되면 학교도 살아나고 지역에도 힘이 되리라고 생각합니다.

끝으로

페스탈로치는 교육의 본질을 인간성의 발달에 두고 그 단계적 과정을 가정의 거실과 농지에서 시작하여 학교와 마을로 발전하는 것으로 두었습니다. 어린이는 가족이고 학생이고 주민이고 가족과 교사와 주민은 모두 그들에게 영향을 주는 생활권에 살고 있습니다. 가정과 학교와 마을을 연결하는 것이 교육농입니다. 유엔에서는 '소농', '흙', '물', '보존 농업', '지속 가능한 사회를 위한 교육'을 잇달아 선포하고 있습니다. 눈 가리고 달리는 말처럼 좁은 시야에서 벗어나 지구적으로 인류의 운명을 놓고 보면 모두 눈앞에 떨어진 절박한 문제들이기 때문일 것입니다. '지구적으로 생각하고 지역에서 행동하라'는 말이 있지만 지역에서나 지구에서나 모두 생각하고 실천해야 한다고 생각합니다. 학자도 텃밭을 가꾸는 농민이 되고 농민도 늘 공부하는 학자가 되는 그런 지역을 만들어야 된다고 생각합니다. 입시와 경쟁을 모든 학생이 할 필요는 없습니다. 학생들이 부엌과 텃밭에서 시작해 학교와 마을 속에서 자라며 어른들과 평화와 생태 세상을 함께 만들어 가는 데 우리 교육과 사회의 희망이 있습니다.

닫는 글 2

정치적 실천으로서 텃밭 농사

3.11 그리고 교육농

정용주 edcom234@gmail.com
서울 초등 교사

학교에서 텃밭 농사를 짓기 시작한 것은 2012년 충남 홍성에서 농사학림에 함께하면서부터이다. 홍성에서의 작지만 의미 있는 실험을 학교교육과 연계시키기 위해 홍성과 같은 모종을 심고, 같은 시기에 수확하는 방식을 취했다. 우선 기존의 교재원을 텃밭으로 바꿔 농사를 짓기 시작했으며 교사들에게 텃밭 분양을 시도했다.

이듬해에는 텃밭, 틈밭, 봉지 텃밭, 페트병을 이용한 벼 기르기 등의 활동을 진행했다. 특히 학교 차원에서 조성한 텃밭 이외에 자투리 땅을 확보하여 농사를 짓는 이른바 '틈밭 프로젝트'를 실시하였다. 보도블록 사이, 주차장 뒤 공간, 학교 울타리 둘레 등 버려진 땅을 농사가 가능한 땅으로 바꿔 가는 것이 있는데, 틈밭 프로젝트라는 이름은 학생들과 토론을 통해 정했다.

2014년에는 학교를 옮기면서 새로운 환경에서 텃밭 농사를 지어야 했다. 텃밭 크기는 이전 학교보다 훨씬 컸지만 그 외 공간은 없어서 틈밭 프로젝트 등의 활동은 이어 갈 수 없었다.

이때 텃밭 농사는 3월에 '교육농'을 교사 입장에서 학생들에게 제안하면서부터 시작했다. 우리 반에는 최고 의결 기구로서 전원위원회와 편집위원회, 인권위원회, 복지위원회가 있는데 어떻게 텃밭 농사를 지어 나갈지 고민하다가 생태연구소를 만들기로 하였다.

텃밭 농사를 짓기 위해 교사는 교과와 창의적 체험 활동 사이에

다리 놓기 작업을 해야 한다. 교육과정과의 관련성을 생각하고 텃밭을 디자인하고, 땅을 고르고 작물을 선정하는 등의 과정을 진행한다. 이러한 계획을 거친 후 계절별로 상추, 감자, 토마토, 고추, 배추, 무 등을 심어 길렀다. 그리고 텃밭 옆에는 텃논을 만들어 벼농사를 지었다. 이다음부터는 여느 텃밭들처럼 농산물을 수확해 텃밭 옆에서 고기도 구워 먹고, 점심식사 때 상추, 고추를 수확해 먹고, 감자를 캐서 삶아 먹고, 벼를 수확해 타작을 하여 떡도 해 먹고, 수확한 배추로 김장도 담그는 활동을 했다.

텃밭과 정치의 가능성

내가 한 텃밭 활동은 여느 텃밭 농사와 다를 바 없다. 앞에서도 이야기했지만 정규 수업 시간을 텃밭 관련 주제로 편성하여 땅을 일구고 씨앗이나 모종을 심고, 심은 것을 가꾸고 수확하고, 수확한 것으로 함께 무엇인가를 만들어 먹는 활동들이다. 특별할 것 없는 텃밭 농사이지만 그래도 몇 가지 나누고 싶은 이야깃거리들이 있다.

우선 우리 반에 대한 간단한 소개를 하고 싶다. 앞에서 이야기했듯 우리 반에는 전원위원회, 인권위원회, 편집위원회, 복지위원회, 생태연구소가 있다. 그리고 규정으로는 "금지되지 않는 한 허용된다"는 대원칙 하나만 있다. 우리는 어쩌면 학생으로서 해도 되는 것을 열거하고 나머지는 안 된다고 말하는 방식에 익숙한지도 모른다. 그런데 "허용되지 않는 한 금지된다"가 아닌 "금지되지 않는 한 허용된다"라는 원

2013년, 자투리땅을 확보하여 농사를 짓는 이른바 '틈밭 프로젝트'를 실시하였다. 보도블록 사이, 주차장 뒤 공간, 학교 울타리 둘레 등 버려진 땅을 농사가 가능한 땅으로 바꿔 가는 것이었는데, 틈밭 프로젝트라는 이름은 학생들과 토론을 통해 정했다.

칙을 중심에 놓고 생각을 해 보면 우리가 무엇을 금지해야 하는지에 대한 이야기들이 나온다. 그리고 이렇게 금지해야 하는 것들에 대한 논의를 전원위원회를 통해 만들어 나가다 보면 자연스럽게 타자성을 발견하게 된다.

학교에서 교육 활동을 하는 교사의 입장에서 항상 부딪히는 문제는 '어떤 시간을 쪼개서 하느냐?' 하는 질문이다. 이러한 질문은 교육 활동과 교육과정과의 관련성에 대한 문제이기도 하지만 교사의 교육 활동에 대한 사회적 인정의 문제이기도 하다.

교육 활동을 교육과정으로부터 정당화하는 방식은 보통 학년 교육과정의 어떤 교과 또는 창의적 체험 활동에서 관련 주제와 시수를 산출해서 편성하는 방식으로 이루어진다. 활발하게 교육과정을 재구성하는 것 같지만 사실은 교육 활동은 반드시 국가 수준 교육과정에 근거해야 한다는 논리를 강화하게 된다. 그러므로 교육 활동이 교육과정의 질서를 벗어난 것이라면 비록 그것이 학생들에게 의미 있다고 하더라도 올바른 교육 활동으로 셈해지지 않으며 의미 없는 영역으로 밀려나게 된다. 다시 말해 '그냥 놀았다'는 이야기가 된다.

그러나 역으로 기존의 교육과정은 특정한 인간상을 전제함으로써 이에 어긋나는 교육 활동을 불가능하게 만든다는 점에서 정당화되기 어렵다고 볼 수 있다. 이 두 가지 방식이 대립하는 지점에서 '투쟁을 통한 인정'과 '복종을 통한 인정'이 분기점을 이루게 된다. 기존의 교육 과정 질서를 통해 인정을 원하는 교사는 이에 복종함으로써 인정을 획득할 뿐만 아니라 이 질서를 통해 자신의 교육 활동을 정당화할 수 있다. 그러나 기존의 가치 질서를 통해 인정받을 수 없는 교사는 미래의 사회적 인정을 위해 기존의 교육과정 질서에 저항하면서 인정 투쟁을 전개해 나갈 수밖에 없다.

이러한 상이한 인정 획득 방식은 이미 서로 다른 과정을 전제한다. 복종을 통한 인정 획득에서는 기존의 가치 질서를 내면화하는 것을 전제함으로써 교육 활동이 이루어진다. 즉 현존하는 교육과정의 가치 지평 내에서 교육 활동의 방식을 습득하고 이를 통해 교육 활동의 목표를 설정한다면 교육 활동에 대한 사회적 인정을 획득할 수 있다. 그러나 투쟁을 통한 인정 획득은 이러한 일방적 사회화 과정을 전제하지 않는다. 인정 투쟁은 기존의 가치 질서에서 인정될 수 없는 것을 인정받으려 한다는 점에서 이미 이러한 질서를 넘어서 있다. 따라서 인정 투쟁은 사회화를 통한 자아 형성이 아니라 발생적으로 볼 때 기존의 가치 질서에 대한 반발 속에서 이루어진 창조적 자아 형성을 전제할 수밖에 없다. 복종을 통한 인정 획득이 사회화된 자아의 성공적 실현 조건이라면, 인정 투쟁은 창조적으로 형성된 자아의 성공적 실현 조건이다.

이처럼 서로 다른 인정 행위를 전제하면서도 교육과정이 사회화 과정을 통해 내면화된 사회적 가치의 실현이라고 이해된다면 기존의 가치 질서에 대한 복종과 동일하며, 기존의 가치관을 절대화함으로써 문화적 통합을 가속화시키는 지배 수단이 된다. 따라서 인정 획득을 위한 개인의 노력이 복종을 통해 이루어지면, 이를 위해 기존의 가치 질서에 배치되는 것으로서 다른 실천의 가능성을 포기해야 한다.

그러나 역으로 기존의 가치 질서에 배치되는 다른 실천의 방식을 포기하는 것이 자기 자신과 자신의 실천 자체에 대한 부정으로 경험

된다면 이제 행위 주체는 이에 저항하면서 투쟁을 통한 인정 획득을 추구할 수밖에 없다. 이렇게 사회적 인정이 투쟁을 통해 획득된다면 사회적 인정이란 기존의 가치 질서를 유지하기 위한 지배 수단이 아니라 기존의 가치 질서를 비판할 수 있는 규범적 토대가 된다. 기존의 가치 질서는 새로운 정치성이나 실천의 방식을 억압하고 성공적 자아실현을 가로막는 무시의 질서가 되기 때문이다.

다섯 가지 테마로 텃밭 농사 읽기

내가 이 글의 주제를 '정치적 실천으로서 텃밭 농사'라고 잡은 것은 텃밭 실천을 수업이 아닌 정치로 보았기 때문이다. 교육이라는 구조 속에서 수업은 설명이라는 수단을 통해 지식을 잘 전달하는 방법으로 이해되며, 지능의 위계를 나누어 우월한 지능이 열등한 지능에게 지식을 전달하는 불평등한 구조를 끊임없이 재생산한다. 나는 텃밭을 제안하면서 모든 사람의 지능은 평등하며 학습 성과의 차이는 의지에서 비롯되는 것이라고 접근했다. 결코 학습자에게 지식을 설명해서는 안 되고, 만인의 지능이 평등하다는 사실을 적극적으로 알리려고 했다. 교사인 나는 학습자가 학습 의지를 지속적으로 발휘할 수 있도록 도와주고 점검하는 역할에 머무르려 노력했다.

텃밭 농사를 정치화하기와 관련하여 다섯 가지 이야기를 나눠 볼까 한다.

텃밭 농사와 '흔적' 교육과정

교육 활동이라는 것은 사실 국가 수준 교육과정과 관련될 때에만 의미를 갖는다. 따라서 2013년까지는 텃밭 농사를 짓기 전 학년 교육과정을 분석하여 텃밭 수업 주제를 설정하고 교과의 관련 교육과정, 단원을 연결하는 작업을 수행하였다. 이를테면 교육과정을 분석해 교과의 어떤 영역, 창의적 체험 활동의 어떤 시간을 결합해 텃밭 관련 교육과정을 구성했는지 근거 자료를 만들려고 했다. 그런데 2014년에는 이렇게 하지 않기로 했다. 또한 별도의 텃밭 교육과정을 만드는 것도 하지 않았다. 그렇게 되니 왜 배워야 하고, 어떻게 가르칠 것이며, 무엇을 평가할 것인지와 같은 질문들이 사라졌다. 그럼에도 텃밭 교육과정을 표현하라고 하면, '흔적' 교육과정이라는 말을 사용하는 게 좋겠다.

'흔적' 교육과정이란 실행된다고 생각하는 순간 갑자기 새로운 길로 섭어들기도 하고, 목표에 도달하고 있다고 생각하는 순간 실망을 안겨 주기도 하며, 학생들의 배움의 과정에서 작은 지류 하나 만들지 못하고 분할되거나 변형되며 어떤 작은 흔적만을 남기기 때문에 붙인 이름이다. 또한 흔적 교육과정은 때로는 엉뚱한 곳에서 치솟기도 하고, 뒤틀리기도 하며, 다른 곳으로 방향을 바꿔 흐르기도 한다. 이처럼 모든 교육 활동은 서로서로 만나고 부딪히면서 다음 단계로 흘러간다.

그런데 우리는 발달 단계라는 설정을 하고 강물 중간중간에 댐을 만들어 강물을 막았다가 일시에 방류함으로써 홍수를 조절하는 방식으로 교육과정을 설계하고 운영하려 한다. 하지만 어디에도 완성된 시나리오는 존재하지 않는다. 교육과정은 어떤 작은 흔적만을 남길 뿐이며, 모든 것은 학습자의 입장에서 재해석되는 정치적 과정이다. 학생들은 데모스의 정신에 따라 끊임없이 자신의 배움의 과정에서 무능과 무지와 싸우면서, 스스로를 배움의 주체, 정치적 주체로 세워 나간다. 이렇게 정치적 과정으로서 교육과정이 지나간 자리에 수천 갈래의 흔적이 남아 줄기를 분출하고 퇴적물을 남기는데 흔적 교육과정 중 어떤 것은 '영 교육과정'이라고 하고, 어떤 것은 '잠재적 교육과정'이라고 부르기도 한다.

그런데 교육과정이 하나의 정치적 과정이라는 것은 굉장히 멋진 말이지만 학생들의 자발성과 취약성을 동시에 드러내는 것도 현실이다. 즉 이러한 흔적 교육과정은 그 기원과 미래 동력이 매우 흐릿하게 이해될 뿐이고 온전하게 교사를 통해 학생에게 도달하지 않는다. 이유는 간단하다. 샹탈 무페의 말처럼 민주주의는 인간의 도덕적 진화의 필연적 귀결이 아니기 때문이다. 오히려 민주주의는 불확실하고 일어날 법하지 않은 어떤 것이며, 당연한 것으로 받아들여져서는 절대 안 되는 것이다. 민주주의는 항상 허약한 정복이며 따라서 심화시켜야 하는 만큼이나 방어도 중요하다. 일단 도달하면 그 존재의 지속을 보증할 민주주의의 문턱 같은 것은 없다. 교육과정은 늘 전문가의 지배, 우월성에 대해 복종하라고 공격당하며, 정치적 과정으로서 교육과정은 많은 경우 무지 앞에 실패한다. 그러니 정치의 가능성은 그 주체들의 자발성과 자발성에 따른 취약성을 동시에 드러내며 변이되고 변형된다고 볼 수 있다. 그럼에도 텃밭과 관련하여 학생들에게 가장 광범위한 자유를 제공함으로써 그들의 영향력과 지혜를 발휘할 수 있도록 하는 것이 2014년 텃밭 농사의 방향이었다.

이러한 접근을 하게 된 이유는 간단하다. 지금의 교육과정을 생각해 보자. 배워야 할 교과와 교과의 고유한 지식이 있다고 전제하기 때문에 교육과정을 통해 경직된 교과라는 기능적 선들로 지식이 구획된다. 그러므로 교육과정을 운영하는 방법은 이미 지도에 상세하게 그려져 있다. 교사의 역할은 안전이라는 이름으로 그 길에서 벗어나지 않도록 하는 것이며 목표에 도달하도록 돕는 것이다. 이처럼 수업과 교육과정은 학생들의 정치적 경험의 원천을 봉쇄하고, 진리 탐구, 일상에 대한 정치적 관심, 무관심으로서 미학적인 것들의 통합을 막고 끊임없이 분할하며 그들을 억압한다. 물론 의미 있는 수업, 다른 교육과정을 계획하는 교사들이 많이 있다. 그러나 이러한 사고 속에 발견되는 것은 기존의 국가 수준 교육과정과 원리의 묘한 연속성이다. 교과 대신 역량이, 경쟁 대신 협력이 주요한 개념이 될 뿐 교육 내용을 조직하고, 수업하고, 평가하는 일련의 흐름은 같게 수렴된다. 여기에 더해 이러한 실천이 제도화되면서 점점 우리는 국가처럼 생각하기, 교육청처럼 생각하기에 익숙해진다.

교육과정을 좀 더 파고들면 통제와 질서에 대한 갈망을 가지고 있는 근대 국가와 대면하게 된다. 국가는 사회적 행위에서 드러나는 무질서하고 소란스러운 장면을 불필요한 것으로 보게 된다. 그래서 정돈되지 않은 자연(인간)에 단정하게 정리된 과학적 구성을 강조하였다. 이것은 획일적 통제를 향한 것이었다. 인간을 군대의 병사처럼 열을 지워 측정하고 번호를 붙이고 문제가 있으면 베어 낸 후 꼭 닮은 사병으로 대체하듯 교육과정을 성장과 발달이라는 틀 속에서 위계적 방식으로 설계하였다. 그리고 인간을 추상화, 단순화시키는 행정 장치를 낳았다. 현존하는 어떤 사회적 공동체는 이렇게 정상 가정(남성과 여성의 성 역할 분담, 모성의 강조), 학교(부모의 대체자로서 교사), 국가로 이어지는 체계화된 과정을 통해 재현되도록 설계되었다. 이로써 인간의 심리, 성장, 발달을 국가가 다루고 측정하고 평가하는 것이 쉬워졌다. 그래서 교육과정이 추구하는 목표는 다양성의 최소화이다. 표준화된 평가로 대차대조표를 만들고 지속 가능한 산출과 이력을 관리하는데 이는 상업적 착취의 논리와 동일하다.

근대 국가에서 교육과정을 설계하는 핵심적 키워드는 가독성과 배제의 원리이다. 개인에 대한 가독성을 높이고 다양성과 복잡성을 제거하면서 국민 만들기를 하는 국가는 교육과정 속에서 우선 표준화된 인간상을 설정하려 한다. 교육과정의 매 시기마다 표준화된 인간상은 정상적인 성장과 성숙이라는 특정한 조건하에서 인간의 신체와 나이로 구성된 정교한 표를 개발하면서 시대적 요구를 투사한다. 이렇게 되면 인간의 능력의 현 단계, 성장, 산출을 면밀히 추정할 수 있으며 계산과 측정이 용이해진다.

다음으로 교과라는 동일한 크기의 플롯으로 교육과정을 나눈다. 따라서 교육과정은 국가 입장에서 한결 용이하게 개인을 파악할 수 있고 개인에게 한결 쉽게 접근할 수 있도록 만들기 위해 고안한 일종의 사회적 조원술gardening이다.

인간이 가독성의 원리에 들어오게 되면, 다양한 용도를 가진 실제의 인간이 인적 자원과 노동력을 제공하는 추상적인 인간으로 대체

되며, 모든 것이 국가의 좁은 기준 틀에서 배제되고 편집된다. 능력 또는 잠재력이 낮거나 거의 없는 다른 모든 종류의 개인은 매 성장 단계에서 고유한 가치와 쓰임새를 가지고 있음에도 이러한 것들은 누락되고 배제된다. 이것은 엄밀히 말해 인간의 죽음을 의미하며, 공생 관계, 인간의 형성 과정에서 이루어지는 분배, 인정, 참여의 문제와 같은 매우 복잡한 과정이 붕괴함을 의미한다.

그런데 텃밭 농사에서는 미리 처방된 규칙도 없고, 교사도 없고 학생도 없다. 교육과정도 없고 프로그램 혹은 교과서에 통용될 수 있는 열쇠도 존재하지 않는다. 당연히 평가도 없다. 국가, 교육청, 학교의 신중한 계획에 따라 실행된 냉철한 정치적 행위의 경직되고 속 빈 구상 대신 더 큰 틀에서 잘라 낼 수 없는 살과 피로 이루어진 삶의 역동성이 텃밭에서는 고려된다. 그래서 텃밭 농사는 복합적이고 유기적인 과정이며 1,000여 개의 정치적 정맥으로 연결되어 있다. 따라서 텃밭은 아래로부터의 창발성과 능동성에 기반해야 하며, '버릇없는' 학생은 활력의 징표이자 잠재적 유용성을 가진 존재가 된다.

메티스와 테크네 그리고 그럭저럭 헤쳐 가기와 진정한 농부

메티스와 테크네는 모두 지식을 의미한다. 메티스는 경험과 맥락을 가진 지식을 말하고 테크네는 경험과 맥락을 제거한 추상적 지식이다. 그러므로 테크네로서 지식은 교과서라는 형식으로 가르치고 시험이라는 방식으로 평가할 수밖에 없다. 그러나 메티스는 맥락적이며 비가독적인 책 너머의 배움이다.

앞에서 말했듯이 텃밭 활동이 복잡하고 유기적인 과정이며

1,000여 개의 정맥으로 연결되어 있다면 텃밭 농사를 통해 어떤 종합적 통달을 가정하지 않아도 된다. 다만 그럭저럭 헤쳐 가는 과정으로서 텃밭 농사를 실천해 나가면 될 것이라고 생각했다.

또 하나 알아야 할 것은 지식이란 제한적이며 파편화되어 있다는 것이다. 그래서 교사는 확실하게 의존할 수 있는 청사진을 가질 수 없다. 텃밭 농사에 대한 종합적이고 합리적인 계획에 대한 야망을 갖는 대신에 전략적이며 분별 있게 벗어나는 것이 중요해졌다. 자연스럽게 책 너머의 학습, 테크네가 아니라 메티스가 중요해진다.

텃밭 농사를 1년 동안 지으면서 느낀 것은 학생들은 누구든 움직임, 시각, 촉감 혹은 차별적 게슈탈트로 구성된 자기의 레퍼토리를 가진다는 것이다. 농작물의 원기, 성장 상태, 풍부한 뿌리, 건강한 빛 등을 각자 파악해 가면서 농사를 짓는다.

학생들은 학교 도서관에서 텃밭 관련 자료를 찾고, 없는 자료는 도서관에 신청하고, 또 지역 도서관에 가서 자료를 구하거나, 농촌 체험을 간 곳에서 농부들에게 질문하면서 농사에 대한 테크네를 넓혀 갔다. 그런데 경험과 맥락을 가진 지식은 이런 방식으로 얻을 수 없다. 왜냐하면 메티스는 언어적으로 해석되지 못하는 영역에 있을 수도 있기 때문이다. 그것은 함께하는 경험을 통해 암묵적으로 전수가 가능하다.

학생들은 농사와 관련하여 주변의 많은 분들의 도움을 받았다. 그중에서도 병설 유치원에서 청소를 해 주시는 나이 드신 분과 학교 기사님이 메티스를 가지고 계신 분이셨다. 이분들은 학생들의 농사에 관심이 많았으며, 작물의 상태, 흙의 상태, 그리고 건물 사이로 드는 햇빛에 따라 어떤 작물을 어떤 곳에 다르게 심어야 할지 등에 대해 많은 메티스를 간직하고 있었다. 이분들과 함께 어디에 어떤 작물을 심어야 할지, 물은 어디에 어떻게 줘야 할지 알아 나갔다. 이분들은 학생들의 스승이 되었다. 학생들은 이분들을 텃밭 농사의 교사로 초빙하자고 했고, 이분들은 지주 세우기, 토마토 순지르기, 벼 수확하기, 상추 수확해서 고기 구워 먹기, 배추 수확하기, 김장 담그기 등을 함께 진행해 주었다. 어떤 문서화된 자료 없이 말로 식물과 토양에 대해 설명해 주었다.

이렇게 말하면 텃밭에서 농사짓기가 매우 이상적으로 묘사될 수도 있다. 물론 그렇게 이상적이진 않았다. 어떤 학생들은 "청소하는 사람이 뭘 안다고 가르쳐?" 이렇게 말하기도 했고 배우려 하지 않는 경우도 있었다. 이러한 무시의 유형은 특정한 개인적 속성이나 삶의 방식을 열등한 것으로 평가 절하 함으로써 발생하는 것이다. 이것은 한국 사회에서 매우 익숙한 풍경이다. 부와 학벌을 통해 사람들을 서열화 힘으로써 서열상 우위에 있는 사람은 존경과 부러움의 대상이 되지만, 그렇지 못한 사람들은 사회적 무시와 차별의 대상이 되는 모습을 자주 목격한다. 이러한 현상을 통해 볼 때 학벌은 인격적 훌륭함까지 갖게 한다. 학벌을 결정하는 것은 성적이며, 성적이 우수하다는 것은 모든 우수함의 원천이 됨으로써 성적이 안 좋은 사람들은 무능하다고 무시당할 뿐 아니라 무가치하고 부도덕한 사람처럼 취급받는다. 어쩌면 학생들은 이분들로부터 메티스를 전수받은 것이 아니라 '저렇게 되지는 말아야지' 하는 우월감을 느꼈는지 모른다. 어쨌든 나는 이분들의 진행을 꼼꼼히 메모하면서 이들을 내 지식으로 만들었고 추후에 여러 방면으로 아는 척 좀 했다.

또한 텃밭 농사를 지으며 얻은 특정 지식이 민주적으로 분배되지 않는 경우도 생겼다. 학생들은 자신이나 모둠이 알게 된 특정한 지식을 독점한 채 이를 다른 집단과 공유하기를 꺼리기도 했다. 그러나 이들의 이기심이라고만 이야기할 수 없다. 오히려 지식을 타인과 공유할 가능성은 한 사회의 구조와 어떤 지식의 독점에서 비롯되는 이점에 있다는 것을 확인하게 되는 순간이었다. 학생들은 텃밭을 끊임없이 우리 반의 것, 우리 작업반의 것, 내 것으로 사유화하려 했고, 텃밭의 위치에 따라 햇빛, 물, 토양의 조건이 다르다는 것을 알게 되면서 좋은 땅을 선점하려고도 했다.

미시 코뮌과 주권적 실천

텃밭 농사에서 공간에 대한 인식은 매우 중요했다. 텃밭이 사적 공간이 아니라 공적 공간이라는 사실 말이다. 텃밭은 우리 반이 농사를 짓고 있지만 학교의 공유지이다. 이를 바탕으로 우리는 어떤 모종이나 씨앗을 심고 농산물을 수확해 먹는 것을 넘어서 팻말을 만들어 "고추는 따 가실 수 있습니다", "방울토마토는 따서 먹어도 됩니다", "오이를 먹어도 됩니다" 하는 내용을 안내판에 적어 두었다. 그리고 계절이 바뀔 때마다 나름 설치 미술을 통해 텃밭을 미학적 공간으로 만들려 노력했다. 학교 이름 모양으로 이랑을 만들어 모종을 심기도 했다.

텃밭 농사가 생산물에 치중하면 효율성과 과학적 관리에 기반한 집단 농장의 모델이 될 수 있기 때문에 '어떤 모종을 심고 어떻게 관리할 것인가?' 하는 것과 함께 공간에 다양성을 구현하는 것이 중요했다. 단순화된 추상화로는 자연적 혹은 사회적 과정의 실질적 복잡성을 결코 적절하게 재현할 수 없기 때문에 실제 경작지와 농장의 복잡성과 다양함을 효과적으로 이해하는 것이 중요하다고 보았다.

학생들은 이랑으로 분화되지 않으면서도 사적 공간이 아닌 곳에서 정치성을 실현해야 했다. 그래서 전원위원회의나 학급 대자보 판에서 이야기되는 주제들은 늘 텃밭에 관련한 것이었다.

고기를 구워 먹는 것부터 모종을 심는 방식, 농사에 대해 배울 농부를 찾는 방식 등에서 토론을 통해 공적 의제 형성에 자율적으로 참여하였다. 생태연구소에서는 자발적으로 텃밭 관련 신문을 만들고 미술 교과와 연계해서 설치 미술전을 제안하기도 하였다. 이것을 좀 거창하게 텃밭의 미시 코뮌화라고 부를 수 있겠다.

그러나 이 역시도 항상 잘되시는 않았다. 무씨를 파종한 이후 그곳에 배추 모종을 또 심어 무가 자라지 못했고, 농사월력을 만들자고 했던 제안은 전원위원회에서 통과되었으나 거의 작성이 되지 않았다. 성공적인 것도 있었다. 지렁이는 3월 초부터 교실에서 상자 두 개에 나누어 사육을 했는데 잘되었다. 분변토가 꽤 많이 나와 주기적으로 점심시간에 분변토를 텃밭에 섞어 주기도 했다.

텃밭 농사에서 실수를 반복하면서 이질적이고 다양한 참여자들이 연대의 원칙을 만드는 것이 필요했다. 학급 조례에 반영하거나 텃밭 전체에 영향을 미치는 것은 전원위원회를 통해 결정했다. 모종을 선택하고 작업 그룹을 정하는 것은 자발성과 독립성을 갖되 생태연구소를 통한 협의 구조를 활성화시키고, 모든 의사 결정에서 다수결을 없앴다. 모두가 동의할 때까지 합의에 이르는 과정이 중시되었다. 예를 들어 벼를 수확한 후 탈곡하는 문제에서 유치원 어린이들에게 벼 수확을 할 수 있도록 하는 문제, 김장은 어떻게 준비할 것인가의 문제로 상당한 논의를 해야 했다. 유치원 어린이들에게 벼 수확에 참여하도록 하는 문제는 자칫 보여 주기 쇼가 될 수 있으니 하지 말자는 주장과 형식적으로라도 한번 해 보는 것이 중요한 경험이 아니겠냐는 주장이 서로 충돌했다. 김장 담그기 역시 형식적인 행사가 될 것이라는 비판이 제기되었다. 결국 고생하는 것은 엄마들이고 엄마들이 다 만들어 준 것 가지고 그냥 버무리기만 하는 것 아니냐는 비판이 있었다. 어떤 것은 계획 단계에서 부결되었고 어떤 것은 추진하다가 염려한 대로 되고 말았다. 그런데 이렇게 활동한 자리에 주권자라는 흔적이 남았다. 학생들이 주권자로서 거듭나는 계기가 된 것이다. 스스로를 통치하고 누구에 의해서도 대의되지 않는 공간으로서 미시 코뮌이 텃밭을 통해 창출되었다.

텃밭이라는 공간을 통해 핵 발전소 반대 길거리 홍보전, 세월호 대자보, 세계인권선언 걸개그림 전시, 9시 등교 찬반 토론과 관련한 자료들이 학생들과 공유되었다. 이러한 과정을 거치면서 텃밭은 미시 코뮌으로서 가능성을 보여 주었다.

역할 분담 관계가 아닌 대체 불가능한 존재

앞에서도 말했지만, 처음에 텃밭을 시작할 때 어떤 모종을 심을지, 어떻게 역할을 나누어 텃밭을 관리할지에 대한 계획이 없었다. 왜냐하면 서로 간의 관계에서 기대에 따른 역할 분담 관계가 아니라 연대적이며 합류적 관계 형성이 중심이었기 때문이다.

여기서 잠깐 학급 이야기를 하면, 앞에서 말했듯이 3월 초 학급에는 금지되지 않는 한 허용된다는 대원칙만 있었다. 그런데 시간이 갈수록 수많은 조례가 만들어졌다. 조례는 학급 대자보 판에 조례에 대한 제안서가 붙고, 제안서에 댓글이 달린 후 전원위원회를 통해서 결정된다. 일례로 학급 1인 1역에 관한 조례는 제안된 횟수는 많았으나 매번 부결되었다. 부결 이유는 모두가 하나씩 역할을 맡는다는 사고 자체가 문제가 있다는 것이었다. 기계적으로 일을 학급 인원대로 나누어 억지로 꿰맞추기가 된다는 것이다. 그래서 1년의 거의 대부분을 1인 1역 없이 살았다. 당연히 교실은 때에 따라서는 아수라장이 되었다. 청소가 안 될 때가 많았고, 다른 교실보다 늘 지저분했다. 그러나 금지되지 않는 한 허용되므로 모두가 감내했다. 교사인 나는 가끔 화를 내기도 하고 짜증을 내기도 했다. 이러한 과정에서 이기적인 학생과 이타적인 학생이 발견되었다. 그리고 이타적인 학생들의 희생에 의해 돌아가는 반에 대한 문제 제기가 지속되었고 2학기가 되어 급식과 청소에 관한 조례가 만들어졌다. 이 밖에도 자기 사물함 관리에 관한 학급 조례, 실내화를 가지고 오지 않은 학생에 관한 조례 등 다양한 조례들이 만들어졌다. 금지되지 않는 한 허용된다는 대원칙하에 만들어지는 조례에서 가장 고려되어야 할 것은 인권이었다.

| 6학년 2반 인권선언 |

제1조 이 권리는 6학년 2반 친구들의 권리를 보장하는 것을 목적으로 한다.

제2조 6학년 2반 친구들은 여자이건 남자이건, 믿는 종교가 무엇이건, 몸이 불편하건 아니건, 부유하건 가난하건, 사는 곳이 어디건, 남자를 좋아하건 여자를 좋아하건, 공부를 못하건 잘하건 어떤 이유에서건 차별받지 않을 권리가 있다.

제3조 이 권리협약에서 말하는 권리를 보장하기 위해 우리 반은 인권위원회, 복지위원회, 편집위원회, 생태연구소를 만들어 운영한다.

제4조 이 협약에 서명한 우리들은 우리들의 인권을 위한 구체적인 조례와 규칙을 만들어야 한다.

제5조 6학년 2반 선생님은 6학년 2반 능력 발달에 맞도록 적절하게 보살필 책임이 있음을 알고 이를 보장해 주어야 한다.

제6조 6학년 2반 친구들은 모두 존중받을 권리를 가지고 있으며, 서로를 존중하고 우리의 몸과 마음을 기를 수 있도록 서로를 배려해야 한다.

제7조 6학년 2반 친구들은 서로에게 영향을 미치는 일에 대해 자신의 생각을 말할 권리를 보장받아야 하며, 서로의 생각과 의견을 존중해 주어야 한다.

제8조 6학년 2반 친구들은 말하기, 글쓰기, 그리기 등을 이용해서 자유롭게 자신의 생각을 표현할 수 있어야 하며 모든 종류의 정보와 생각들을 접하고, 전달할 수 있어야 한다.

제9조 6학년 2반 친구들은 자신이 생각하고 믿는 것에 따라 행동할 수 있도록 보장받아야 한다.

제10조 6학년 2반 친구들은 평화로운 목적의 모임을 가질 수 있고 집회

를 할 자유가 있다.

제11조 6학년 2반 친구들은 정보나 사생활이 공개되지 않을 권리를 가지고 있으며 자신의 명예를 지킬 권리가 있다.

제12조 6학년 2반 친구들은 폭력과 학대, 차별로부터 보호받아야 한다.

제13조 6학년 2반 친구들은 몸과 마음이 고르게 발달하기 위해 필요한 적합한 생활을 누릴 권리가 있다.

제14조 6학년 2반 친구들은 누구나 자신의 속도로 공부할 교육의 기회를 가지고 있으며 서로에 대해 도움을 줄 책임을 가지고 있다.

제15조 6학년 2반 친구들은 세상의 모든 사람들과 이해와 평화, 관용, 평등, 우정의 정신을 기르며 삶을 스스로 준비해 나갈 수 있는 기회를 보장받아야 한다.

제16조 6학년 2반 친구들은 충분히 쉬고 여가 생활을 즐기며, 문화 예술 활동에 참여할 권리를 가지고 있다.

제17조 6학년 2반 친구들은 모든 형태의 성폭력으로부터 자신들을 보호할 의무를 지며, 성적으로 수치심을 당하거나 이용당하지 않아야 한다.

제18조 6학년 2반 친구들은 건강한 삶을 살아가는 데 방해가 되는 모든 형태의 폭력으로부터 자신들을 보호해야 한다.

제19조 6학년 2반 친구들은 혹시 잘못을 저질렀다고 해도 최종적인 결정이 나기 전까지 죄가 없는 것으로 대우받아야 하며, 인권위원의 도움을 받을 수 있어야 한다. 또한 인권을 침해당한 사람은 즉각 인권위에 침해 사실에 대한 조사를 요구해야 한다.

제20조 6학년 2반 친구들은 인권과 타인의 자유에 대해 존중하는 생각을 가져야 하며 내 권리와 다른 사람의 권리를 지키기 위한 의무를 다해야 한다.

텃밭 농사도 이러한 맥락 속에 있다. 학교 근처 식물 가게에 가서 심고 싶은 모종을 하나 둘씩 가져와 심고 싶은 곳에 심는다. 어떤 학생은 꽃모종을 사 와 심고, 어떤 학생은 토란을 가져와 심고, 도라지를 심는 학생도 있었다. 어떤 학생은 딸기를 사 와서 심었는데 이러한 과정을 보면서 한 교사는 농사를 짓는 게 아니라 장난을 치는 거라고 훈수를 두기도 했다. 또 어떤 교사는 식물에 대한 기초 지식도 없어 뿌리끼리 엉키게 심는다고 조언을 했다. 오이 모종을 심고 급식실 벽쪽에 오이 모종이 자라도록 유도하는 줄을 매달았는데 급식실에서는 햇빛이 안 들어온다고 문제를 제기했고, 토마토 모종이 너무 자라자 급식실 창문을 열 수 없다고 또 항의를 하기도 했다. 일종의 층간 소음처럼 공간이 겹치면서 발생하는 문제였다.

이러한 갈등 상황은 사전에 모든 것을 계획하지 않아 생긴 문제인데 그로써 우리는 타자에 대해 인식하게 되었다. 학생들은 급식실 창문 쪽으로 난 토마토의 가지를 쳐 주었고, 오이 넝쿨을 유인할 줄을 정리한 후 어떤 피해가 있는지 찾아가 원인을 찾고 대화하려 애썼다. 설득이 아닌 연대, 합류적 관계를 형성하려 한 것이다. 이러한 것이 기초가 되어 학생들은 2학기에 급식실 분들이 파업을 할 때 찾아가서 "불편하지만 우리도 참을게요. 파업을 지지합니다"라는 말을 했고, 방학 전 크리스마스 때는 학생들이 봉사 활동을 제안해 학교의 청소 노동자, 급식실 노동자, 아침 등굣길 안전을 책임지는 실버 천사 분들의 일을 체험하거나 도우며 선물과 편지를 드리는 활동을 진행하였다.

이러한 과정을 거치면서 서로에 대한 역할 분담이 아닌 대체 불가능한 존재로서 서로를 인식하게 되었다. 학생들은 공공성에 대한 의식을 형성해 갔고, 그것은 자연스럽게 상대방을 사랑하고 존중하는 자세를 갖고 연대적이며 합류적 관계를 형성하는 데 도움이 되었다.

생산이 아닌 사회적 활동

텃밭 농사를 통해 학생들이 흙에 대해 알고 농사를 짓는 경험을 통해 노동의 소중함을 깨닫는 것은 매우 중요하다고 본다. 텃밭 농사도 넓은 의미에서 노동에 의해 생산물을 얻어 내는 활동이라고 본다면 '어떤 생산물을 얻을 것인가?', '어떻게 노동을 조직할 것인가?', '생산물을 누구에게 어떻게 분배할 것인가?' 하는 것은 중요한 문제이다.

그런데 농사를 짓다 보니 농산물의 생산에 중점을 두면서 더 많이 생산하려는 사고가 지배하게 되었다. 그리고 '너는 얼마나 이 생산물에 기여했는가?', '어떤 학생은 무임승차하지는 않았는가?' 하는 질문을 하게 되었다. 형식적으로는 협력을 이야기하고 있는데 실질적으로는 경쟁 체제를 만들고 있었던 것이다. 실제로 교실에서도 그렇듯이 텃밭에서도 아무 일도 하지 않고 빈둥빈둥 놀면서 자기 것만 챙기는 학생도 있고, 전혀 협력하지 않으려 하는 학생도 있었다. 이 문제는 텃밭 농사를 지으며 내내 나를 괴롭혔다. 말로는 협력을 이야기하면서 노는 학생, 기여하지 않는 학생을 달갑지 않게 생각하는 나의 이중성을 발견하기도 했으며, 농사에 기여하지 않고 수확물에만 관심을 갖는 학생들에 대해 열심히 한 학생들이 분노하는 모습을 이해하기도 했다. 일종의 공적 응징이라는 사고가 나에게 있었던 것이다.

생산물에 얼마나 기여했느냐가 아니라 사회적 관계의 유지와 텃밭의 재생산에 중점을 둔다면, 학생들은 타인과의 관계에서 자신의 삶을 영위하는 한 항상 무언가 타인을 유익하게 하는 활동을 수행하고 있다고 본다. 왜냐하면 사회적 관계를 유지하고 있다는 것 자체가 이러한 관계가 요구하는 일정한 역할을 수행함으로써 서로에게 유형무형의 유익함을 주고 유익함이 되고 있다는 것이기 때문이다. 예를 들어 열심히 텃밭을 가꾸는 친구 주변에서 그 친구를 웃겨 주는 친구가 있을 수 있고, 옆 이랑에서는 노래를 부르고 있는 친구가 있을 수 있다. 이렇게 하나의 방향성을 갖지 않는 여러 가지 시점과 맥락 속에서 각자는 서로에게 유익함을 주고 있는 것이다. 이것을 분해해서 서로의 영역을 나누고 '누구는 어디서 어디까지 무엇을 하고 그 다음에는 무엇을 해' 하는 식으로 구분하는 것은 사회적 행위 자체를 자기 보존과 생산을 위한 노동 행위로만 보는 것이라고 본다.

텃밭 활동을 할 때 눈에 띄었던 몇몇의 학생들의 사례를 들어 볼 수 있겠다. 먼저, 서로 친했던 세 명의 학생은 항상 셋이서 함께 다니면서 활동을 했다. 이 학생들은 텃밭 활동을 하는 것보다 셋이 대화를 하는 것을 더 좋아하고 그러한 관계가 깨지는 것을 싫어했다. 다음으로, 또 한 명의 학생은 산출물에 관심이 많았다. 결과가 명확해야 활동을 하고, 얻은 수확물을 분명히 챙겼다. 또 다른 한 학생은 뭐든지 열심히 했다. 어떤 과제가 주어지면 가장 먼저 땀 흘려 일했다. 그런데 이 학생은 일할 때 누군가와 대화하는 것을 싫어하고 그냥 혼자 작업에 열중하기만 했다. 결과에 대한 관심도 별로 없었다. 마지막으로 두 명의 학생은 일은 하지 않고 토란잎을 머리에 쓰고 춤을 추고 돌아다니거나 농담을 하면서 아이들을 웃겨 주었다.

만약 이들을 대체 불가능한 존재로 보지 않고, 역할 분담으로 나누면 어떻게 될까? 이들을 사회적 활동이 아닌 노동에 따른 생산 활동으로 재편하려 한다면 아마도 이들은 모두 텃밭을 싫어하게 될 것이며, 전체적인 생산의 효율성은 오히려 낮아질 것이다. 그러므로 앞에서 이야기했듯 생산물에 얼마나 기여했느냐가 아니라 사회적 관계의 유지와 텃밭의 재생산에 중점을 둔다면 학생들은 항상 무언가 타인을 유익하게 하는 활동을 수행하고 있는 것이다.

그런데 학생들의 사고는 어른만큼이나 생산의 효율성, 생산에 대한 기여도에 쏠려 있었다. 이러한 문제를 다룰 때 인권위원회와 전원위원회, 생태연구소는 직접 민주주의의 원리에 따라 데모스의 지배를 구현하는 장치가 아니라 막강한 경찰력으로 무장한 '중앙심판위원회'가 되는 모습을 보았다. 또한 생산에 집중하여 이윤 극대화와 중앙 집권적 관리 계획에 적합한 시스템을 구축하려는 모습을 보이기도 했다. 학생들은 끊임없이 미시 코뮌을 파괴하고, 전문가에 의한 지배를 구현하려 했고, 관료제적 관점에서 철저한 계획에 의한 농사를 추구했다. 그리고 중앙 집권적 관리의 가능성이 높아질수록 인간을 우월성에 따라 평가하며, 조작과 실험을 용이하게 하는 가독성 있는 영역을 창출하려 했다. 나는 이때마다 이들을 자율적이고 창조적인 성인으로 대접하기보다 어린이처럼 대함으로써 이들의 결정이

- 생산물에 얼마나 기여했느냐가 아니라 사회적 관계의 유지와 텃밭의 재생산에 중점을 둔다면 학생들은 항상 무언가 타인을 유익하게 하는 활동을 수행하고 있다. 열심히 텃밭을 가꾸는 친구가 있다면 주변에서 토란잎을 둘러쓰고 그 친구를 웃겨 주는 친구가 있을 수 있고, 옆 이랑에서는 노래를 부르고 있는 친구가 있을 수 있다.

의사 결정의 미숙에서 오는 것이라고 생각했다. 그러나 이들의 모습은 지금 이 시대, 아니 역사적으로 성인이 보여 주었던 것과 너무도 닮아 있었다.

텃밭 농사에서 가장 중요한 것은 생산물의 수확에 있는 것이 아니라 텃밭과 사회적 관계의 재생산이라고 설정했다. 텃밭이라는 폴리스 자체가 지속되도록 하는 것 말이다. 그렇다면 우리의 관심은 수확물이 아니라 토양으로 이동한다. 정치적 가능성의 공간으로서 토양 즉 땅은 학생들에게 먹을거리를 제공해 주었지만, 동시에 사회적 인정을 체험하면서 자신이 타인과 서로 연결되어 있음을 자각하도록 하는 공공성의 공간이었기 때문이다. 우리는 이 공간을 지키고 재생산하는 것을 중요한 일로 보았다. 생각보다 쉽지 않았지만……

텃밭 : 동일성이 아닌 차이의 정치적 공간

1년 내내 가장 중점을 둔 것은 텃밭 농사와 인권 동아리 활동이었다. 텃밭을 통한 정치적 가능성의 실천, 그리고 인권 관련 활동을 통해 우리는 우리에게 타자에 대한 이해가 부족하다는 것을 절감하게 되었다. 여기서 더 나아가 우리들의 일상적 사고방식 속에는 단일 정체성이란 가공물이 만들어질 가능성이 늘 잠복되어 있다는 것도 확인하게 되었다.

공리주의 국가는 인간을 상업적 관점으로만 보고 현실적으로 존재하는 실제의 인간으로 보지 않으려 한다. 그런데 공리주의적 관점이 학생들과 교사인 나에게 덧씌워져 있다. 공적 유용성으로 인간의 발달이 구조화되며, 효율적으로 관리할 수 있는 경제적 자원으로 인간이 사고되기 때문이다. 이러한 우월성에 의한 위계화는 인권 쪽에서는 정상과 비정상으로, 텃밭에서는 농작물, 잡초, 해충으로 분류되는 모습으로 나타났다. 결국 이러한 문제는 정치적 장에서 인정 투쟁을 통해 다시 통합될 수 있다고 본다.

생각해 보면, 우리 사회는 무시와 우월의 관계망 속에 있는 것 같다. 돈 없다고 무시당하고, 무능하다고 무시당하고, 못 배웠다고 무시당하고, 명문대가 아니라고 무시당하고, 노동자라고 비정규직이라고 소수자라고 무시당하는 한쪽에는 우월한 인간에 대한 선망이 있다. 그래서 한쪽에서 무시당한 사람은 다른 한쪽에서 다른 사람들을 무시하면서 설움을 푼다. 이렇게 무시와 우월의 무한 분열을 통해 사회는 유지되고 존속되는지도 모른다. 배움의 과정, 학교라는 제도 자체는 이렇게 우월성의 징표이자 이를 보장할 수 있는 구체적 수단을 확보하게 위해 사회 구성원 간의 경쟁을 제도화한 것이라고 볼 수 있다.

보수적 교육학은 우월성의 원리에 따라 국가 차원의 교육과정을 주도하면서 도발적 정치성을 지닌 이론과 실천을 정적 존재로 포섭한다. 온갖 수식어를 동원해 영적 체계로 이들을 배치하며 정치공동체의 구성원을 민족적 인간, 국가의 국민으로 생산한다. 학교교육으로 제도화된 지식은 교사와 학생 사이, 학생과 학생 사이, 노동자 간의 지적 차이를 재생산하고 대중의 이데올로기적 예속을 강화하는 방식으로 작용한다. 또한 자유, 평등과 같은 대중의 열망을 추상적,

관념적 지식의 형태로 변형한다.

그러나 진보적 교육학은 폴리스의 영역, 경제적 영역, 현자들의 영역에 대한 분할의 저항으로부터 수립되는 것이다. 이 과정에서 개인이 지식을 갖는다는 것은 어떤 대상을 소유하는 것이 아니라 오히려 지식을 탐구하고 혁신하며 전달하고 적용하는 정치적 과정에 참여하는 것이다. 따라서 핵심은 이러한 정치적 과정을 민주화하는 것이다. 지식의 민주화는 지식의 생산 수단 및 교통수단에 대한 독점을 해체하고 지적 차이를 자연화하는 허구적 지식을 제거함으로써 달성될 수 있다. 이는 지식인의 소멸이 아니라 대중의 지식인으로의 변화이다.

우리의 교육학적 실천은 주입식, 기계식 교육 방식을 벗어나는 실천을 넘어 우리와 관계 맺고 살아가는 세상에서 자신이 존재하는 방식을 비판적으로 인식할 힘을 개발하는 교육, 세상을 정적인 현실이 아니라 변화 과정 속에 있는 현실로 보게 하는 교육이어야 한다. 그리고 학생들이 억압받는 역사적 주체인 개인의 해방을 진행할 수 있도록 해야 하며 전면적 발달은 정치적으로 복원되어야 한다. 마지막으로 관계에 종속되는 주체가 아니라 다양한 관계 속에서 구성되는 존재, 타인을 위한 존재가 아닌 자신을 위한 존재가 되도록 해야 하며, 교사를 포함해 교육이라는 수단으로 지배를 영속시키는 사람들을 해방시켜야 한다.

이를 위해 학교는 학생에게 도달하는 정보량으로 질을 측정하는 것이 아니라 연대를 얼마나 성공적으로 확립하는가로 질을 측정해야 한다. 나에게 텃밭은 그러한 공간이었다. 텃밭을 통해 지식이란 무엇

．텃밭을 통한 교육농은 가장 치열한 정치적 공간이다. 누가, 무엇을, 왜 가르치는가, 그리고 그 결과를 어떻게 확인할 것인가에 대한 근본적인 질문이 일어나는 공간이기 때문이다. 2015년 학교에 만든 텃논.

인가에 대해 고민하고 성취와 협력에 대해 고민하고, 사회적 관계에 대해 고민했다. 텃밭은 이러한 것들을 가능하게 하는 데모스의 장으로서 정치적 공간에 대한 고민을 던져 주었다.

후쿠시마 그리고 학교 텃밭

교육농을 시작하며 우리는 인공적으로 관리하는 학교 텃밭을 넘어서는 비전형성으로 그 무엇을 사유하고자 했다. 그래서 의도적으로 2011년 3.11 후쿠시마를 결합시켰다. 이렇게 교육농과 후쿠시마를 연결하는 사유가 간혹 교육농을 '메타화'함으로써 골치 아픈 문제를 야기하기도 했다. 왜냐하면, 교육농을 후쿠시마와 연계시키면서 우리는 기존의 학교, 교과, 교육과정, 교수-학습과 평가로 수렴되는 '농교육'이 아닌, 이러한 교육학석 담론을 해체하는 '교육농'을 하고 싶었기 때문이다. 그럼 그것이 무엇일까?

광화문은 사람들의 이동 통로다. 세월호 참사와 촛불 집회가 있기 전 광화문 광장은 수많은 사람들이 제각기 다른 이유로 방문했다 흩어지는 비정치적 공간이었다. 그런데 세월호 참사와 촛불 집회 이후 광화문은 더 이상 그런 사적 공간만이 될 수 없다. 이곳은 세월호 참사를 기억하고 환기시키는 공간, 박근혜 탄핵이라는 집단적 열망과 기억이 조직되는 정치적 공간으로 탈바꿈된다. 광화문은 사람들을 정치적으로 일깨우고 주권자로 세우는 정치적 자궁이 된다.

학교 텃밭도 일종의 전형성과 비전형성의 경계에 있다. 좀 근사한

말로 표현하면, 분자적인 것과 몰적인 것, 실존과 제도가 중첩하는 공간이다. 후쿠시마가 있기 전 텃밭은 참여가 아닌 관찰의 대상으로서 교재원 또는 식물원이었다. 교장이나 학교 관리자들에 의해, 1학년부터 6학년까지 책에 나오는 식물을 기르면서, 학생들이 관찰하게 하는 수동적 공간, 바라봄의 공간이었다. 그런 의미에서 정치적이라기보다는 행정적인 공간에 가까웠다. 이곳에서 학생들은 생명의 소중함을 알아야 하는 존재, 수확의 기쁨을 느껴야 하는 존재, 인성을 키워야 하는 존재로 셈해졌다.

그러나 우리는 이러한 학교 텃밭을 전복시키고자 했다. 다시 말하면 학교 텃밭을 의도적으로 바꾸는 것이다. 공간을 달리하여 사고하고, 발상하고, 욕망하는 과정을 통해 우리에게 놓인 이 학교라는 공간에서 교육과정의 일부가 되어야 할 학교 텃밭, 교과목으로 셈해져야 할 농교육, 농사와 교육의 일치를 부수는 것, 아니 의도적으로 배반하는 것, 그래서 교육과정에, 교과에, 교육에 노이즈[noise]를 끼워 넣고자 했다.

하지만 여기저기서 받는 질문은 이와 반대다. 사람들이 원하는 것은 텃밭의 일반화, 텃밭에 관한 지도서, 텃밭 교재였다. 물론 땅을 이해하고, 작물의 재배법에 대해 공부하는 것은 중요한 일이다. 하지만, 교육농은 그러한 기술적 관점을 넘어서는 이야기로부터 시작했다. 모든 논의가 기술적 관점과 패러다임적 관점이 혼용되어 있지만, 우리는 이 근대 체제의 끝에서 근대가 스스로 자기를 수정해 가는 것이 불가능함을 후쿠시마를 통해 확인했다. 그래서 우리의 실천은 근대의 자기 수정이 아니라, 근대 자체를 전환하는 방향에서 교육농에 접근하는 것이었다. 말하자면, 교육농을 교과 교육과정의 일부로 접근할 것인가, 교과 교육과정의 외부자로 접근할 것인가는 천동설과 지동설과 같은 패러다임의 영역 속에서 작동한다. 그리고 이 두 패러다임은 동시에 참일 수 없다.

이런 의미에서 텃밭을 통한 교육농은 가장 치열한 정치적 공간이다. 누가, 무엇을, 왜 가르치는가, 그리고 그 결과를 어떻게 확인할 것인가에 대한 근본적인 질문이 일어나는 공간이기 때문이다. 학교 텃밭은 교과를 융합하는 공간이 아니라 빨아들이면서 소거 get rid of 하는 공간이다.

교육의 문제를 단순화시키면, 경험과 이해, 성장의 문제로 수렴된다. 한 인간이 성장을 위해 어떤 경험을 해야 하고, 그 경험을 통해 어떤 성장을 해야 하는가가 교육의 핵심이라고 볼 수 있다. 그런데 인간 자체가 사회적 인간이기 때문에 어느 시대이든 우리가 가르치는 것은 결국 그 시대의 의식이다. 무엇을 경험하고 어떠한 성장을 할 것인가는 교육과정을 통해 시대의 언어로 제도화된다. 그렇다면 교육농은 어떻게 시대의 언어를 담아내야 하는가? 내용적으로는 분산적이고 협업적인 교육 경험과 성장이라는 점에서 현재의 교육 개혁 흐름과 다르지 않아 보인다. 그런데 교육농을 통해 보다 강조되어야 할 것은 학습은 본질적으로 사회적 경험이라는 전제이다. 우리는 교육농 참여를 통해서 배우고 학습한다. 이 과정은 사적 경험이 아니라 사회적 경험이라는 것이 중요하다. 하나의 사고 과정은 사람의 내면뿐 아니라 사람들 사이에서도 발생한다. 그래서 누구나 혼자 숙고하는 시간을 갖지만 결국 생각의 내용은 타인과 공유한 과거의 경험, 자연과 연결된다. 그리고 그 과정을 통해 공유한 의미를 내면화하며 흡수한다. 당연히 이러한 배움의 과정에서 벽은 존재하지 않는다. 분산적이고 협업적인 배움은 밖을 향해 열려 있으며, 타인과 관계를 맺으려고 한다. 그래서 교육농은 학교를 넘어 마을로 확장된다. 그러한 과정에서 자연, 타인에 대한 공감 능력이 넓어지고 깊어진다. 이렇게 배움이 폭넓고 다양한 사회적 공간과 공식적·비공식적으로 연결되면서 학습자는 분산된 경험을 하게 된다. 이 점에서 교육농은 현재의 제도교육(학교, 교육과정, 교수-학습 방법, 교사, 평가)의 가장 외부에 있다.

학습자와 교사들은 텃밭을 통해 우리를 둘러싼 기후, 토양 등을 이해하고, 이러한 환경에 따라 현실을 구성하고 관계를 조직하는 방법을 배운다. 교사는 학생에게 학습 내용을 전달하거나 대답하라고 요구하는 방법으로 교육할 수 없다. 제도교육에서 당연한 것으로 간주되던 개별적으로 평가하고 점수를 매기는 방식은 낯선 것이 되고, 함께 사고하는 것이 보편적인 것이 된다.

다시 강조하지만, 지식이란 본래 사회적 형식을 갖는 것이고, 사람들 사이에 존재하는 것이다. 그래서 어떤 실천은 공유된 경험에서 나오는 것이다. 이 점에서 지금의 교육과정은 대개 자극-반응 프로세스라는 점에서 문제가 많다. 많은 경우 선택권 없는 선택choiceless choices을 해야 하며, 주어지는 지시에 로봇처럼 반응하도록 프로그램된다. 이와 달리 교육농은 상호 의존적인 그룹의 공동 경험이 된다. 텃밭에 나오면 아이들이 즐거워하고 능동적인 학습자가 되는 이유가 여기에 있다. 교육농에서 학생들은 수동적인 지식 수령자가 아니라 교육에 적극적으로 참여하는 주체이기 때문이다. 땅은 이렇게 배움의 방식을 수평적으로 재구조화한다. 땅을 통해 우리 모두는 연결되어 있다.

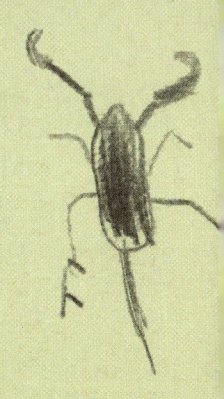

부록

1. 학교 농사, 이것이 궁금해요
2. 교육농을 시작하는 교사들에게
   권하고 싶은 책들

학교 농사, 이것이 궁금해요

농사 시작하기 – 시설과 재정

[시작] 학교에서 텃밭을 시작하려고 합니다. 그런데 도통 무엇부터 시작해야 할지 모르겠습니다. 무엇을 먼저 해야 할까요?

강주희 • 먼저 학교장의 허가, 즉 '협조를 얻는 것'이 우선이겠어요. 학교의 많은 일이 그렇듯 학교의 협조적인 분위기가 중요하죠. 학교장의 허가를 넘어 적절한 의욕(텃밭뿐 아니라 농사'꾼'에 대한 애정이 높아 텃밭의 업무에 관한 지원이 이루어지는 행운이 깃들어야 하죠!)이 있으시다면 더 좋겠지요. 그 다음은 물리적인 공간, 밭을 구성할 공간이 있는가 — 예산이 충분하다면 텃밭을 조성할 유휴 공간(인적 드문 보도블록 공간)을 탐색하시고요, 예산이 여의치 않다면 상자형 텃밭을 둘 공간(넓지 않아도 좋아요. 처음에는 두세 상자 정도 가능한 만큼만 시작합니다)을 탐색하세요. 그나마도 어려우시다면 게릴라 텃밭(흙이 보이는 양지 바른 한 뼘 틈을 찾아 모종을 심습니다)을 구상해 보세요. 그리고 몇 가지 농기구(삽, 꽃삽, 호미)는 꼭 구비해야죠. 처음은 잎채소류와 방울토마토처럼 쉬운 작물의 모종부터 아이들과 함께 흙을 만진다는 생각으로 시작하세요. 거름기가 없는 첫 땅에는 적당한 거름이 필요한데 시중에 판매되는 배양토와 지렁이 분변토를 사용하시면 됩니다.

땅, 흙, 몇 가지 모종과 농기구가 준비되었으면 큰 고민과 망설임, 공부와 연구는 뒤로하시고 '시작!'하시면 됩니다. 시작하신 후 필요한 공부는 각 시도별 농업기술센터(서울시농업기술센터의 경우 도시 텃밭 가꾸기 메뉴에 학교텃밭정원/도시텃밭/상자텃밭/도시원예/드림텃밭 등의 카테고리가 있어요)에 있는 다양한 자료를 참고하시면 좋습니다.

조경삼 • 교육농, 일이어서는 하기 힘듭니다. 우선 일이 아니고 놀이가 될 방법을 찾으셔야 할 것 같습니다. 텃밭 놀이! 알아야 면장도 하니까 가까운 교육 농장을 찾으시거나, 충남 홍성의 교육농연구소를 찾으세요. 여의치 않다면 책을 통해 체험하시고요.

임덕연 • ① 텃밭에 이랑을 어떻게 낼지, 무얼 어디다 심을지 A4 종이에 아이들과 함께 그려 보세요. ② 제일 좋은 밭 디자인을 선택해 이랑을 만드세요. 이랑은 작물에 따라 조금 달라요. 고구마나 감자는 두툼한 이랑이 좋고요, 상추나 아욱, 근대는 좀 넓은 평평한 이랑이 좋아요. 이랑을 만들 때는 거름을 넣어 줘야 해요. 이때 거름과 흙이 잘 섞여야 해요. ③ 씨나 모종을 심어요. 씨나 모종은 심는 때가 지역마다 다 달라요. 농사를 오래 지은 분들은 경험으로 알지만 처음 농사짓는 분들은 좀 공부해야 해요. 중부 지방, 남부 지방에 따라서도 다르고, 해발이 높은 지역과 낮은 지역도 다르고요. 흙 상태도 살펴야 해요. 거름(유기물)이 많은지, 물 빠짐 상태가 어떤지 살펴서 적합한 작물을 선택하세요. 가까운 곳에 씨나 모종 파는 곳이 있는지도 알아보세요.

조진희 • 텃밭의 시작을 축하드려요. 수업에 활용하든 생태 감수성 기르기의 일환이든, 개인적인 이유이든 텃밭의 시작은 축하받을 만합니다. 작물을 기를 땅이 있어야 텃밭의 첫 마음이 지속 가능하겠지요? 일조량이 많은 고정적인 학교 공간이 있다면 최고고요, 없다면 상자나 비료 포대를 이용한 주머니 텃밭도 좋습니다. 서울 천왕초의 경우 마을 기업에서 조달받은 상자 텃밭을 보도블록 위에 놓은 것이 시작이었는데요, 8년이 지난 지금도 잘 쓰고 있어요. 요즘에는 저렴한 조립용 방부목 틀밭 재료나 플라스틱으로 된 큰 화분도 인터넷에서 쉽게 구할 수 있어 그리 걱정하지 않아도 됩니다. 볕 좋은 땅이나 목재 틀, 주머니, 화분 등에 흙을 채워 넣었다면 농사의 50%는 된 것이라고 생각합니다.

[협조 구하기] 학교에서 텃밭을 시작하려고 하는데 동료 선생님들의 관심이 너무 없어요. 어떻게 하면 함께할 수 있을까요? 학교 관리자에게는 뭐라고 해야 할까요?

강주희 • 글쎄요. 4년간의 텃밭 농사로 오가며 나누는 수인사나 나눔의 관심은 있었지만 함께 농사짓는 즐거움을 가진 경험이 별로 없어서 그럴 듯한 방법이 떠오르지는 않습니다. 학교 텃밭의 기본이 갖추어졌다면 교원학습공동체나 교사 동아리 등으로 관심 있는 분들을 모아 보는 시도도 나쁘지는 않을 듯해요.

임덕연 • 먼저 학교 관리자를 찾아가 하고 싶은 일을 이야기하세요. 잘하지는 못하지만, 시작해 보겠다고 하고 협조를 구하세요. 아마 옛날에 농사를 지어 본 분이라면 적극 지지해 주실 겁니다. 농사 경험이 없으신 관리자분도 잘 말씀드리면 호기심을 갖고 적극 도와주실 거라 생각합니다. 동료가 관심이 없다면 무리하게 요구하지 마시고, 어느 정도 작물들이 자랐을 때 텃밭에 동료를 초대하세요.

조진희 • 좋은 동료와 함께 농사를 하면 금상첨화겠지요? 혼자 하는 것은 오래 하기 힘들 뿐만 아니라 재미도 덜하거든요. 교사 동아리, 교원학습공동체, 동학년, 동교과 교사들이 두세 분만 함께해도 큰 힘이 될 거예요. 동료에 대한 선입견을 버리는 것도 좋은 방법일 것 같아요. 제 경험으로는 농사 경험이 풍부한 분은 오히려 과거에 힘들었던 기억 때문에 시큰둥하고 식생활, 음식, 채소 등에 관심이 많은 분이 더 좋아하더라고요. 교사가 해야 할 '일'로 접근하면 오래가지 못하고 하지 않아도 될 부가적인 업무가 되지만 교과 연구, 생활교육, 생명 존중 교육 등의 동기로 시작하다 보면 덜 부담되지 않을까 해요. 점심시간이나 방과 후에 텃밭을 가꾸고 있다 보면 지나가는 여러 선생님들의 농사와 관련된 인연이나 생각을 접할 수 있어요.

관리자도 마찬가지라고 생각해요. 주무관을 시켜서 의욕적으로 작물이나 화초를 재배하시는 분이라면 그를 내 농사 선배로 함께하면 될 것 같고요, 별 관심 없이 "열심히 하세요"라고 방관하는 분이라면 참견하지 않아서 더 낫기도 하고요. 무엇보다 여러 학생들과 선생님들이 잘 왕래하는 곳에 텃밭이 위치하고 작은 작물이라도 나누는 기회가 있다면 빠르게 동료가 될 수 있을 거예요. 관리자에게는 교사 교과 연구나 학생 생활교육의 일환으로 필요한 공간, 예산, 관리 등을 지원받아야 하므로 교육적인 효과와 선생님의 의지를 보여 주어 반드시 내 지지자로 만들 필요가 있어요. 적어도 5년 동안은 내 텃밭 교육을 보장받을 수 있으니까요. 텃밭을 지속하고 교육에 활용하는 데 동료 교사와의 관계는 무엇보다 중요하지만 거기에 이르기까지 어느 정도의 외로운 기간은 있다는 것! 하지만 그 외로움의 시간이 어쩌면 농부에게 필요한 오롯이 작물과 소통하는 시간이 될 수도 있으니 너무 조급해하지 마셔요.

[지역 사회의 참여, 학부모의 조력] 학부모 그리고 지역 사회와 함께할 수 있는 방법은 무엇이 있을까요?

강주희 • 텃밭이 수업과 교육과정 안으로 들어오면 텃밭에서 이루어지는 일들은 배움이 됩니다. 배움을 함께 공유하는 것은 학부모들의 '로망'이기도 하죠. 텃밭을 수업과 연결시키는 일이 아직 부담스러우시다면 학급 텃밭 모임을 학부모와 함께하는 방법도 괜찮습니다. 저는 학생-학부모 동아리라는 이름으로 운영을 해 보기도 하였는데, 별도로 상담할 때보다 밭에서 더 많은 이야기가 어우러져서 교사와 학부모, 학부모와 학생에 대한 이해의 폭과 결이 깊어지는 경험을 가졌습니다. 학교 텃밭이 굳이 지역과 연결되지 않아도 되지만 텃밭 작물을 마을 골목에서 소개해 보는 시도는 학교 안 텃밭에 대한 지역의 관심을 충분히 이끌 만하죠. 지역 구청 등에서 지원하는 도시 텃밭 양성가들의 도움을 받아 텃밭 농사 정보나 물질적인 지원 등도 받을 수 있습니다.

임덕연 • 저는 학부모들에게 텃밭 가꾸기를 한다고 교육과정 설명 때 이야기하면 호응이 좋았던 경험이 많습니다. 아이들도 자기가 가꾼 작물에 대해 아주 자랑스러워하는 걸 봅니다. 주말에 학부모가 학교 텃밭으로 나들이를 올 수도 있습니다. 제가 학교 근처를 살펴보니 지자체에서 운영하는 주말농장도 있고, 지자체에서 학교에 상자 텃밭을 할 수 있는 물품을 지원하기도 하더라고요. 기술 지원을 해 주는 곳도 많으니 잘 찾아보셔요.

조진희 • 처음 텃밭을 하면서 학부모나 지역 사회의 조력까지 목표로 할 필요는 없다고 봐요. 학부모와 마을을 네트워킹하는 것은 개별 교사가 할 일이 아닐 뿐만 아니라 그보다는 학생과 교사와 소통하는 것을 오히려 더 큰 목표로 하면 좋을 것 같아요. 천왕초의 경우 생태교육이나 텃밭·텃논 교육을 목적의식적으로 마을교육의 내용으로 하려다 보니 마을 교사와 학교 협동조합의 특색 있는 교육이 되었지만 보통의 학교에서 굳이 그렇게까지 할 필요는 없을 것 같아요. 다만, 풍부한 농사에 대한 경험을 가지고 있는 마을 교사나 학부모와 함께한다면 동료 교사보다 더 큰 힘과 지지를 선생님과 학교에 줄 수 있을 거예요. 만약 내가 학교를 옮기더라도 학생들에게 오래 남을 텃밭이 될 수도 있겠지요. 마을에서 농사지을 땅을 구해서 함께 1년 동안 가꾸는 경험을 하면 참 좋을 것 같아요. 교육농 협동조합에서 주최하는 교육농 직무 연수에는 교사뿐만 아니라 학부모들도 참여할 수 있으니 관심 있는 학부모들과 함께 오세요!

[재정과 지원] 학교 텃밭과 관련해 도움을 받을 수 있는 지원 사업과 공모 사업이 있다고 했는데, 어떤 것들이 있고 어떻게 지원해야 할까요? 도움을 받을 수 있는 기관은 무엇이 있나요?

조경삼 • 지역마다 사업이 다를 것입니다. 충남의 경우 해마다 '농어촌 체험 학습과 학교 텃밭 정원 운영 학교 사업'이 있어 초·중·고 270교에 300만 원 내외의 지원이 이루어집니다. 50%를 농어촌 체험 마을을 방문

해야 하고 40~60만 원은 지역 농민 강사비로 책정해야 하는 제한이 있지만 학교 텃밭 활동에 100여만 원을 사용할 수 있습니다. 이 외에도 농업기술센터에서 진행하는 학교 도시 농업 활성화 시범 사업은 5개교에 500만 원을 지원하였습니다. 해마다 사업명이나 지원 금액이 달라지기는 하지만 학교 농업을 지원하는 사업들이 지속적으로 이루어지고 있습니다. 이 밖에 논농사의 경우 친환경농업인연합회에서 모내기(모판, 상토, 상자나 모 지원) 및 수확 행사를 지원하는 사업도 있습니다.

임덕연 • 조금씩 정보를 찾다 보면 곳곳에 지원받을 곳이 많이 있을 겁니다. 가까운 농협에 가서 문의하거나 씨앗이나 모종을 파는 상점 주인에게 먼저 물어보는 것도 좋은 방법입니다. 지자체에서 학교로 공문이 정식으로 오기도 합니다. 지자체 홈페이지 공지 사항을 살피거나 인터넷 검색창에서 검색을 해 보는 것도 재미있는 접근입니다.

조진희 • 교육청마다 사업이 다르고 그것도 해마다 다르기 때문에 일괄적으로 말씀드리기는 어렵고요, 서울시교육청의 경우 서울시농업기술센터와 연계하여 '학교 농장 조성 사업'을 하고 있는데 이를 통해 초기 정착을 위한 지원비를 꽤 많이 받을 수 있고 몇 년간 모종이나 종자, 생태 교사 연계 등의 지원을 받을 수 있어요. 교육청의 학생 건강이나 급식과 관련된 업무 부서에서도 텃밭 프로그램이나 농촌 체험을 할 수 있는 공모 사업들이 있고 서울형 혁신교육지구의 공모 사업 또한 학교에 자율성을 많이 주기 때문에 가능한 예산입니다.

그러나 이러한 예산은 공모 경쟁이 높고 자칫 공문을 놓칠 수도 있기 때문에 최소한의 텃밭 관리 예산을 학교 예산으로 구비하는 게 더 좋을 것 같아요. 초등의 경우 실과나 과학교육 예산, 학년 예산이나 생활교육 예산 등으로 요구하고 중학교의 경우도 교과 교육 예산이나 생활교육 예산을 기본으로 하고 자유학기제 예산이나 학생 동아리 예산 등으로 마련하도록 요구해 보세요.

도움을 받을 수 있는 기관은 우선 교육농연구소 블로그(blog.naver.com/edunong_lab), 서울시농업기술센터(agro.seoul.go.kr), 식생활교육국민네트워크 카페(cafe.naver.com/greentable114), 농촌진흥청 농업기술포털 농사로(www.nongsaro.go.kr) 등이 있습니다. 무엇보다 실시간으로 학교 텃밭에 도움을 줄 수 있는 교육농협동조합 네이버 밴드 가입을 추천해 드립니다.

농사짓기 - 재배와 관리

[씨앗과 모종] 텃밭을 시작하려고 하는데, 씨앗은 어디서 구해야 할까요? 또 씨앗으로 심어야 할 것과 모종으로 심는 것이 따로 있다고 하던데, 무엇을 씨앗으로 심고, 또 무엇을 모종으로 심나요? 모종은 또 어디서 구하면 좋을지, 모종을 직접 기르는 방법도 있는지 궁금합니다.

조경삼 • 씨앗과 모종은 농약사에서 4월 중순 이후부터 구입할 수 있습니다. 너무 일찍 심으면 서리 피해를 입을 수 있으니 5월 초쯤 심는 것이 좋습니다. 온실이 있다면 포트와 상토를 구입하여 모종을 키우는 것이 가격 부담도 줄이고 교육적으로도 가치 있답니다(교실에서 모종을 키우는 것은 아이들이 곁에 두고 관찰할 수 있는 장점이 있지만 웃자라서 밖에 옮겨 심으면 쉽게 부러질 수 있습니다). 포트는 씨앗 크기에 따라 선택하시고 상토는 원예용 상토를 이용하시면 됩니다. 4월 중순쯤 과학 수업과 연계하여 강낭콩, 옥수수, 호박, 단호박, 오이 등을 심어 3~4주쯤 키우면 5월 초나 중순에 옮겨 심기 알맞게 자랍니다. 물론 당번을 정해 물을 주고 함께 관찰하는 게 좋고요, 온실 안에 미니 온실을 설치하는 것이 좋습니다. 미니 온실은 비닐과 활대로 만들 수도 있고 인터넷 쇼핑몰에서 판매하는 것도 있습니다.

임덕연 • 조금만 관심을 가지면 평소에 안 보이던 씨앗 팔고 모종 파는 가게가 보일 것입니다. 가까운 화원에 가서 문의하세요. 씨앗이나 모종을 팔지 않는 곳은 어디 가면 씨나 모종을 살 수 있는지 물어보면 알려 줄 것입니다. 그리고 조금 외곽으로 나가면 3~4월쯤 모종을 내놓고 파는 곳을 쉽게 볼 수 있습니다. 인터넷으로 검색해도 씨앗이나 모종을 구할 수 있습니다. 저는 산마늘(명이나물)을 인터넷으로 사서 몇 해째 농사짓고 있습니다. 처음에는 모종을 사서 심는 것을 권합니다. 모종으로 심으면 실패할 확률이 적습니다. 몇 해 농사를 지어 보고 나서 채종도 해 보시고, 씨앗 심기도 하시기 바랍니다. 씨앗으로 심어 보면 새싹만 보고도 어느 작물인지 알 수 있게 됩니다. 호박, 아욱, 상추, 콩 등은 씨앗으로 심기 좋고, 배추, 고추, 가지 등은 모종으로 심기 좋습니다.

모종 키우기도 매우 재미있고 좋은 경험입니다. 교실 창가가 모종을 키우기 좋습니다. 우유갑, 종이컵, 계란 판 등도 재활용하여 모종을 키울 수 있습니다. 스티로폼 상자에 볍씨를 뿌려 모를 길러 낼 수도 있습니다.

조진희 • 토종 유기농 씨앗을 손쉽게 구하면 가장 좋겠지만 그리 만만치 않아요. 전국도시농업시민협의회 씨앗 나눔 행사나 토종 씨드림 모임(cafe.daum.net/seedream), 전국씨앗도서관협의회(cafe.daum.net/koreaseedlibrary)도 있지만 큰맘 먹고 회원 가입을 하지 않으면 지속적으로 교류하고 접근하기가 쉽지 않았어요. 지난해까지는 서울시농업기술센터에서 씨앗과 모종을 지원받았고 텃논에 심을 모는 서울남부교육지원청 산하 기관인 남부과학교육센터 교재원에서 지원받았어요.

그때그때 필요한 모종이나 씨앗은 학교 가까운 종묘상에서 구입하여 쓰고 있는데 2,000~4,000원짜리 종자 1봉지를 사면 2년 동안 사용할 수 있고, 모종은 100~4,000원까지 다양하여 필요한 개수만큼 사다 썼어요. 씨앗을 인터넷으로 살 때는 아시아종묘 쇼핑몰(www.asiaseed.net)을 이용했는데 엄청 다양한 씨앗을 쉽게 구할 수 있었어요. 가끔 미리 준비하지 못하는 모종을 인터넷으로 사기도 했는데 택배로 받는 모종은 상태가 좋지 않아서 권해 드리지는 않습니다.

제 경험으로 씨앗으로 뿌려도 잘 자라는 작물은 쌈 채소, 시금치, 쑥갓, 아욱, 깻잎 등 잎채소와 당근, 무, 콩류, 화초류 등이었어요. 배추, 고추, 토마토, 옥수수, 오이, 가지 등은 모종으로 구입하여 심었어요. 감자는 씨감자를 심어야 하고요, 고구마는 줄기를, 쪽파는 싹이 조금 난 종자를 심어야 하니 그 시기에만 구할 수 있는 특별한 모종은 종묘상에 미리 이야기하고 구해 달라고 하면 준비해 주기도 했어요. 많은 양을 구매할 때는 직접 트럭으로 배달해 주기도 합니다.

[작물 고르기] 아이들과 농사를 지으려고 합니다. 아이들이 좋아할 작물들은 어떤 게 있을까요? 또 텃밭에서 재미있게 할 수 있는 활동이 있다면 알려 주세요.

1) 초등 저학년의 경우

박형일 • 흔히 심는 쌈 채소와 감자, 고구마, 방울토마토, 김장 채소 등도 아이들에게 좋은 작물이지만, 그런 작물들과 함께 완두콩과 찰옥수수, 초당옥수수 그리고 허브(로즈메리, 민트, 레몬버베나, 스테비아 등)를 추천해 드립니다. 완두콩과 찰옥수수, 초당옥수수 모두 요리 방법이 어렵지 않고 수확해 바로 삶기만 해도 달큰한 맛을 즐길 수 있어 아이들이 모두 좋아하지 않을까 합니다. 허브도 그 향기가 주는 향긋함과 함께 잎을 수확해 뜨거운 물에 넣으면 허브 차가 되니 아이들과 함께 즐길 수 있는 좋은 작물이라는 생각이 듭니다.

강주희 • 농사를 시작하려는 초보 교사 농부에게는 잎채소 작물이 가꾸기 쉽지만 아이들이 좋아하는 작물들은 열매 작물입니다. 방울토마토, 고추, 오이나 가지 등의 열매 작물이 단연코 인기가 좋죠. 작물을 수확하는 일 자체로도 재미있고요. 수확이 반복되면 다소 지루해져서 수확물을 씻고 갈무리하는 활동으로 발전시키기도 하고 수확물을 적당량씩 나누고 포장하는 활동도 병행합니다. 농사를 지으며 지렁이 똥 찾기, 개미집 찾기나 가을 낙엽을 모아 텃밭에 뿌리는 놀이도 같이 했는데 아이들이 참 좋아했습니다.

조경삼 • 감자, 고구마를 '강추'합니다. 크게 까다롭지도 않고 아이들과 삶아 먹기도 좋습니다. 6월 말 감자를 수확하여 7월 학급 행사로 '감자 요리 대제전'을 열었는데 아이들이 다양한 감자 요리를 조사하고 실습해 본 후 만들어 학급은 물론 다른 반 친구들과도 나누어 먹었답니다. 저학년은 학부모 도움을 받아 해 볼 수도 있습니다.

임덕연 • 3월 말이나 4월 초순쯤 심는 감자는 심는 재미도 있고, 가꾸면서 감자 노래도 부를 수 있습니다. 또 6월이면 수확이 가능해 금방 수확의 기쁨을 맛볼 수 있고요. 병충해도 적고 키우기도 비교적 쉽습니다. 고구마는 감자와 비슷하지만 가을에야 수확을 합니다.
상추는 심고 2~3주 지나면 수확이 가능해 쌈을 먹을 수 있습니다. 조금 심어도 수확량이 많아 삼겹살 파티도 가능하고요.

조진희 • 모든 학년에서 다 좋아하는 작물은 감자, 상추, 당근, 오이, 무, 배추, 고구마, 토마토 등이었어요. 물론 토마토나 오이조차 먹기를 거부하는 학생들이 있었지만 그런 학생도 자기 자신이 심거나 수확한 작물엔 애정을 가지고 대합니다. 초등 저학년은 기르는 맛도 있고 캐는 맛도 있는 감자, 고구마, 무, 배추 등을 추천합니다. 상추나 토마토는 계속 수확이 가능하여 텃밭 활동을 하기에도 좋았어요. 지난해에는 당근의 매력에 푹 빠졌는데요, 6~10월까지 지속적으로 수확이 가능해서 참 좋았어요. 천왕초의 경우 저학년은 봉숭아꽃을 꼭 심어서 손톱 물 들이기 활동도 같이 했어요.

감자는 땅을 뚫고 올라오는 힘을 느낄 수 있고 어린이들이 물 주기도 좋아서 쉽게 기를 수 있고요, 예쁜 꽃도 보고 시와 노래와 연계도 하고 수확물로 해 먹을 수 있는 음식이 많아서 매년 기르고 있어요. 고구마는 줄기가 자라면 꺾어서 목걸이나 팔찌도 만들어 놀고요, 볶아 먹거나 김치를 담가서 먹고, 뿌리는 쪄서 먹고 해서 버릴 것이 없어요. 무와 배추는 깍두기나 김치를 담고 겨울을 준비하는 조상들의 식생활 문화를 접할 수 있는 교육적인 작물이라 역시 매년 기르고 있어요. 상추, 당근, 토마토, 오이 등은 그냥 먹을 수도 있고 학교 급식에서 먹을 수도 있어서 좋고요, 함께 모아서 샐러드로 먹으면 편식을 고치는 교육이 될 수도 있는 작물들이에요.

2) 초등 고학년이나 중등의 경우

조경삼 • 옥수수, 방울토마토, 상추, 깻잎, 강낭콩 등이 괜찮습니다. 특히 초등 고학년 아이들은 상추 등 쌈 채소류를 수확하여 삼겹살 파티를 하는 것을 좋아합니다. 오이는 병충해가 쉽게 와서 어렵고, 고추는 따서 바로 먹을 수 없으니 흥미가 적고 또 장마철에 병이 나기가 쉽습니다. 가장 '비추'하는 것은 참외와 수박. 이것들은 여름 방학 기간에 수확기가 겹치고 방학 끝나고 오면 썩은 참외와 만나거나 풀 속에서 숨은 수박 찾기를 하셔야 합니다.

임덕연 • 텃논을 만들면 벼의 한살이를 공부하기 좋습니다. 텃논이 없으면 큰 고무 상자에 흙을 넣어 상자 논을 만들어 모내기를 할 수 있고요. 논에는 물이 있어서 여러 생명이 찾아오거나 생깁니다. 그래서 다양한 생명을 관찰할 수 있습니다. 올챙이, 장구애비, 장구벌레, 달팽이 등을 쉽게 볼 수 있습니다.

오이, 호박, 가지, 고추, 토마토 등의 작물은 고학년이 키우기 좋습니다. 이런 작물은 심고 나서 자주 가꾸어 주어야 합니다. 순지르기, 지주 세워 주기, 수확하기가 쉴 새 없이 일어납니다. 변화가 많으니 재미있습니다. 꽃도 예쁘죠.

조진희 • 저학년에서 소개한 작물들에 고추, 가지, 옥수수, 완두콩, 목화, 쑥갓, 시금치, 허브류(민트, 로즈메리, 바질 등)를 함께 기르면 무척 풍부한 텃밭이 될 것 같아요. 풋고추와 오이고추 모두 수확한 열매는 급식 때 나누어 먹거나 초절임을 담가 먹어도 좋아요. 옥수수와 완두콩은 밥에 넣어서 먹거나 삶아 먹어도 좋지요. 쑥갓은 진달래처럼 화전을 부쳐 먹을 수도 있고 시금치처럼 데쳐서 무쳐 먹어도 맛있어요. 여러 가지 작물을 섞고 집에서 콩나물이나 멸치, 고추장 등을 가지고 와서 비빔밥을 해 먹으면 더욱 좋은 음식교육이 될 거예요.

목화는 의생활을 배우는 실과 시간에 절대적으로 필요한 작물인데요, 꼬아서 실도 만들고 팔찌도 만들 수 있어요. 요즘에는 드라이플라워로 많이 활용되어 컬러풀한 목화 꽃도 쉽게 볼 수 있지요. 허브류는 후각 교육에 참 좋은데요, 여름엔 시원한 차로 마시고 말린 잎은 겨울에 우려서 따뜻하게도 마셔요. 허브 잎들이 많이 자랄 때에는 잎을 따서 교실에 놓아 두기만 해도 기분이 좋아질 것 같아요. 바질은 피자 만들기에 이용하거나 말려서 고기를 재는 데 향료로 쓸 수도 있어 활용도가 매우 높아요.

올해 재미나게 기른 작물은 마리골드예요. 다른 작물들과 섞어 지으면 병충해를 막아 주는 천연 방충제라고 해요. 모종을 몇 개 안 심었는데도 여름부터 늦가을까지 계속 풍성하게 꽃이 피더라고요. 화려한 노랑색, 주황색, 주홍색 꽃은 눈으로 감상하고 흐드러지게 꽃이 피면 지기 전에 꽃을 따서 말려요. 바싹 말린 꽃은 투명하고 작은 병에 담아 두었다가 두세 개씩 꺼내어 뜨거운 물에 우려 차로 마셔요. 투명한 컵에 우리면 빛깔과 향기 둘 다 감상할 수 있어요. 두세 잔이 넘게 나올 정도로 몇 번씩 우려 먹다 보면 꽃 차의 매력에 흠뻑 빠질 수 있을 거예요.

그러나 뭐니 뭐니 해도 가장 추천해 드리고 싶은 작물은 벼예요. 일단 벼가 자라는 과정을 서울 기준으로 10월까지 볼 수 있고요, 물속의 생물도 관찰할 수 있으며 벼를 수확하여 여러 가지 활동도 할 수 있으니까요. 사회과와 결합하여 신석기 시대 인류 생활과 연계하고 벼 이삭에 얼마만큼 낟알이 달려 있나 관찰도 하고 마지막으로 밥을 하거나 떡을 할 수도 있어요. 동아시아 벼농사 문화에 대한 깊이 있는 배움까지 이끌 수 있는 텃논 교육은 여러 교과가 연계된 융합 교육으로 손색이 없어요.

[농기구] 학교에서 텃밭 농사를 짓는 데는 어떤 도구가 필요한가요? 농기구는 어디에 보관하고 관리하면 좋을까요?

강주희 • 삽, 괭이는 기본입니다. 모종삽과 호미도 학급의 학생 수만큼 준비하면 좋아요. 물뿌리개와 분무기도 충분히 갖추면 좋지요. 초등의 경우 아이들 손에 맞는 작은 사이즈의 장갑이 필요합니다. 농기구를 보관할 공간은 밭과 가까운 곳이면 좋아요. 학교에는 다양한 크기의 공간들이 많아요. 저는 학교 텃밭으로 나가는 출입구의 계단 밑을 농기구 보관 장소로 활용했어요.

조경삼 • 기본적으로 호미와 어린이용 삽, 포크, 레이크, 물통으로 쓸 고무 통과 호스, 물뿌리개 등이 필요합니다. 목장갑은 온실에 빨랫줄을 묶고 빨래집게로 집어 놓으면 다음번에 쓰기 좋습니다. 우리 학교에는 비닐하우스 속에 농기구 정리대가 있어 대부분 거기에 보관했습니다. 아이들 개인용 호미는 사물함에 보관하기도 했습니다.

임덕연 • 우리 반만 텃밭 농사를 한다면 교실에 농기구를 놓는 것이 좋습니다. 학교 차원에서 텃밭 농사를 한다면 밭 근처에 작은 창고를 지어 보관하든지 호미나 꽃삽 같은 것은 작은 스티로폼 상자에 넣어 두어도 좋습니다. 텃밭이 그리 크지 않으면 농기구도 많이 필요하지 않습니다. 호미나 꽃삽 정도면 충분합니다.

조진희 • 호미, 삽, 낫, 쇠스랑, 물뿌리개, 큰 물통, 호스, 지주대, 노끈, 가위, 손수레 등의 도구가 필요해요. 가장 기본은 호미, 삽, 물뿌리개, 지주대 등이고요, 학교의 예산 상황에 따라서 하나씩 구비해 가면 될 거예요. 땅의 크기와 학생 수에 따라 다르겠지만 호미는 한 학급 학생들 숫자의 반 정도 개수는 구비해 두는 것이 좋아요. 1개당 3,000원 내외로 살 수 있는데 가장 쓸모가 많은 도구예요. 농기구는 학교의 못 쓰는 청소함이나 사물함을 이용하여서 비에 맞지 않게 넣어서 텃밭에 두고요, 겨울에는 학년 연구실에 보관해 두는 것도 좋아요. 농기구 함에는 학생들이 작물을 수확하거나 담아 갈 때 쓰는 봉지나 끈, 가위, 심은 날이나 작물 이름을 표시할 수 있는 매직이나 아이스크림 막대도 구비해 두어요. 저학년이건 고학년이건 농기구의 이름을 알고 쓸 수 있다는 것은 훌륭한 노동교육이 되고 이후 삶에서 필요한 도구를 익히는 중요한 과정이라고 생각해요.

[토양 관리] 학교에서 농사지으려고 하는데 땅이 너무 딱딱해요. 땅이 부드럽고 좋아야 농사도 잘된다고 하던데 어떻게 해야 할까요?

박형일 • 우선 농사를 지으려면, '작물 기르기'만큼이나 '땅 기르기'가 중요합니다. 작물을 기르는 방법과 함께 땅을 돌보고 기르는 방법을 함께 배우고 익히는 것이 필요합니다. 땅이 단단하고 딱딱해져 있다면, 오랫동안 사람 혹은 차가 지나다니며 땅이 다져져 압착되어 있거나 토양에 유기물이 부족한 경우가 많습니다. 유기물이 부족하고 단단한 토양에는 작물의 뿌리가 건강히 자라는 데 필요한 수분과 공기가 드나들 수 없고, 작물의 자람에 중요한 협력자이자 조력자인 미생물, 그리고 토양의 건강을 유지하는 다양한 소생물들이 함께 살아갈 수 없습니다. 낙엽이나 볏짚, 베어진 풀 등을 활용한 땅덮개(멀칭)와 잘 부숙된 퇴비나 퇴비차(퇴비를 우린 물에 공기를 불어넣어 만든 미생물 배양액)를 이용해 땅을 잘 기르고 보살펴야 합니다.

강주희 • 소형 밭갈이 기계를 대여할 수도 있다고 하는데 저는 활용해 본 적이 없어요. 교육농 연수에서 보았던 로타리삽(쟁쇠, 삽쇠)이 있으면 좋겠다는 생각을 하며 매 학기 봄/여름 밭 갈기와 밑거름 주기를 반복했어요. 삽을 이용해서 두 삽의 깊이만큼 경작하는 일이 참 어려웠습니다. 그래도 2년 정도 되니 지렁이도 많아지고 경작할 때 땅이 좀 부드러워진 것을 보면 역시 땅이 좋아지는 데에는 시간이 충분히 필요한 것 같아요.

조경삼 • 땅이 딱딱하면 작물이 뿌리내리기 어려워 농사가 잘되지 않습니다. 한 해는 아이들과 고생하여 땅을 뒤집거나(삽, 포크 등으로) 어려우면 어른들의 손을 빌려야 하겠네요. 그런 다음에는 흙 위에 낙엽 등을 덮어 햇빛에 노출되지 않도록 해야 땅이 딱딱해지지 않습니다. 마른 낙엽은 바람에 쉽게 날아가 버리기 때문에 가을에 낙엽을 마대에 담아 쌓아 두었다가 약간 썩은 것을 덮어 주는 것이 좋습니다. 그리고 그 위에 나뭇가지 등을 올려놓고요. 구할 수 있다면 팽연 왕겨를 덮는 것도 좋은데 역시 말라 있으면 바람에 쉽게 날아갑니다.

임덕연 • 땅이 딱딱한 이유를 살펴야 합니다. 차나 무엇인가에 눌려 딱딱해진 것인지, 오염되어서 딱딱해진 것인지 살펴야 합니다. 돌이 많은 땅과 구별됩니다. 흙에 진흙이나 모래가 어느 비율로 섞여 있는지도 살펴봐야 합니다. 진흙은 모래가 없어서 물 빠짐이 거의 안 되는 흙이고, 모래는 작은 흙 알갱이가 없어 물과 거름을 오래 담고 있을 수 없는 상태입니다. 모래와 흙이 어느 정도 적당히 섞인 땅이 좋은 땅이지만, 작물마다 선호하는 흙이 달라요. 흙을 부드럽게 하려면 퇴비가 충분히 있어야 해요. 비료는 흙을 산성화시키고 딱딱하게 해요.

[용기 텃밭] 학교에 땅이 없어 용기 텃밭을 하려고 하는데, 흙을 어떻게 구해야 할지 모르겠습니다. 흙은 사야 하나요, 아무 흙이나 퍼다 써도 되나요? 화분 용기는 사야 하나요? 재활용할 수 있는 것들은 없을까요?

박형일 • 농촌과 달리 도시에서는 흙을 구하기 쉽지 않습니다. 또 구할 수 있다 하더라도 너무 거칠고 척박해 작물을 기르기에는 적합하지 않습니다. 좋은 흙을 구할 수 없어서 흙을 사서 써야 한다는 것은 참으로 안타까운 일입니다. 당장은 사서 쓰는 것이 어쩔 수 없더라도, 낙엽을 모아 부엽토를 만들거나 거칠고 척박한 땅의 흙이라도 퇴비를 만들어 넣어 주고 유기물을 꾸준히 넣어 가꾸어 주면 좋은 흙으로 길러 갈 수 있습니다. 결국 우리가 작물을 기르는 것 같지만, 더 본질적으로 보면 작물 이전에 흙이 있습니다. 우리가 흙을 건강히 돌보고 기르면, 건강한 흙은 작물을 길러 주고, 작물은 다시 우리를 건강히 길러 줍니다. 앞서 강조해 드렸듯이, 작물 기르기만큼이나 흙 기르기와 돌보기를 함께 배워 보시길 권해 드립니다.

강주희 • 흙은 구입을 하시는 것이 좋아요. 노지에서 퍼다 쓸 흙이 많지 않기 때문이기도 하고 그 안의 개미들과 해충들이 제법 상자 텃밭 농사에 방해가 되어요. 상추와 같이 땅심에 크게 좌우되지 않는 경우 페트병이나 스티로폼 상자를 활용하기도 합니다.

임덕연 • 상자 텃밭에 넣을 흙은 인터넷으로 살 수도 있지만 흔히 상토라 부르는 배양토를 사서 흙 대신 사용할 수도 있습니다. 식물을 심는 용기는 여러 가지를 재활용하면 더 좋습니다. 나무 상자, 헝겊, 종이 상자, 우유 갑, 페트병도 잘라서 사용할 수 있고요, 구두, 장갑, 장난감 등도 사용 가능합니다.

조진희 • 예산이 된다면 흙은 상토, 배양토, 마사토 등을 저절히 섞어서 쓰는 게 좋아요. 상토나 배양토는 양분이 있는 흙이라고 보시면 되고 20kg에 5,000원 내외이며 마사토는 학교 운동장의 굵은 흙이라고 생각하시면 돼요. 텃밭 상자를 채우려면 꽤 많은 양이 필요하니 예산을 보면서 흙을 만드세요. 만약 예산이 허락하지 않는다면 학교의 마사토나 화단 흙에 학교 인근 산이나 공원에서 구한 낙엽 등을 섞는 것을 권해 드려요. 첫해에는 농사하기 힘들겠지만 시간이 흐를수록 좋은 흙이 될 거예요. 앞서도 말씀드렸듯이 요즘에는 저렴한 화분이나 플라스틱 용기를 화분 대용으로 써도 되지만 이러한 예산조차 없다면 퇴비나 비료 포대를 이용한 주머니 모양의 텃밭도 충분히 가능해요.

다른 예산이 부족하더라도 흙을 기름지게 하는 퇴비와 작물에 영양을 주는 유기농 비료를 조금은 갖추고 있어야 작물이 잘 자라기 때문에 이 예산은 확보해 놓고 시작하는 것을 권해 드려요. 제가 자주 이용하는 쇼핑몰은 흙살림 쇼핑몰(shop.heuksalim.com)인데요, 주문도 간편하고 배송도 빠르고 무엇보다 상품을 믿을 수 있어 좋아요. 그러나 예산이 충분하지 않은 학교는 퇴비를 만들어서 사용하는 방법을 익혀야 지속 가능한 교육농이 되니 연수와 연구를 통해 퇴비를 직접 만들어 사용하면 좋겠어요.

[병충해] 심은 작물에 진딧물이 너무 심해요. 어떻게 해야 할까요? 또 가을에는 배추에 벌레 피해가 너무 심한데 어떻게 해야 할까요?

강주희 • 물을 자주 뿌려 주면(비 내리듯 뿌려 주는 것이 중요하죠) 진딧물 발생을 더디게 할 수 있어요. 난각칼슘(식초+달걀 껍질)을 뿌려 주는 것도 도움이 되고요. 저는 시판되는 친환경 유기농 해충 방제 약을 활용했습니다.

조경삼 • 텃밭 활동을 하다 보면 여러 병충해와 만나는데 진딧물은 작아서 자세히 보지 않으면 손쓸 수 없을 만큼 퍼진 다음에나 알기 때문에 더 어렵습니다. 인터넷 검색이나 텃밭 활동 책을 보면 다양한 유기 방제 방법이 나와 있습니다만 가장 중요한 것은 예방과 조기 발견입니다. 가장 손쉬운 방법은 마요네즈와 물을 분무기에 넣고 잘 흔들어 녹인 다음 주방 세제를 몇 방울 넣어 뿌려 주는 것입니다. 가을 배추 농사 역시 모종을 심은 다음 한랭사를 씌우면 배추흰나비 애벌레는 막을 수 있지만 대신 진딧물이 생기는 것을 못 볼 수 있습니다. 미리 예방하거나 조기에 발견하여 방제하지 못하면 배추를 수확할 수 없게 됩니다. 진딧물을 발견한 후 방제하려 하면 이미 배추 속에 가득 찬 경우가 많습니다.

임덕연 • 진딧물이 조금 보일 때 초기에 빨리 대처해야 합니다. 진딧물이 보이고 조금 지나면 걷잡을 수 없이 많아집니다. 작은 물뿌리개로 담배를 우린 물을 희석해서 뿌리거나 계란 노른자에 식용유를 넣고 잘 저어 물에 희석하여 뿌리기도 합니다.

조진희 • 진딧물을 없애기 위해서는 난황유를 만들어서 진딧물이 생기기 전에 미리 뿌려 주어 예방하거나 진딧물이 발생했을 때 뿌려 주면 돼요. 난황유는 "계란 노른자 1개 + 식용유 70ml + 물 10l"를 섞어 만드는데, 이것을 분무기에 넣어 뿌려 주면 기름 코팅 막이 생겨서 진딧물이 숨을 쉬지 못하거나 말라 죽게 해요. 이게 번거로우면 "마요네즈 티스푼 1개 + 물 2l"를 섞어서 쓰면 마요네즈 난황유를 간편하게 만들 수 있고요. 쓰고 남은 것은 꼭 냉장 보관해 주세요. 제일 좋은 것은 진딧물의 천적을 함께 기르는 것인데요, 평소에 농약을 치지 않아야 천적인 무당벌레 같은 작은 생물도 함께 살 수 있기 때문에 기본적으로 교육농으 화학 농약이나 비료를 사용하지 않는 방법을 지향해야 해요.

배추의 진딧물도 위와 같은 방식으로 예방 또는 제거하고요, 이엠(EM) 발효액이나 목초액 등 다양한 방법을 활용해도 되지만 생각만큼 방제가 잘 안 되기도 하니 전체 밭으로 번지지 않도록 자주 살펴보고 돌봐 주는 게 필요해요. 진딧물은 씻으면 없어지고 크게 상처가 남지 않지만 더 큰 문제는 배춧잎을 송두리째 먹어 버리는 각종 나비와 나방의 애벌레 그리고 민달팽이 등 작은 동물들이에요. 저의 경우에는 나무젓가락이나 목장갑을 끼고 학생들보고 직접 잡으라고 했어요. 배춧잎을 한 장씩 들추면서 잡으라고 하면 처음에는 징그럽다고 소리 지르고 없다고 짜증도 내지만 한 명씩 잡기 시작하면 서로 잡으려고 하죠. 학생들이 지나간 배추밭에는 제법 벌레들이 많이 없어져요. 잘 기른 배추를 괴롭히는 벌레들을 퇴치하는 가장 좋은 방법은 역시 사람의 손이죠! 학생들에게 잡은 벌레는 다른 곳으로 옮겨서 살 수 있게 해 주라고 하는데 교실에 데려가서 기르겠다는 학생도 있었어요. 기르겠다고 하는 학생들의 경우 배춧잎과 상추 잎 등과 같이 교실로 보내고 관찰하게 했는데 문제는 담임 선생님들이 조금 곤란해하신다는 것. 담임 선생님의 허락을 받고 가져가라고 해야 할 것 같아요.

[양분 관리] 심은 작물이 크기도 너무 작고 잘 자라지 않아요. 양분이 부족한 것 같은데 어떻게 해야 할까요?

강주희 • 물과 빛(하루 5시간 이상)이 충분하다면 양분의 문제입니다. 제 경험상 텃밭 조성 후 첫 2년까지는 양분도 물 주기처럼 충분히, 일주일에 1번 이상 주었던 것 같아요.

조경삼 • 제일 좋은 것은 작물을 심기 전에 밭을 만들 때 밑거름을 충분히 넣는 것인데 그러지 못했나 보네요. 그렇다고 화학 비료나 유박 등을 과하게 잘못 주면 작물이 죽어 버릴 수 있습니다. 효과가 빠른 액비를 권하고 싶은데 액비는 인터넷을 통해 구입할 수 있습니다. 여건이 된다면 아이들과 액비를 만들어 보는 것도 가능합니다만 잘 관리하지 못하면 악취가~. 액비는 5월쯤 만들면 가을 농사에 사용할 수 있습니다.

임덕연 • 작물의 상태를 잘 살피는 것이 중요합니다. 먼저 병충해인지 살펴야 합니다. 병충해가 아니라면 뿌리 상태가 어떤지 살펴야 합니다. 아주 메마른 땅이 아니면 흙의 영양 상태는 그런대로 괜찮은 편입니다. 다음 해 흙 갈이 할 때에 거름 양을 좀 더 늘리는 방향으로 계획을 잡으시고, 비료의 유혹에 넘어가지 않기를요. 다음은 물이 부족한지, 양분이 부족한지, 또는 양분이 너무 많은지 살펴야 합니다. 양분은 흙 갈이 할 때 충분히 주고 심는 것이 좋아요. 중간에 꽃필 때나 열매 맺을 때 주는 거름도 있지만 학교에서 텃밭을 가꿀 때는 그리 필요하지 않아요.

[물 관리] 작물을 심었는데, 물은 매일 주어야 할까요? 또 물은 어떻게 주면 좋을까요?

강주희 • 텃밭을 조성할 때 수도 시설까지 갖추면 좋겠지만 그렇지 못했다면 두껍고 긴 호스와 호스 릴이 필수입니다. 휴대용 스프링클러를 설치하는 방법도 있어요. 이런 유능한 비서가 없다면 봄, 가을은 일주일에 1번 정도로 충분하지만 한여름에는 이틀에 1번, 적어도 일주일에 2번은 충분히(30분 이상) 주어야 해요. 상자 텃밭의 경우는 더 자주 들여다보며 간격을 조절해야 물 때문에 농사를 실패(?)하는 경험을 줄일 수 있어요.

조경삼 • 우리 학교에서는 스프링클러 설치가 가능했지만 엄청나게 가문 시기가 아니면 연결하지 않았습니다. 아이들이 자주 물을 주고 둘러봐야 관심이 생기니까요. 겉흙만 젖게 주는 경우가 많아 충분히 주도록 알려 줄 필요가 있지만 매일 주지는 않아도 됩니다. 단 옮겨 심고 뿌리 내릴 때까지는 자주 살펴 주는 게 좋겠네요.

임덕연 • 교실 실내에서 키우는 것과 밖에서 키우는 것 또 다르겠죠. 식물 잎이 축 처지면 물이 부족한 상태죠. 물은 한 번에 흠뻑 주고 물 빠짐을 살펴야 합니다. 물은 아침이나 저녁에 주는 것이 좋아요. 한낮은 피하세요. 물을 너무 자주 주어도 뿌리가 썩어서 죽을 수 있어요.

조진희 • 물 공급이 원활하다면 잎이나 줄기가 아닌 흙에 아침과 하교 직전에 듬뿍 주는 것이 좋아요. (학생들에게 주라고 하면 잎이나 열매에 주는데 흙에다 주어야 뿌리가 잘 뻗고 증산작용의 피해를 줄일 수 있습니다. 물을 주는 방법도 과학 시간 공부의 소재로 삼으면 좋을 것 같아요.) 텃밭마다 보살피는 주인이 있으면 그 학생들이 매일 당번을 정하여 주면 되는데 한낮을 피해서 봄가을에는 아침, 중간 놀이 시간, 방과 후 집에 가기 전에, 한여름에는 아침과 저녁에 주는 것이 증산작용을 피하고 물을 주는 효과를 크게 해요. 큰 농장처럼 스프링클러나 자동으로 물을 주는 장치가 있다면 좋겠지만 그런 장치를 굳이 마련할 필요 없이 학생들이 직접 물을 주고 정성껏 가꾸는 시간을 주는 것이 교육적으로 나아요.

풀이나 겨, 부직포나 신문지 등으로 흙과 땅을 덮어 주면 물을 자주 주지 않아도 됩니다. 김매기한 풀, 왕겨, 부직포, 신문지 등이 새벽과 아침에 수분을 붙잡아 두고 작물을 따뜻하게 하는 보온도 되어서 다양한 효과를 볼 수 있죠. 천왕초의 마을 텃밭에는 수도 시설이 없어서 자연적인 비와 일주일에 1번 학생들이 물을 주는 것에 의존하여 농사를 짓고 있지만 크게 문제는 없었어요. 그러나 논의 경우에는 물 관리가 매우 중요해서 이것은 따로 공부해 두어야 할 부분이에요.

[풀 관리] 김매기가 너무 힘이 들어요. 풀이 너무 많이 나는데 어떻게 해야 할까요?

박형일 • 풀이 커져 매면 '하농'이고, 풀이 작을 때 매면 '중농', 풀이 보이지 않을 때 매면 '상농'이라는 이야기가 있습니다. '풀이 보이지 않을 때 어떻게 김을 매는지' 의아해하실 수 있지만, 가만히 관찰해 보면 풀이 보이지 않을 만큼 아주 작고 여리게 자라나는 때를 볼 수 있습니다. 그러한 때 흙을 긁듯이 매 주는 것이 힘을 덜 들일 수 있는 방법 중 하나입니다. 요사이 호미나 낫 같은 도구 말고도 서서 풀을 편히 맬 수 있는 좋은 제초 도구도 많이 나와 있으니 활용해 보시는 것도 좋을 것 같습니다.

다른 방법으로는 베어진 풀이나 낙엽 등을 이용해 땅 덮개를 만들어 주면 풀이 나는 것을 줄일 수 있고 흙이 부드러워져 풀이 나더라도 손쉽게 뽑을 수 있습니다. 유기물로 땅을 이불 덮듯이 잘 덮어 주면 땅도 건강해지고 더불어 풀이 자라는 것도 막을 수 있습니다. 풀은 잘 관리해 주면 작물의 적이 아니라 동반자로 작물과 함께 공생할 수 있습니다. 학교 텃밭의 경우 규모가 크지 않으니 풀을 완전히 없애야 한다는 '제초'보다는 작물의 자람을 방해하지 않도록 '억초'하거나 적절히 '관리'해 준다는 생각으로 접근해 보시는 것이 어떨까 합니다. 풀에 대한 공부 자료로《잡초의 재발견》(조지프 코캐너, 구자옥 옮김(2013), 우물이있는집)'이라는 책을 추천드립니다.

강주희 • 순식간인 듯하지만 매일같이 들여다보면서 김매기를 하면 한번에 긴 시간을 들여서 작업을 해야 하지는 않아요. 적어도 일주일에 학생들하고 1번, 혼자서 1번은 둘러보며 김매기를 하시는 것을 추천해요.

조경삼 • 일하기 좋은 5월까지는 사람이 풀을 이기지만 그 이후에는 풀을 이기기 어렵습니다. 풀은 '흙의 이불'이라는 말이 있습니다. 흙이 비에 유실되는 것을 막기 위해 풀을 키운다(?)고 볼 수도 있습니다. 그렇다면 풀 대신 다른 이불을 덮어 주면 되겠지요. 통로에는 검정 부직포 이불을, 작물이 자라는 곳에는 낙엽 이불을.

임덕연 • 심은 작물도 잘 돌봐야 하지만 옆에 나는 풀도 사랑해야 해요. 옆에 나는 풀은 몹쓸 풀이 아니라 아직 유용화하지 않은 풀이거든요. 자연 농법이라 해서 풀과 함께 작물을 키우는 분들도 있어요. 텃밭에서 풀을 뽑으며 풀 공부를 해 보세요. 풀들이 사랑스러워질 테니까요. 풀은 뽑아 작물 옆 흙을 덮어요. 그럼 보온도 되고 나중에 거름도 되고 좋아요. 풀은 너무 클 때 뽑으면 힘드니 좀 어릴 때 뽑으면 좋아요. 한동안 돌보지 않으면 풀이 엄청 크게 자라 작물을 덮어 버릴 수 있어요. 신문지나 비닐로 덮어서 풀 자람을 억제할 수도 있어요.

조진희 • 앞에서 설명한 풀 멀칭을 적극 권장해 드립니다. 봄이나 가을에는 미리 풀이 크게 자라기 전에 흙을 뒤집어엎는 것도 좋으나 풀이 많이 나는 계절인 여름에는 작물도 함께 자라고 있어 힘들죠. 풀이 크게 자라기 전에 미리 뽑아 두거나 어느 정도 자란 경우에는 뽑아서 땅을 덮어 주면 보온, 수분, 퇴비 등의 역할을 해 주는 풀 멀칭이 되죠. 풀 멀칭만 잘해도 농사 기술의 상당 부분을 익히는 것이라고 생각할 정도로 매우 중요하고 재미있는 작업이에요. 밭을 돌보지 못하여 너무 풀이 많이 자라면 낫으로 베어서 멀칭을 해야 하는데 힘든 만큼 땅을 덮을 풀들이 많아져 보람 있는 노동 가운데 하나입니다.

풀 가운데에는 먹을 수 있는 것들도 많이 있는데 쑥이나 냉이도 쉽게 보이고, 별꽃이나 개망초 어린 순은 데쳐서 나물을 해 먹으면 정말 맛있어요. 민들레는 웬만큼 커도 쌉싸름한 쌈으로 먹을 수 있고요, 어렸을 때 어머니께서 해 주신 고소한 명아주 나물 맛도 잊을 수가 없어요. 요즘에는 밭을 뒤덮는 골칫거리 쇠비름이나 환삼덩굴도 효소로 만들어 몸에 좋은 약재로 쓰는데 인터넷을 검색하면 쉽게 정보를 얻을 수 있어요. 잡초로 보이지만 먹을 수 있는 게 많다는 것을 알려준 책으로는 《산 들 밭 나물 이야기》(김주혜·유지원 글, 박혜영 그림(2015), 한살림)가 있는데 세밀화와 나물에 얽힌 이야기가 마음을 훈훈하게 해 주어 아껴 가며 천천히 읽었답니다.

마무리하기 - 수확과 갈무리

[수확과 요리] 열심히 가꾸어 거두었는데, 거둔 작물로 무엇을 해야 할지 모르겠어요. 작물로 무엇을 하면 좋을까요?

강주희 • 잎채소류로는 샐러드. 학생들의 취향에 맞추어 다양한 샐러드 드레싱을 만들어서 활용하면 그 자체로 다양한 작물 요리가 됩니다. 허브류가 다양하다면 향낭을 만들어 보기도 하고 그대로 손으로 뜯어 냉허브차를 경험해 보는 것이 가장 간단한 활동이에요. 손이 많이 가지만 근사한 작업에 흥미가 있으시다면 바질 페스토, 방울토마토와 바질을 활용한 토마토 마리네이드, 고추된장무침, 장아찌(간장을 끓이지 않을 경우 저학년도 가능해요), 배추전 등이 가능하죠. 허브를 말려서 가루를 내거나 허브 그대로를 넣은 MP(Melt and Pour) 비누 만들기도 초등 중학년 이상이 도전해 볼 만한 활동입니다.

조경삼 • 텃밭 활동은 요리 활동과 연결될 때 아이들의 흥미를 끌 수 있습니다. 저는 여름 방학 전 '텃밭 잔치', 무·배추 수확 후에는 김장, 논농사를 할 때는 '쌀 음식 만들기' 등의 활동으로 마무리를 했습니다. 수확물 외에 구입해야 하는 재료들은 예산이 확보되어 있다면 좋겠지만, 없더라도 십시일반 하나씩 나누어 맡아 준비하는 것도 의미 있다고 생각합니다. 아이들, 학부모와 나누는 것도 좋고 마을 경로당 방문 등 더 의미 있는 활동으로 연결할 수도 있을 것입니다.

임덕연 • 작물을 심을 때 어떻게 이용할 것인지 생각하고 심으셔야죠. 밥을 해 드실 것인지 떡을 해 드실 것인지 말이죠. 하하하. 떡도 해 드시고 밥도 해 드시면 좋겠죠. 방울토마토는 한 번에 수확하는 양이 많으니 한두 알씩 간식으로 나눠 먹어도 좋고요. 고추나 상추는 급식 시간에 활용하면 좋아요. 좀 양이 많으면 조금씩 집으로 보내기도 하고요. 상추 파티나 감자 삶아 먹기, 고구마 삶아 먹기도 비교적 쉬워요.

조진희 • 감자, 고구마, 배추, 무 등 주요 작물들은 따로 조리 실습실에서 요리하는 시간을 가져요. 세계적인 식재료인 감자의 경우 감자의 원산지와 역사에 대해서도 알아보고 감자에 얽힌 이야기도 나누면서 학생들이 다양한 음식을 만들게 해서 다문화 이해 교육의 계기로 삼을 수도 있어요. 배추와 무는 김치와 깍두기를 담는 수업을 하면 김치 문화에 대한 이해도 돕고 가사 노동의 어려움을 체험하면서 가족들에게 감사하는 시간이 되기도 해요. 텃밭의 작물과 다른 식재료를 구입하여 학생들이 직접 만들고 나누어 먹는 시간을 마련하면 식생활교육도 되고 학생들이 직접 요리하는 기술을 익히는 자립의 공부가 되기 때문에 꼭 해 보면 좋겠어요. 김치를 싫어하는 학생이라면 배추전이나 보쌈, 무 떡볶이나 피클 등도 좋은 요리가 되니 텃밭 작물을 식탁으로 옮겨 오는 음식 문화 체험까지 교육적으로 고민하면 어떨까 해요.

오이나 토마토는 쉽게 먹을 수도 있는 재료라서 텃밭에서 바로 따서 먹는 것이 좋은데요, 바로 딴 오이의 싱그러운 향기와 아삭함과 달달함은 정말 평생 맛볼 수 없는 귀한 맛이에요. 많은 양이 꾸준히 나오는 상추 등의 쌈 채소와 고추, 가지 등의 작물은 학생들이 직접 따 가족들과 나눠 먹게 하고 학부모들에게도 텃밭 교육을 알리는 계기로 삼아요.

[채종] 씨앗을 받고 싶어요. 어떻게 해야 할까요?

강주희 • 서울시의 지역 교육청에서는 연말마다 씨앗 나눔을 해요. 지역 교육청 이벤트를 활용해 보시고 첫 농사 때 작물을 수확할 때 씨앗을 위해 좀 남겨 두면 채종에 도움이 되어요.

조경삼 • 텃밭에서 거둔 것 중 제일 실한 것을 골라 잘 말려서 씨앗 주머니에 보관한 후 다음 해 농사에 사용할 수 있다면 좋겠지만 말리는 것도 보관하는 것도 쉽지 않습니다. 가장 편한 것은 콩 종류(완두콩, 강낭콩 등)이고, 토마토나 오이는 충분히 익은 것을 갈라 씨앗을 발라 내 말려야 합니다. 잘 갈무리된 씨앗은 김치 냉장고에 보관하면 됩니다.

임덕연 • 씨앗 받는 것까지 해야 진짜 농사짓는 것이라 해요. 요즘 농부들도 씨앗을 받지 않아요. 대부분 씨앗을 사서 사용해요. 씨앗 회사들이 씨앗에 유전자 처리를 해서 계속 사서 쓰게 만들어 놓았어요. 그래도 많은 사람들이 씨앗을 받아 몇 년 심어 씨앗 토종화에 노력하고 있어요. 토종 씨앗은 크기도 작고 수량도 저지만, 병충해에 강하고 우리 땅에 잘 적응하는 강점이 있어요. 학교 텃밭을 하면서 씨앗을 채종해서 다음 해에 심고 또 다음 해에 심으면서 씨앗의 크기와 수량이 어떻게 되는지 살피는 것도 좋은 공부가 될 거예요. 토종 씨앗 연구회들에서도 몇 년 씨앗을 받아 되심은 것을 토종으로 여기는 것 같더라고요.

※ 질문과 답변에 도움을 준 분들
박형일, 강주희, 임덕연, 조경삼, 조진희

교육농을 시작하는 교사들에게 권하고 싶은 책들

[경제 성장과 우리의 문명]

경제 성장이 안 되면 우리는 풍요롭지 못할 것인가
C. 더글러스 러미스, 최성현·김종철 옮김, 녹색평론사, 2011

오래전 발간된 이 책이 지금도 유효한 것은, 성장을 외치는 경제 논리가 여전하기 때문이다. 경제 성장이 안 되어 걱정이라는 말은 많은 사람들이 돈을 더 벌어야 한다고 강제하는 것과 같다. 사람들의 일상에서는 '임금 노동으로 돈을 벌어 삶을 지탱한다'는 무언의 명제가 작동된다. 글쓴이는 이 책의 독자 중 한 사람으로 '자신의 밭이 공장화되는 것에 혐오감을 갖고 있는 농민'을 상정했다. _ 방효신

생태민주주의
- 모두의 평화를 위한 정치적 상상력

구도완, 한티재, 2018

이 책은 지금 우리 사회가 처한 다양한 사회적 위기와 지구적 생태 위기를 극복해 나가기 위한 정치 담론으로서 '생태민주주의'를 제시한다. 교육농이 비판 대상으

로 삼아 온 산업화 담론의 태동과 전개 과정을 정리하면서 '생태민주주의'에 대해 상세하게 설명하고 있다. 아이들과 텃밭 농사를 지으면서, 교육농을 고민하면서 늘 '좋은 삶'과 '생태적 전환'에 대한 고민을 해 온 나에게 저자는 울타리 안에 갇힌 우리를 확장시켜, 버려진 사람들, 태어나지 않은 미래 세대, 말 못 하는 생명과 자연의 목소리를 듣고 그들을 '우리'로 받아들이는 생태민주주의를 만들어 가자고 말한다. 사회경제적 약자와 미래 세대, 그리고 비인간 존재의 권리와 생명을 위해 사회 제도 안과 밖을 넘나들면서 실질적인 변화를 이끌어 내는 생태 민주적 전환을 위해 힘을 모을 때라는 저자의 목소리가 텃밭에 울려 퍼지질 바란다. _ 정용주

시적 인간과 생태적 인간
김종철, 삼인, 1999

저자는 "인간의 손으로 건드려서는 안 될 것"에 대한 기본적인 감각이야말로 모든 시가 태어나는 모태이며, 그런 의미에서 진정한 시인은 모두 본질적으로 가장 심오한 생태론자일 수밖에 없다고 말한다. 도시 문명에 대한 대안적 삶의 방식을 고민하던 내게 성경과도 같았던 책이다. 생태적 마음자리에 무엇을 심어 가꿔야 하는지 쉬운 말로 알려 준다. 늘 곁에 두고 곱씹으며 나를 되돌아보게 하는 거울 같은 책이다. _ 권이근

시골 빵집에서 자본론을 굽다
- 천연균과 마르크스에서 찾은 진정한 삶의 가치와 노동의 의미
와타나베 이타루, 정문주 옮김, 더숲, 2014

주인공이 샐러리맨을 그만두고, 일본 변방 산속에서 빵집을 운영하는 이야기이다. 자연농으로 키운 지역의 밀과 채소를 공급받아 고택에 붙어 사는 천연균으로 만드는 일본 식빵 탄생기를 읽고 있으면 입속에 침이 고인다. 아토피 환자도 먹을 수 있고 매일 먹어도 배가 아프지 않은 빵은 우리도 가능하다. 밀을 기르고 빵을 만들고 지역에서 유통하는 방식을 바꾸면 된다. 절대 부패하지 않고 오히려 점

점 늘어나는 돈의 부자연스러움을 빵 굽는 아기자기한 그림으로 증명해 낸다. 《엔데의 유언》(카와무라 아츠노리·모리노 에이이치·무라야마 준코·카마나카 히토미, 김경인 옮김, 갈라파고스, 2013)도 같이 읽으면 도움이 된다. _ 방효신

정의의 길로 비틀거리며 가다
리 호이나키, 김종철 옮김, 녹색평론사, 2007

수도회의 수사에서 대학 교수로 또 대학 교수에서 농부로 그리고 대학의 청소부로 끝없이 자신을 낮은 곳으로 향하도록 했던 리 호이나키의 삶의 궤적을 보여 준다. 그는 성찰은 머리로만 하는 것이 아닌 육체와 함께해야 삶으로 뿌리내릴 수 있기에 관념이 아닌 실제의 삶을 살고자 했다. 어둡고 천한 낮은 곳에 중심이 있고 그곳에 빛이 있다고 한 저자의 말은 육체의 감각을 잃어버리고 자연과 분리되어 오로지 더 많은 소유와 소비를 향해 질주하는 데 정신이 팔려 있는 우리 시대에 어떻게 살아야 하는지를 말해 준다. _ 이영이

[생태 위기와 대안적 실천]

기후변화의 심리학
- 우리는 왜 기후변화를 외면하는가
조지 마셜, 이은경 옮김, 갈마바람, 2018

농사를 짓다 보니 하루하루의 날씨, 봄 여름 가을의 계절 변화가 눈에, 마음에 들어오고 기후 변화와 관련한 이야기와 뉴스를 아이들과 나누게 된다. "그런데 왜? 왜! 어른들은 실천을 안 해요?" 하는 질문을 듣고 마땅한 답을 못 찾던 중에 이 책을 읽게 되었다. 우리가 가르치는 교과의 지식이 이 땅의 생명과 자연, 지구의 지속 가능성에 닿지 못하는 것도 못내 답답했다. 이 점은 학교라는 공간에서 텃밭과 농사가 차지하는 위상과도 닮아 있다. 중요하긴 한데 깊이 다루지 않고 외면당하는 농사. 몇몇 특정한 사람의 삶과 관계된 진부한 영역. 산업 혁명 이전 대비 지구 평균 기

온이 4℃ 이상 상승할 경우 인류의 멸망까지 이야기되고 있는데도 기후 변화의 심각성을 간과하거나 심지어 외면하는 현상을 프레임과 담론 등의 심리학으로 풀고 있다. 교육농을 교육 현장에서 실천하고 확장하려는 교사들에게 일상에 뿌리내린 무기력 혹은 무관심의 열쇠를 찾는 데 도움이 될 것 같다. _ 강주희

우리는 미래를 훔쳐 쓰고 있다
레스터 브라운, 이종욱 옮김, 도요새, 2011

인류에게 닥친 환경 위기를 분석하고, 지구적 차원에서 무엇을 해야 하는가에 대한 답을 제시한다. 인류의 삶을 위협하는 심각한 환경 문제들에 대해 다양한 통계와 자료를 제공함으로써 지구 환경 문제에 대해 좀 더 체계적으로 인식할 수 있게 해 준다. 저자는 기후 변화는 단순히 과학 이슈가 아니라 세계 경제, 세계 안보와 직결되는 정치, 사회, 문화의 문제라 경고한다. 2011년에 나온 책으로 일부 통계 자료는 현재와 차이가 있어 감안해서 봐야 할 듯하다. _ 임종길

생태 도시 아바나의 탄생
요시다 타로, 안철환 옮김, 들녘, 2004

쿠바가 소련의 붕괴와 미국의 경제 봉쇄에 따른 식량과 경제 위기를 벗어나기 위해 도시를 경작한 사례를 소개하고 있다. 전체적인 책의 구성은 '식량 위기를 극복한 쿠바의 도시 농업', '생태 도시로 거듭난 아바나', '녹색 도시 만들기', '지속 가능한 도시를 위하여', '21세기 도시의 미래, 원예화' 등 총 5부로 되어 있는데, 단순히 도시를 경작한 것을 넘어서서 에너지, 교통, 의료, 교육, 토지 녹화 등 사회 전체적으로 환경 친화 정책을 펼쳐 나간 사례를 소개하고 있다. 특히 2부 '생태 도시로 거듭난 아바나'에서 경작하는 시민에게 국유지를 빌려주고 도시 농업 동호회를 만들고 지식이 없는 시민에게 연구원들이 채소 재배법을 가르치며 튼튼한 네트워크를 구축하는 사례는 시사하는 바가 많다. _ 강주희

온 삶을 먹다
웬델 베리, 이한중 옮김, 낮은산, 2011

우리는 대개 농업·농촌과는 거리가 먼 삶을 살고 있다고 생각한다. 하지만, 우리는 매일 하루 세 번 음식을 통해 농업을 만나고 있으며, 일상적으로 농업에 참여하고 있다. 우리가 무엇을 먹느냐는 농업, 그리고 우리 사회, 자연 생태계에 직접적 영향을 끼친다. 《잡식동물의 딜레마》로 잘 알려진 마이클 폴란은 이를 두고, '세상을 향한 투표'라고도 표현했다. '먹는 것은 곧 농업 행위이다'라고 말하는 대지의 청지기 웬델 베리는 이 책을 통해 우리의 일상인 음식 그리고 먹는 행위에 대한 근본적 성찰을 제안한다. 교육농을 시작하는 이들에게 꼭 추천하고 싶은 책. _ 박형일

만물은 서로 돕는다
표트르 알렉세예비치 크로포트킨, 김영범 옮김, 르네상스, 2005

농사나 집짓기를 하다 보면 혼자 일할 때와 여럿이 일할 때 차이가 매우 크다는 걸 알 수 있다. 단순한 생산성의 측면에서도 1 더하기 1은 2가 아니다. 특히 사람이 많으면 많을수록 덧셈 효과가 아닌 곱셈의 효과를 느낄 수 있다. 《만물은 서로 돕는다》는 법씨학교 제주학사 2년 차 학생들이 읽는 책인데 그동안 적자생존이라든지 자연도태라는 개념에 익숙한 학생들에게 인류가 지금까지 진화해 올 수 있었던 힘은 어려운 상황일수록 서로 돕는 장치를 끊임없이 만들어 왔기 때문임을 구체적인 실증을 통해 보여 준다. 또 국가라는 중앙 집중 권력 구조가 만들어지면서 사람들이 자생적으로 운영해 왔던 상호 부조 시스템이 사라진다는 것도 알 수 있다. 하지만 인류가 어떤 시대에서도 상호 부조를 포기하지 않았듯이 지금 공동체와 협동 운동의 필요성을 더 느끼게 하는 책이다. _이영이

[그냥 '풀'이 아니랍니다]

식물의 힘
- 녹색 교실이 이룬 기적

스티븐 리츠, 오숙은 옮김, 여문책, 2017

교사의 교육적 상상력이 현실에 적용이 되었을 때 지역 사회, 학교, 아이들에게 어떤 긍정적인 효과를 불러올 수 있는지 살펴볼 수 있는 책이다. 교사 스티븐 리츠는 매우 열정적이며 긍정적인 사람이었고, 그의 열정과 긍정의 씨앗이 녹색 교실과 도시 텃밭 활동에 뿌리를 내려 여러 가지 커다란 변화를 이끌어 낸다. 그러한 변화를 만들어 내기까지 매우 정성스러운 노력과 헌신이 필요했다는 것을 책을 통해서 알 수 있다. 바쁜 학교 일과 중에 학생들과 함께 텃밭 활동을 진행하면서 '왜 나는 학교 텃밭 활동을 하고 있는가?'라는 질문을 스스로에게 던질 때마다 스티븐 리츠를 생각한다. _ 김진숙

식물의 정신세계

피터 톰킨스·크리스토퍼 버드, 황금용·황정민 옮김, 정신세계사, 1993

대부분의 생태 관련 책들이 인간 중심이라면 이 책만큼은 온전히 식물의 세계에 초점을 맞춰 연구한 결과를 보여 주고 있다. 저자는 "식물은 단순히 살아 숨 쉴 뿐 아니라 영혼과 개성을 지닌 생명"이라고 말한다. 텃밭이나 텃논을 가꿀 때 작물이나 벼를 바라보는 시선에 보다 깊은 애정과 철학과 이론적 배경을 가져다줄 책이다. _ 권이근

나의 위대한 생태텃밭
- 함께 심으면 잘 자라는 식물들 불러들이면 일손 돕는 동물들

샐리 진 커닝햄, 김석기 옮김, 들녘, 2018

이 책은 저자가 수십 년간 축적한 자신만의 텃밭 노하우를 소개하는 내용으로

구성되어 있다. 특히 저자가 텃밭에 대한 수많은 노하우를 터득했음에도 불구하고 "텃밭 농부가 해야 할 일은 자연이 일할 수 있는 최적의 환경을 제공하는 것뿐"이라고 말하는 대목에서 저절로 고개가 숙여진다. 그는 숲이 성공적으로 자립할 수 있는 체계를 지닌 자연 과정의 이점을 텃밭이 누릴 수 있도록 환경을 마련해야 한다고 말하면서 자신의 생태텃밭 농법을 'Companion Gardening'이라 부른다. 굳이 번역하자면 동반자 농법이라고 할 수 있을 것 같다. 이 책은 모종을 심고 작물을 수확하여 여러 가지 활동을 하는 것이 텃밭의 전부라고 생각하는 사람들에게 작물이 아니라 흙을 살려야 하고 흙을 살리기 위해 흙 속의 미생물과 곤충과 동물들을 먹여 살려야 한다고 말한다. 그 밖에도 저자가 터득한 섞어짓기의 방법 등 텃밭을 둘러싼 여러 가지 지식과 노하우를 배울 수 있다. _ 정용주

콩알 하나에 무엇이 들었을까?
권오길·서정홍·원경선·임재해·이현주·이상대 글, 임종길 그림, 봄나무, 2005

검은콩 한 알. 까만 눈동자 같기도 하고 흑진주 같기도 하다. 작년에 검은콩을 400여 포기 심었다. 처음 지어 본 콩 농사인데 정말 재미있었다. 여름에는 잎을 따서 콩잎김치를 경상도식으로 담그기도 하고 된장에 넣어 삭혀 먹기도 했다. 고라니가 와서 콩잎을 먹어서 속상하기도 했는데 알고 보니 원래 콩잎을 따 주어야 한단다. 맞춤해서 콩잎을 먹어 준 고라니가 오히려 고마웠다. "콩알 하나에 하늘과 땅과 사람이 들어 있다"고 한다. 농부는 콩 한 알에서 삼라만상을 본다는데, 농사를 직접 지으면서 자연과 교감하고 깨닫는 과정을 겪기 때문이 아닐까 한다. _ 임덕연

[쌀 한 톨의 무게]

생명이 모이는 생명이 자라는 즐거운 논학교
우네 유타카 글, 가이하라 히로시 그림, 이은선 옮김, 열음사, 2009

우리는 흔히 농업, 농촌을 '농축산물을 생산하는 산업적 장소'로만 이해하고 받

아들인다. '농촌은 농업(만)을 하는 곳'이라는 것이 농촌에 대한 대다수 사람들의 생각이다. 하지만 농촌은 농업을 하는 곳 이전에 사람이 살아가는 장소이며, 생태계를 보존하고, 교육과 치유의 기능을 하며, 녹색 경관과 공동체 문화를 기르는 곳이기도 하다.

농촌에서 가장 흔히 만날 수 있는 논 역시 그러하다. 논은 벼를 생산하는 곳일 뿐만 아니라, 다양한 생명이 모이고 자라나는 생태적 장소이며 교육과 치유의 가치, 공동체 문화를 생산하고 기르는 곳이기도 하다. 《즐거운 논학교》는 한 농부의 잔잔하고도 구수한 이야기를 통해, 논 그리고 농업·농촌에 대한 새로운 관점을 길러 갈 수 있는 귀한 책이다. 농업에 대한 사람들의 관심이 그만큼 없기 때문인지 아쉽게도 절판되었다. 하지만, 도서관에서는 만날 볼 수 있으니, '돈이 되지 않지만, 돈보다 가치 있는 것이 세상에 있다'라는 것을 알려 주고 싶었다는 저자의 바람을 꼭 한 번 만나 보았으면 한다. _ 박형일

지은이 우네 선생은 '논을 배우고, 놀고, 즐기는 것이라면 형태가 어떠하든' '논학교'로 부르자고 말한다. 책을 읽다 보면 논이 인간의 삶과 얼마나 깊숙이 연결되어 있는지 알게 된다. 또한 논이 생태적으로도 얼마나 중요한 역할을 하는지 필자가 제시하는 다양한 자료를 통해 알게 된다. 이 책을 통해 우네 선생은 논에 사는 생명체, 논에서 얻는 배움과 즐거움, 논의 생태적 가치 등 논의 모든 것을 느끼게 하고 알게 하고 싶은 것이다. _ 임종길

세상을 바꾸는 기적의 논
- 농부, 버려진 땅에서 자연을 짓다
이와사와 노부오, 김석기 옮김, 살림, 2012

논농사를 20년 가까이 짓다 보니, 논을 사서 농사짓기를 정말 잘했다는 생각이 든다. 논농사가 힘들지 않냐고 물어보는 이들이 많은데, 내게는 밭농사보다는 조금 쉬운 것 같다. 물론 논농사는 기계의 힘이 좀 더 많이 필요하다. 온전하게 내 힘만으로 농사를 짓고 싶지만 쉽지 않다. 최대한 기계를 덜 쓰려고 노력한다.

논을 처음 살 때 논이 '습지'라고 여겼다. 습지를 잘 관리하면 지역의 생태계를 건

강하게 유지할 수 있기 때문이다. 학교에도 텃논을 만들었다. 학생들과 봄에 모내기를 하고 가을에 추수를 하고 쌀알을 꼭꼭 씹어 생쌀의 단맛을 보기도 했다. 1년 과정이 녹아나는 맛 같았다. _ 임덕연

[인간과 자연의 관계를 생각하다]

벌, 그 생태와 문화의 역사
노아 윌슨 리치, 김승윤 옮김, 연암서가, 2018

벌의 생태에 대한 흥미로운 과학적 사실들, 양봉에 대한 기초적인 지식들, 벌이 처한 어려운 현실들에 대해서 어렵지 않게 접근할 수 있다. 교사로서 학교에서 도시양봉을 진행하면서 양봉의 교육적 효과와 학생들과 함께 진행해 볼 수 있는 활동을 고민할 때 제7장 '벌이 직면한 도전들' 챕터가 유용할 것이다. _ 김진숙

꿀벌이 사라지고 있다
- 꿀벌이 전하는 지구 환경 보고서

로리 그리핀 번스 글, 엘런 해러사이모위츠 사진, 정현상 옮김, 보물창고, 2011

양봉 관련 사진과 그에 대한 설명이 적절하게 잘 제시되어 있어서 벌과 양봉에 대한 이해를 돕기에 적절한 책이다. 그리고 CCD(벌집군집붕괴현상)의 초기 발생부터 현재 진행된 연구까지의 과정을 사진을 통해서 자세하게 설명하고 있어서 이에 대한 학생들의 이해를 돕기에 좋다. 학교에서 양봉을 한다고 할 때마다 받는 질문이 '학교에서 양봉 활동을 왜 하는가?'이다. 이에 대해서 교사가 환경적인 측면에서 강조하여 설명을 할 때 읽어 두면 좋은 책이다. _ 김진숙

이 사슴은 내 거야!
올리버 제퍼스, 박선하 옮김, 주니어김영사, 2013

관계는 언제나 어렵고 복잡한 숙제이다. 서로가 서로를 존중하며, 더 나은 삶을 살아갈 기운을 나누고 싶지만 이는 쉽지 않다. 지오가 사슴 '멋진 뿔'을 만나며 품게 되는 관계에 대한 고민은 우리에게 작은 반성과 깨달음을 품게 한다. 사람과 사람, 사람과 동물, 그리고 사람과 자연…… 우리는 서로를 어떻게 만나고 마주해야 할까? 올리버 제퍼스의 그림책은 언제나 반짝이는 재치와 은은한 따스함을 품고 있다. _ 김인호(두두)

흙의 학교
기무라 아키노리·이시카와 다쿠치, 염혜은 옮김, 목수책방, 2015

농사를 하다 보면 작물만 보이는 때가 있다. 더 많은, 더 좋은 결과물을 얻기 위해 작물을 애지중지한다. 하지만 씨가 뿌리를 내리고 열매를 맺는 일은 저 홀로 하는 일이 아니다. 그러나 우리는 종종 이를 잊는다. 작물의 삶은 햇빛과 비와 바람, 흙과 사람과 미생물 등 이 모두가 함께 어우러져 만들어진 순간이다. 이를 깨닫기 위해서는 서로가 어우러져 살아가고 있음을 아는 여유와 저 홀로 설 수 있는 것은 없음을 아는 겸손이 필요하다. 기무라 아키노리 씨가 사과와 흙을 대하는 태도와 이야기에 이 지혜가 담겨 있다. _ 김인호(두두)

교육공동체 벗

교육공동체 벗은 협동조합을 모델로 하는 작은 지식공동체입니다.
협동조합은 공통의 목적을 가진 사람들이 모여서 만든
권력과 자본으로부터 독립된 경제조직입니다.
교육공동체 벗의 모든 사업은 조합원들이 내는 출자금과 조합비로 운영됩니다.
수익을 목적으로 하지 않기에 이윤을 좇기보다
조합원들의 삶과 성장에 필요한 일들과
교육운동에 보탬이 될 수 있는 사업들을 먼저 생각합니다.
정론직필의 교육전문지, 시류에 휩쓸리지 않는 정직한 책들,
함께 배우고 나누며 성장하는 배움 공간 등
우리 교육 현실에 필요한 것들을 우리 힘으로 만들고 함께 나누고 있습니다.

조합원 참여 안내

출자금(1구좌 일반 : 2만 원, 터잡기 : 50만 원)을 낸 후 조합비(월 1만 5천 원 이상)를 약정해 주시면 됩니다. 조합원으로 참여하시면 교육공동체 벗에서 내는 격월간 교육전문지 《오늘의 교육》과 조합 통신을 받아 보실 수 있습니다. 출자금은 종잣돈으로 가입할 때 한 번만 내시면 됩니다. 조합을 탈퇴하거나 조합 해산 시 정관에 따라 반환합니다. 터잡기 조합원은 벗의 터전을 함께 다지는 데 의미와 보람을 두며 권리와 의무에서 일반 조합원과 차이는 없습니다. 아래 홈페이지나 카페에서 조합 가입 신청서를 내려받아 작성하신 후 메일이나 팩스로 보내 주세요.

홈페이지 communebut.com
카페 cafe.daum.net/communebut
이메일 communebut@hanmail.net
전화 02-332-0712
팩스 0505-115-0712

교육공동체 벗을 만드는 사람들

※가나다 순

후쿠시마 미노리, 황지영, 황정하, 황정일, 황정인, 황정원, 황정욱, 황이경, 황윤호성, 황순임, 황봉희, 황미숙, 황기철, 황규선, 황고윤, 홍정인, 홍유지, 홍용덕, 홍순성, 홍세화, 홍성은, 홍성구, 홍석근, 홍미영, 현복실, 현미열, 허효인, 허은실, 허성균, 허보영, 허기영, 허광영, 함detail순, 함영기, 한학범, 한지희, 한지혜, 한정혜, 한은오, 한영옥, 한영선, 한승모, 한소영, 한성찬, 한봉순, 한민혁, 한만중, 한낱, 한경희, 하정호, 하인호, 하승우, 하승수, 하순배, 하광봉, 탁동철, 최희성, 최현숙, 최현미a, 최현미b, 최진규, 최주연, 최정윤, 최정아, 최은희, 최은정, 최은서, 최은숙a, 최은숙b, 최은미, 최은경, 최원böz, 최원락, 최연희, 최연정, 최애영, 최애리, 최승훈, 최승복, 최슬빈, 최선영a, 최선영b, 최선경, 최봉선, 최보람, 최병우, 최미영, 최미선, 최미나, 최문정, 최류미, 최대현, 최기호, 최광용, 최화락, 최경미, 최경련, 채효정, 채종민, 채욱엽, 차종숙, 차용훈, 진현, 진주형, 진용용, 진영효, 진영준, 진낭, 지정순, 지수연, 주윤아, 주순영, 주수원, 조희정, 조형식, 조항미, 조해수, 조하늘, 조진희, 조지연, 조준혁, 조주원, 조정희, 조용현, 조윤성, 조원배, 조용진, 故조영희(명예조합원), 조영현, 조영옥, 조영실, 조영선, 조영란, 조여은, 조여가, 조수진, 조성희, 조성실, 조성대, 조석현, 조석영, 조상희, 조문경, 조두형, 조경애, 조경아, 조경삼, 제남모, 정희영, 정희선, 정홍용, 정혜령, 정현진, 정현주a, 정현주b, 정현숙, 정혜레나, 정태희, 정춘수, 정철성, 정진영a, 정진영b, 정진규, 정종민, 정재학, 정이든, 정은희, 정은주, 정은균, 정유진, 정유숙, 정유섭, 정원석, 정예슬, 정영현, 정영수, 정애순, 정수연, 정부교, 정보라, 정보라b, 정미숙, 정미라, 정명옥, 정명영, 정득년, 정남주, 정광호, 정광팔, 정광일, 정관모, 정경원, 전혜원a, 전혜원b, 전정희, 전유미, 전보선, 전병기, 전민기, 전미영, 전난희, 장효영, 장홍월, 장현주, 장진우, 장종성, 장인호, 장인수, 장은하, 장은미, 장윤영, 장원영, 장시훈, 장슬기, 장상욱, 장병훈, 장병학, 장근영, 장군, 장경훈, 임혜정, 임향신, 임한철, 임지영, 임중혁, 임종길, 임종수, 임전수, 임수진, 임성준, 임성빈, 임성무, 임성연, 임상진, 임동현, 임덕연, 임금록, 이희옥, 이희연, 이효진, 이화현, 이호진, 이혜정, 이혜린, 이형빈, 이현주, 이현종, 이현, 이혁규, 이향숙, 이한진, 이태영a, 이태영b, 이태구, 이층근, 이초록, 이진혜, 이진주, 이진숙, 이지혜, 이지현, 이지향, 이지영, 이지연, 이중석, 이준구, 이주희, 이주탁, 이주영, 이준찬, 이종은, 이정희a, 이정희b, 이재형, 이재익, 이재두, 이인사, 이응휘, 이은화a, 이은희, 이은숙, 이은영, 이은진, 이은숙b, 이은쑤, 이은정, 이윤정, 이윤철, 이윤선, 이윤미, 이유진, 이윌녀, 이윈님, 이우진, 이용환, 이용숙a, 이용석b, 이용기, 이영화, 이영혜, 이영주, 이영아, 이영상, 이연진, 이연주, 이연숙, 이연수, 이애영, 이승헌, 이승태, 이승연, 이승아, 이슬기a, 이슬기b, 이순임, 이수정a, 이수정b, 이수미, 이소형, 이성원, 이성숙, 이성수, 이설희, 이선영, 이선에a, 이선에b, 이선미, 이상훈, 이상화, 이상식, 이상미, 이상대, 이병준, 이병곤, 이범희, 이민아, 이민숙, 이미옥, 이미연, 이미숙a, 이미숙b, 이문영, 이명훈, 이명행, 이매남, 이동철, 이동준, 이동갑, 이도종, 이덕주, 이남숙, 이난영, 이나경, 이기규, 이근희, 이근철, 이근영, 이균호, 이광연, 이계삼, 이경은, 이경욱, 이경언, 이경아, 이경림, 이건진, 이건민, 이갑순, 윤흥은, 윤른별, 윤지형, 윤종원, 윤우람, 윤영훈, 윤영백, 윤여강, 윤석, 윤상혁, 윤병일, 윤규식, 윤효성, 유해균, 유은아, 유영길, 유성상, 유연미, 원삼희, 원정채, 우창숙, 우기도, 우영재, 우승인, 우수경, 오혜원, 오중근, 오정오, 오은정, 오은경, 오유진, 오승훈, 오수민, 오세희, 오세연, 오세란, 오상철, 오민식, 오명환, 오동석, 오경숙, 엽정신, 여희영, 여태진, 엄장호, 엄지선, 엄재홍, 엄영숙, 엄기호, 엄귀영, 양희선, 양해준, 양지선, 양은주, 양은숙, 양영희, 양애정, 양선화, 양선형, 양서영, 양상진, 안효빈, 안혜영(명예조합원), 안찬원, 안지현, 안지욱, 안지영, 안준철, 안재성, 안재덕, 안용덕, 안국수, 안인영, 안순역, 안경화, 심향일, 심은보, 심승희, 심수환, 심동우, 심경일, 신혜선, 신혜경, 신창호, 신창호, 신창복, 신중희, 신은정, 신은숙, 신은경, 신유준, 신소희, 신미옥, 신판식, 송화원, 송호영, 송혜란, 송현주, 송진아, 송정은, 송인혜, 송용석, 송승훈, 송명숙, 송근희, 손호만, 손현아, 손진근, 손은경, 손소영, 손성연, 손미숙, 소수영, 성현주, 성현석, 성윤진, 성용혜, 성열관, 성나래, 설은주, 설원민, 선휘성, 선미라, 석옥자, 석경순, 서혜진, 서정오, 서인선, 서은주, 서영수, 서우철, 서예원, 서승일, 서명숙, 서금나, 서강선, 상형규, 복현수, 복준수, 변현숙, 백현희, 백인식, 백영호, 백승범, 배희철, 배희숙, 배주영, 배정현, 배정원, 배일훈, 배이상현, 배영진, 배아영, 배정호, 배경내, 방동일, 방경내, 반영진, 박회진, 박희영, 박효겨, 박효z, 박환조, 박혜숙, 박형진, 박형일, 박현희, 박현숙, 박춘애, 박춘배, 박철호, 박진환, 박진수, 박진호, 박지훈, 박지훈, 박지홍, 박지혜, 박지인, 박지원, 박종하, 박정미, 박은하, 박은정, 박은아, 박은경a, 박은경b, 박윤희, 박복수, 박복균, 박영실, 박영미, 박영림, 박신자, 박승철, 박숙현, 박준진a, 박준진b, 박수연, 박소현, 박소영, 박세영, 박성현, 박성찬, 박성나, 박선혜, 박선영, 박복선, 박미희, 박명진, 박명숙, 박동혁, 박도정, 박덕수, 박대성, 박노해, 박내현, 박나늘, 박고형준, 박계도, 박경화, 박경진, 박경주a, 박경주b, 박건형, 박근진, 민형기, 민순정, 민봉성, 미루, 문희영, 故문홍빈(명예조합원), 문지훈, 문용석, 문영주, 문순창, 문순호, 문수현, 문수영, 문수경, 문세이, 문성철, 문붕선, 문미정, 문명호, 모은정, 모영화, 명주인, 마승희, 류형우, 류창모, 류지남, 류정희, 류재향, 류원정, 류우종, 류영애, 류매숙, 류경원, 도경철, 도방주, 데와 타카유키, 노영필, 노상경, 노미경a, 노미경b, 노경미, 남효숙, 남제민, 남유경, 남호영, 남달영, 남평, 나규환, 김혜정, 김희옥, 김홍규, 김환태, 김효승, 김환희, 김홍규, 김혜영, 김혜순, 김혜립, 김형렬, 김형근, 김현진a, 김현진b, 김현주, 김현영, 김현실, 김현경, 김현, 김현택, 김필일, 김태훈, 김준승, 김천영, 김창진, 김찬영, 김진희, 김진숙, 김진명, 김진, 김지훈, 김지연a, 김지연b, 김지미, 김지광, 김중미, 김준휘, 김준연, 김주영, 김주립, 김종환, 김종원, 김종욱, 김종성, 김종만, 김정희, 김정현, 김정주, 김정식, 김정섭, 김정기, 김재형, 김재봉, 김인순, 김은주, 김이민경, 김은희, 김은영, 김은숙, 김은실, 김은삼, 김은산, 김은아, 김은식, 김은숙, 김은남, 김은경, 김윤주a, 김윤주b, 김윤정, 김윤수, 김유원, 김원석, 김우영, 김우, 김용훈, 김용양, 김용섭, 김용만, 김용권, 김요한, 김영희, 김영진a, 김영진b, 김영진c, 김영주a, 김영주b, 김영자, 김영아, 김영순, 김영삼, 김연정, 김연일, 김연오, 김연미, 김애령, 김시내, 김순진, 김순전, 김순희, 김수현, 김수정a, 김수정b, 김수경, 김소희, 김소영, 김세호, 김성진, 김성애, 김성보, 김성보, 김성나, 김선희, 김선우, 김선산, 김선미, 김선구, 김선경, 김석준, 김석규, 김상희, 김상정, 김상일, 김상숙, 김상기, 김봉석, 김보현, 김병희, 김병훈, 김병섭, 김병기, 김범주, 김미희, 김미민, 김민결, 김미향a, 김미향b, 김미향c, 김미진, 김미숙, 김미선, 김무영, 김묘선, 김명희, 김명섭, 김동현, 김동춘, 김동일, 김도현, 김도연, 김도석, 김대성, 김다희, 김다영, 김남철, 김남규, 김나혜, 김기용, 김기오, 김기연, 김기태, 김규리, 김규태, 김미래, 김광일, 김광명, 김고종호, 김고훈, 김소영, 김경엽, 김경숙a, 김경숙b, 김가영, 김가연, 기형훈, 기세라, 금현진, 금현오, 금명순, 권희중, 권혜영, 권현영, 권태윤, 권자영, 국찬석, 구미숙, 구자혜, 구자숙, 구완회, 구수연, 구본희, 구미숙, 꿩이눈, 광홍, 곽혜영, 곽현주, 곽진경, 곽노현, 곽노근, 공현, 공은미, 공영아, 고춘식, 고진선, 고은정, 고은미, 고윤정, 고영주, 고병현, 고병선, 고미경, 강현주, 강현정, 강현이, 강한아, 강태식, 강진영, 강준희, 강인성, 강이진, 강은정, 강영일, 강영주, 강열, 강순원, 강수미, 강수돌, 강성규, 강서도, 강서형, 강병용, 강경모

※ 2019년 4월 16일 기준 891명

* 이 책의 본문은 재생 용지를 사용해서 만들었습니다.
* 생태 보존과 자원 재활용을 위해 표지 코팅을 하지 않았습니다.